商务馆对外汉语教学专题研究书系（第二辑）
总主编　赵金铭
审　订　世界汉语教学学会

汉语作为第二语言教学的文化教学研究

主编　李晓琪

2019年·北京

总主编 赵金铭
主　编 李晓琪
编　者 李晓琪　王文龙
作　者 （按音序排列）

白艳玲	卜皑莹	陈荣岚	邓时忠
韩秀梅	华霄颖	姬建国	李明心
李　枫	李　泉	李　鑫	李　艳
刘学蔚	亓　华	Robin Harvey	阮　静
宋　晖	唐力行	田　军	田　鑫
吴方敏	翟　燕	赵宏勃	周　健
周　洋	朱瑞平	朱志平	

目　录

总　序 …………………………………………………………… 1
综　述 …………………………………………………………… 1

第一章　汉语国际推广视域下的文化教学研究 ………… 1
第一节　汉语国际推广与文化观念转型 ………………… 1
第二节　汉语作为第二语言教学研究的文化视野 ……… 21
第三节　汉语国际推广中的文化问题 …………………… 32
第四节　汉语国际教育与文化语言学 …………………… 45
第五节　汉语国际传播中的语言与文化 ………………… 54
第六节　汉语国际推广与文化传承传播 ………………… 69
第七节　汉语教学与中华文化走出去战略 ……………… 99

第二章　文化教学定位与文化教学内容 ………………… 107
第一节　文化教学定位与教学内容取向 ………………… 107
第二节　对外汉语教学的文化学思考 …………………… 117
第三节　汉语言的文化特性 ……………………………… 126
第四节　文化教学内容呈现方式与呈现心态 …………… 136
第五节　非汉语环境下文化教学内容的分类与选择 …… 158
第六节　文化教学内容的错位与反思 …………………… 172

第三章　文化教学原则与教学方法……181

第一节　文化教学的刚性原则与柔性策略……181
第二节　文化教学的服务性原则……193
第三节　汉语国际教育背景下文化教学策略的思考……206
第四节　文化因素处理的阶段性划分……219
第五节　文化导入机制与方式……229
第六节　文化对比在初级汉语教学中的应用……240
第七节　文化活动在国际汉语课堂教学中的位置……249

第四章　多元化文化教学实践探索……274

第一节　文化间性视角下的文化教学……274
第二节　人文主义教育理念与文化教学……286
第三节　生态主义文化观下的文化教学……301
第四节　Edward T. Hall 的文化理论在教学中的应用……313
第五节　民俗文化在教学中的应用……326
第六节　地域文化资源的开发利用……333

总 序

赵金铭

对外汉语教学专题研究书系是商务印书馆出版的同名书系的延续。主要收录2005—2016年期间，有关学术期刊、集刊、高校学报等所发表的有关对外汉语教学研究论文，涉及学科各分支研究领域。内容全面，质量上乘，搜罗宏富。对观点不同的文章，两方皆收。本书系是对近10年对外汉语教学研究成果的汇总与全面展示，希望能为学界提供近10年来本学科研究的总体全貌。

近10年的对外汉语教学与研究，呈现蓬勃发展的局面，与此同时，各研究分支也出现一些发展不平衡现象。总体看来，孔子学院教学、汉语师资培训、文化与文化教学、专业硕士课程教学等方面，已经成为研究热门，研究成果数量颇丰，但论文质量尚有待提升。由于主管部门的导向，作为第二语言汉语教学的汉语本体研究与汉语教学研究，在一定程度上被淡化。语音、词汇及其教学研究成果较少，语法、汉字及其教学研究成果稍多，汉字教学研究讨论尤为热烈。新汉语水平考试研究还不够成熟，课程与标准和大纲研究略显薄弱。值得提及的是，教学方法研究与教学模式研究、汉语作为第二语言习得研究、现代教育技术研究及其在教学中的应用研究,发展迅速,方兴未艾,成果尤为突出。本书系就是对这10年研究状况的展示与总结。

近10年来,汉语国际教育大发展的主要标志是:开展汉语教学的国别更加广泛;学汉语的人数呈大规模增长;汉语教学类型和层次多样化;汉语教师、教材、教法研究日益深入,汉语教学本土化程度不断加深;汉语教学正被越来越多的国家纳入其国民教育体系。其中,世界范围内孔子学院的建立既是国际汉语教育事业大发展的重要标志,也是进一步促进国际汉语教学持续发展的一个重要平台,吸引了世界各地众多的汉语学习者。来华外国留学生汉语教学与海外汉语教学,共同打造出汉语教学蓬勃发展的局面。

大发展带来学科研究范围的扩大和研究领域的拓展。本书系共计24册,与此前的22册书系的卷目设计略有不同。

本书系不再设《对外汉语课堂教学技巧研究》,增设《汉语作为第二语言教学的教学方法研究》和《汉语作为第二语言教学的教学模式研究》两册。汉语作为第二语言教学,既与世界第二语言教学有共同点,也因汉语、汉字的特点,而具有不同于其他语言作为第二语言教学的特色。这就要求对外汉语教学要讲求符合汉语实际的教学方法。几十年以来,对外汉语教学在继承传统和不断吸取各种教学法长处的基础上,结合汉语、汉字特点,以结构和功能相结合为主的教学方法为业内广泛采用,被称为汉语综合教学法。博采众长,为我所用,不独法一家,是其突出特点。这既是对外汉语教学的传统,在教学实践中也证明是符合对外汉语教学实际的有效的教学方法。与此同时，近年来任务型教学模式风行一时，各种各样的教法也各展风采。后方法论被介绍进来后，已不再追求最佳教学法与最有效教学模式，教学法与教学模式研究呈现多样化与多元性发展态势。

进入新世纪后，对外汉语教学学科理论研究的一个重要进展是开拓了第二语言习得理论与实际问题的研究，从重视研究教师怎样教汉语，转向研究学习者如何学习汉语，这是一种研究理念的改变，这种研究近10年来呈现上升趋势。研究除了《汉语第二语言学习者语言系统研究》《汉语作为第二语言的学习者研究》，本书系基于研究领域的扩大，增设了《基于认知视角的汉语第二语言习得研究》和《多视角的汉语第二语言习得研究》，从多个角度开辟了汉语学习研究的新局面。

教育部在2012年取消原本科专业目录里的"对外汉语"，设"汉语国际教育"二级学科。此后，"汉语国际教育"作为在世界范围内开展汉语作为第二语言教学的名称被广泛使用，学科名称的变化，为对外汉语教学带来了无限的机遇与巨大的挑战。随着海外汉语学习者人数的与日俱增，大量汉语教师和汉语教学志愿教师被派往海外，新的矛盾暴露，新的问题随之产生。缺少适应海外汉语教学需求的合格的汉语教师，缺乏适合海外汉语学习者使用的汉语教材，原有的汉语教学方法又难以适应海外汉语教学实际，这三者成为制约提高对外汉语教学质量、提升对外汉语教学水平的瓶颈。

面对世界汉语教学呈现出来的这些现象，在进行深入研究、寻求解决办法的同时，也产生了一种急于求成的情绪，急于解决当前的问题。故而研究所谓"三教"问题，一时成为热门话题。围绕教师、教材和教法问题，结合实际情况，出现一大批对具体问题进行研究的论文。与此同时，在主管部门的导引下，轻视理论研究，淡化学科建设，舍本逐末，视基础理论研究为多余，成为一时倾向。由于没有在根本问题上做深入的理论探讨，将过多的精力用于技法的提升，以至于在社会上对汉语作为一个学科产生了不同认识，某种程度上干扰了学科建设。本书系《汉语作为第二语言教学的学科理论研究》和《汉语作为第二语言教学的教学理论研究》两册集中反映了学科建设与教学理论问题，显示学界对基本理论建设的重视。

2007年国务院学位办设立"汉语国际教育硕士专业学位"，目前已有200余所高等院校招收和培养汉语国际教育专业硕士。10多年来，数千名汉语教师和志愿者在世界各地教授汉语、传播中国文化，这支师资队伍正在共同为向世界推广汉语做出贡献。

一种倾向掩盖着另一种倾向。社会上看轻汉语作为第二语言教学的观点，依然存在。这就是将教授外国人汉语看成一种轻而易举的事，这是一种带有普遍性的错误认知。这种认知导致对汉语作为第二语言教学科学性认识不足。一些人单凭一股热情和使命感，进入了汉语国际教育的教师队伍。一些人在知识储备和教学技能方面并未做好充分的准备，便匆匆走向教坛。故而如何对来自不同专业、知识结构多层次、语言文化背景多有差别的学习者，进行汉语作为第二语言教学的专业培养和培训，如何安排课程内容，将其培养成一个合格的汉语教师，就成为当前迫切需要解决的问题。本书系增设的《汉语作为第二语言教学的教师发展研究》《汉语作为第二语言标准与大纲研究》以及《汉语作为第二语言教学的课程研究》，都专门探讨这些有关问题。

自1985年以来，实行近20年的汉语水平考试（HSK），已构成了一个水平由低到高的较为完整的系统，汉语水平考试（HSK）的实施大大促进了汉语教学的科学化和规范化。废除HSK后研发的"新HSK"，目前正在改进与完善之中。有关考试研究，最近10年来，虽然关于测试理论和技术等方面的研究仍然有一些成果出现，但和以往相比，研究成果的数量有所下降，理论和技术方面尚缺乏明显的突破。汉语测试的新进展主要表现在新测验的开发、新技术的应用和对重大理论问题的探讨等方面。《汉语作为第二语言测试研究》体现了汉语测试的研究现状与新进展。

十几年来，汉语作为第二语言教学史的研究越来越多，也越来越深入。既有宏观的综合性研究，又有微观的个案考察。宏观研究中，从学科建设的角度探讨汉语教学史的研究。重视对外汉语教学历史的发掘与研究，因为这是对外汉语教学学科建设中不可缺少的一部分。宏观研究还包括对某一历史阶段和某一国家或地区汉语教学历史的回顾与描述。微观研究则更关注具体国家和地区的汉语教学历史、现状与发展。为此本书系增设《汉语作为第二语言教学史研究》，以飨读者。

本书系在汉语本体及其教学研究、汉语技能教学研究、文化教学与跨文化交际研究、教育技术研究和教育资源研究等方面，也都将近10年的成果进行汇总，勾勒出研究的大致脉络与发展轨迹，也同时可见其研究的短板，可为今后的深入研究引领方向。

本书系由商务印书馆策划，从确定选题，到组织主编队伍，以及在筛选文章、整理分类的过程中，商务印书馆总编辑周洪波先生给予了精心指导，在此深表谢意。

本书系由多所大学本专业同人共同合作，大家同心协力，和衷共济，在各册主编初选的基础上，经过全体主编会的多次集体讨论，认真比较，权衡轻重，突出研究特色，注重研究创新，最终确定入选篇章。即便如此，也还可能因水平所及评述失当，容或有漏选或误选之处，对书中的疏漏和失误，敬请读者不吝指教，以便再版时予以修正。

综　述

　　自20世纪80年代至21世纪初，汉语作为第二语言教学的文化教学研究大致"经历了一个从不被重视到被注意、被热烈关注、到趋于平稳的过程"[①]。2005年以来，随着"汉语国际推广""中华文化走出去"战略的实施，以及"汉语国际教育"专业的设立，有关文化教学的探讨又日趋热烈起来。本书对2006年至2016年这十余年的研究成果进行回顾、梳理，从数百篇文献中撷取二十六篇具有代表性的文章，力求以点带面，在向读者介绍文化教学最新研究进展的同时，也尽可能全面、系统地展现这一时期该领域的研究面貌。

一、汉语国际推广视域下的文化教学研究

　　2005年7月，"汉语国际推广"在首届世界汉语大会上被正式确认并纳入国家战略发展框架。为适应汉语国际推广工作，2007年，国务院学位委员会办公室批准24所研究生培训单位开展汉语国际教育硕士专业学位教育试点工作；自2013年起，原

[①] 李晓琪主编《对外汉语文化教学研究》，北京：商务印书馆，2006年。

"对外汉语""中国语言文化"和"中国学"合称"汉语国际教育"专业（本科）。汉语教学由此进入了一个新的历史时期，研究者们更加自觉地将与文化教学有关的议题置于国际语境中予以思考，对汉语国际推广新形势下文化的教学、文化传播等问题进行了研究、探讨，相关成果主要体现在以下几个方面。

（一）新形势下的文化观念与文化教学

这方面研究主要围绕两部分内容展开。一是，"用世界的眼光来看待汉语国际传播"[①]，拓展文化视野，转变文化观念[②]；二是，一些学者从不同角度对汉语作为第二语言文化教学的现状和相关问题进行了反思[③]。

自20世纪80年代以来，围绕"交际文化""文化定型""文化依附"等理念，学界已经进行了较为充分的讨论。亓华（2007）[④]在汉语国际推广新视域下对这些文化理念重新予以审视，认为其中还存在着一些认识上的偏差，为适应汉语国际推广这一文化事业的要求，对外汉语文化教学与研究需要进行文化观念的转型。主要体现在三个方面：第一，突破狭隘的"交际文化"观念，建

[①] 陆俭明《汉语国际传播中的几个问题》，《华文教学与研究》2013年第3期。

[②] 陈绂《对国内对外汉语教学的反思——AP汉语与文化课及美国教学实况给我们的启发》，《语言文字应用》2006年第S1期；赵明《对国际汉语教育中"文化"的再认识——由〈全球外语学习标准〉引发的思考》，《云南师范大学学报》（对外汉语教学与研究版）2016年第4期。

[③] 赵明《对外汉语文化教学的误区和目标》，《云南师范大学学报》（对外汉语教学与研究版）2013年第3期；陆俭明《汉语国际教育与中华文化国际传播》，《同济大学学报》（社会科学版）2015年第2期；刘学蔚、郭熙煌《我国对外文化传播的现状与困境——以海外孔子学院为视角》，《湖北大学学报》（哲学社会科学版）2016年第3期。

[④] 见本书第一章第一节。

立国际文化的大视野;第二,突破"文化定型"观念,以克服跨文化理解的障碍;第三,变"文化依附"为"文化交融",以适应汉语国际推广的文化宗旨。阮静(2012)①则提出以"汉语语言学习所需的背景文化知识(或者叫辅助语言学习文化知识)"来代替原来"交际文化"和"知识文化"的界定和划分,"只要是语言学习、语言使用和语言交际过程中涉及的,包括学生日常生活中遇到的所有那些有助于加深对汉语语言学习和理解的文化知识,都应该视为对外汉语教学中的文化因素而加以重视"。

进一步拓宽汉语作为第二语言教学研究的文化视野、转变文化理念,是时代发展的必然要求,也是学科建设的内在需要。"交际文化"这一概念自提出之日起,就一直是汉语作为第二语言文化教学"讨论最多、争议最大的观点之一","也是影响力最广的观点之一"②。以上观点力图突破已有的观念,这种探索精神值得充分肯定。

关于新形势下文化教学应该着力解决的问题,学界似已有共识,主要集中在"语言与文化的关系、语言教学与文化教学的关系、文化教学教什么、怎么教"等方面③。在分析了汉语国际推广背景下汉语教学面临的新挑战及文化教学的重要作用后,提出新形势下的文化教学需要处理好以下几种关系:精华与糟粕,共性与

---

① 见本书第 章第二节。
② 李晓琪主编《对外汉语文化教学研究》,北京:商务印书馆,2006 年。
③ 陈绂《对国内对外汉语教学的反思——AP 汉语与文化课及美国教学实况给我们的启发》,《语言文字应用》2006 年第 S1 期;刘士红《对外汉语教学中的文化问题散论》,《首都师范大学学报》(社会科学版)2013 年增刊;朱瑞平《汉语国际推广中的文化问题》,《语言文字应用》2006 年第 S1 期,见本书第一章第三节。

个性,传统与现代,局部与整体,主观与客观,理性与感性,内容与手段。与此同时,一些学者对文化教学中存在的误区和困境进行了分析。这些讨论为文化问题的探讨提供了新的视角和思路,也在一定程度上拓展和深化了该领域的研究。但总体来说,还基本停留在"指出问题"和"提出建议"的层面,对于如何解决这些问题还缺少深入的思考和具体的方案。

(二)新形势下的学科建设研究

学科建设一直以来就是学界关注的重点和热点,在汉语国际推广和学科发展的新形势下,相关讨论更是不绝于耳。关于文化学科在学科体系和学科理论基础中的地位,之前已有学者明确提出"文化学是对外汉语文化教学的理论基石"[1]。而在近年来的相关讨论中,也都会将"文化学"纳入其中[2],有的学者甚至提出了"汉语国际教育文化学""汉语国际教育中的中国文化传播"等学科研究命题[3]。

宋晖(2013)[4]从学科发展形势和文化语言学本身的特殊性,论证了文化语言学与汉语国际教育实现学科对接的必要性和必然性。并进一步从课程总体设计、文化词库研发、课程设置、交际语境研究等四个方面阐述了文化语言学与汉语国际教育的接口方

---

[1] 张英《文化学与对外汉语文化教学》,《汉语教学学刊》第1辑,北京:北京大学出版社,2005年。

[2] 陆俭明《谈汉语作为第二语言教学的学科建设及其本体研究》,《外语教学与研究》2008年第5期;李泉《关于建立国际汉语教育学科的构想》,《世界汉语教学》2009年第3期;吴应辉《国际汉语教学学科建设及汉语国际传播研究探讨》,《语言文字应用》2010年第3期。

[3] 亓华《试论设立"汉语国际教育与传播学"一级学科的必要与可能》,《语言教学与研究》2010年第3期。

[4] 见本书第一章第四节。

式。文化语言学之于汉语作为第二语言教学的意义和作用,在一些研究中被不同程度地提及或论述过,但从学科对接的角度进行专门的探讨还比较少见。宋晖的研究在这一方面颇具启发性,有助于推动相关讨论进一步展开和深化。关于学科接口方式的某些具体问题,还有较大探索的空间和潜力。比如,应该围绕文化语言学设置哪些汉语国际教育相关课程,如何将基于文化语言学的文化词库和交际语境研究与汉语教学有效融合,等等。这些问题直接影响着能否实现学科的有效对接。

此外,还有学者主张把"对海外汉学的研究"也纳入学科的研究范围和体系构成之中。其主要理由是"海外汉学本身就是对中国历史、文化、哲学等各个方面的研究,国外汉学家观察中国的独特视角及其研究成果可以为汉语教学提供独特的资源和素材,而汉学家汉语学习的经历和方式方法亦应成为汉语教育学科史研究的重要内容",除此之外,"了解中国文化在海外的传播历史和途径,可以为当今的汉语和中国文化教学提供参考和借鉴"(李泉,2009)。海外汉学的研究范围很广、内容繁杂,其中有关文化的内容确实能够为文化教学提供支持,也能为文化教学研究提供新的资源和路径,而其与汉语国际教育学科以及文化学科的关系也值得进一步探讨。

(三)汉语国际传播与文化传播的关系

从语言文化传播的角度对相关问题展开探讨,是这一时期研究的一大特点。仅从研究题目来看,冠以"传播"的文章明显较前一时期增多。主要集中于文化传播与汉语教学或汉语国际推广的关系、文化传播过程中涉及的具体问题、文化传播的方式和策略等议题。

从论述的立足点和出发点来看，这些研究可以分为两大类。一类是把汉语国际传播置于国家文化软实力建设中，从"大文化"的视角出发，把汉语国际传播看作是文化传播的路径，阐述汉语国际传播如何更好地为中国文化走出去及文化软实力建设服务①；一类则是着眼于新形势下汉语国际教育的发展，探讨文化传播如何与语言传播有效互动，更好地促进汉语教学和汉语国际传播②。这两类研究从不同角度较为充分而深入地探讨了语言传播与文化传播之间的关系，但也在一定程度上反映出了学界对二者关系的不同认识。

从研究的角度和内容来看，有关于汉语国际教育中文化传播内容、途径等的研究，有针对如传统节日文化、民俗文化等某一类文化传播的论述，也有针对某一国家或地区汉语文化传播的探讨。

纵观近十年来该领域的研究，从比较宏观的视角探讨了新形势下文化教学研究的相关问题，主要表现出以下特点：

1. 突出文化教学的地位，强调文化传播的功能。需要指出的是，关于文化教学地位的认识和观点并不完全一致，甚至截然相

---

① 李建军、韩明杰《汉语国际传播的核心概念及问题辨析》，《当代传播》2010 年第 5 期；崔希亮《汉语国际教育与中国文化走出去》，《语言文字应用》2012 年第 2 期；陈荣岚《汉语国际推广与文化传承传播的协同创新》，《国际汉语学报》2013 年第 12 期（见本书第一章第六节）；李德俊《论汉语国际传播与中国文化软实力的构建》，《理论月刊》2015 年第 5 期；田鑫《试论汉语教学如何更好地为中华文化走出去战略服务——以提升汉语教材中的文化含量为例》，《中国文化研究》2016 年夏之卷（见本书第一章第七节）。

② 王强、刘丽丽《试论文化传播在对外汉语教学中的作用》，《沈阳建筑大学学报》（社会科学版）2010 年第 1 期；李艳《在文化传播中拓展语言传播 以语言传播深化文化传播》，《语言文字应用》2014 年第 3 期（见本书第一章第五节）；李小珊《对外汉语教学中的中国文化传播》，《兰州交通大学学报》2016 年第 5 期。

反,对此我们将在文化定位部分进一步讨论。

2. 拓宽了研究范围。这一时期的研究在一定程度上突破了传统的文化教学研究的内容范围。不止一位学者提出需要对目前汉语国际传播各自为政的主导力量以及分散重复的教育资源进行整合,建立科学有效的组织管理、人事管理、人才培养、评价体系等机制体制,提升汉语和中华文化对外传播的创新能力和竞争力。此外,还有关于孔子学院建设的问题等。这些都是在之前的研究中较少涉及的内容。

3. 增强了汉语国际推广与汉语国际教育学科意识。一方面,随着汉语国际推广事业的发展,研究视野更加开阔,更具有全球意识,更加自觉地将相关议题放置于国际语境中加以重新审视和讨论;另一方面,汉语国际教育专业的设立,再次引起了学界对于学科本身的兴趣和关注,一些研究者尝试从学科建设和专业发展的角度去思考文化教学的问题。

4. 初步建立了文化传播的意识。在全球化和国际新旧秩序交替的时代背景下,语言文化传播所具有的特殊性和重要意义越来越得以彰显,提升中国语言文化对外传播的能力和国际影响力,也成为国家发展战略的题中之意。这对学科建设和发展提出了新的命题和挑战,自然也或直接或间接地反映到相关研究之中。而且,越来越多的人似乎也开始意识到,相对于"推广","传播"不仅在概念上更具有学术内涵,专业性和通用性更强,在表达上也更加柔和和"中性",可接受度更高。

目前研究中存在的问题与不足主要有以下几点:首先,相关研究理论性不足,有了问题意识,但缺乏理论的深度和高度。其次,研究视野较之前更为开阔,但视角、思路仍比较单一,很多研究内容重复,且探讨的深度仍显不足,多停留在宏观层面的论述,缺乏严谨深入的分析和对具体问题的探讨。

二、文化教学定位和文化教学内容研究

20世纪80年代以来,文化教学的定位和文化教学的内容就一直是学界关注并着力解决的重要课题,也取得了一系列的成果。近十年来,汉语教学新形势的快速发展,在为这一领域的研究注入新活力的同时,也激发了一些碰撞和分歧,相关探讨也随之走向开阔和深入。

(一)关于文化教学定位的讨论

自1994年"对外汉语教学定性、定位、定量问题座谈会"以来,通过一系列深入的探讨,学界在文化教学定位、定性的一些原则问题上基本形成了共识,语言教学和文化教学的关系也进一步明确。但正如前文所述,近年来,由于汉语走向世界步伐的加快以及中国文化走出去的需要,文化传播得到越来越多的关注,而关于文化教学在汉语作为第二语言教学中的地位也有了一些不同的表述,甚至是明显的分歧。

"汉语国际推广不单纯是一个语言的问题,更是一个文化的问题。"(朱瑞平,2006)"更重要的应当是以汉语为载体,以教学为媒介,以中华文化为主要内容,把汉语与中华文化一起推向世界"。(亓华,2007)"只有当中国文化的独特魅力及其'软影响'的格局在全球化的背景下得到更充分的展示,'汉语

热'才意味着汉语真正赢得了应有的国际化地位。"（陈荣岚，2013）这些论述都不同程度地反映出研究者对文化教学地位的认识。亓华（2007）提出，关于对外汉语教学的文化定位，还存在"把对外汉语教学中的'文化'等同于语言中的交际文化因素"，"把对外汉语教学中的文化看成是语言的下位概念"等四个值得商榷的问题。而这些其实都共同指向一个问题，就是认为对外汉语教学中的文化定位有过窄的倾向。邓时忠（2006）[①]结合课堂教学和教材编写等实际情况，从留学生的文化背景差异、汉语独特的人文性质和留学生的学习目的等三个方面论述了"对外汉语教学应该蕴涵有比母语汉语教学更深的文化学内容"这一观点，提出应当从文化学角度建立对外汉语的文化观和语言观，"并在教材编写、教学实践和课题研究中把汉语文化学的思想贯穿始终"，更好地培养留学生跨文化交际能力。

可以说，相比于前一时期，汉语教学中的"文化教学"和"文化传播功能"得到了更多的关注和强调，甚至出现了"汉语教学的重心应由语言教学转向文化教学"的意见（陆俭明，2015）。针对这一情况，一些学者表达了不同的意见。李泉（2011）[②]认为近年来文化教学地位过于凸显，有"淡化""矮化"汉语教学的倾向。而汉语教学有其自身的教学规律，其承担的文化内涵是有特定要求的，其文化传播也有自身规律，不应让汉语教学承载过多的任务和寄托。他强调在国际汉语教学中，应坚持汉语教学的优先策略和主体地位；应遵循汉语作为外语教学的基本原理；

[①] 见本书第二章第二节。
[②] 见本书第二章第一节。

应明确文化教学为语言教学服务的性质。而孙德金（2015）[①]等则进一步明确了汉语作为第二语言教学学科的语言学本质，强调其核心任务与主要内容是语言教学，而不是其他。

关于文化教学如何定位的问题，早在20世纪90年代就已经有了比较理性、明确的认识："既不能过窄，也不能过宽"，应当在汉语教学的"度"中进行[②]。而随着汉语国际教学新形势的不断发展，新课题、新挑战不断出现，相关讨论还将继续并进一步深化。

（二）文化教学内容研究

"教什么"一直是汉语作为第二语言文化教学着力解决的重要问题，它不仅决定了教学方法、教学模式等问题，也影响着汉语教学和汉语国际传播的效果。张英（2006）[③]区分了"文化因素"和"文化知识"两种不同的文化教学，前者的教学内容和范围是存在于语言形式之中的文化因素，而后者则大于"语言的文化要素"范围，是存在于社会交际规约等方面的文化。如果以此为参照来看的话，近十年来的文化教学内容研究，一方面，在前一时期的研究基础上，继续开展有关"文化因素"教学的研究，如语言结构、成语、颜色词、象征词等所蕴含的文化内涵及其教

[①] 孙德金《论汉语作为第二语言教学学科的语言学本质》，《世界汉语教学》2015年第3期。
[②] 李晓琪主编《对外汉语文化教学研究》，北京：商务印书馆，2006年。
[③] 张英《对外汉语文化因素和文化知识教学研究》，《汉语学习》2006年第6期。

学①。另一方面,围绕"文化知识"进行了更为广泛和深入的讨论,从更为宏观的角度探讨了文化教学内容的构成、取舍及呈现等问题②。

关于文化教学内容的选取问题,李泉(2011)③指出,要以语言教学优先策略和主体地位来衡量广义文化内容的取舍,选择时要注意适合学习者的目的语水平。同时,还应考虑文化选择的学习者视点。朱瑞平、张春燕(2016)④则提出汉语国际教育背景下文化传播内容的选择应遵循代表性、现代性、普遍性、供需结合等基本原则。不少学者都强调文化教学内容的"现代性",即应着重表现当代中国社会及文化。李泉(2011)⑤进而提出,流传并影响至今的古代文化、当代社会生活中体现出的传统文化、被中国接受并影响至今的外来文化,都应视作当代中国文化。赵宏勃、朱志平(2015)⑥以《泰国中学汉语课程大纲》的研制为例,探讨了非汉语环境下文化教学内容的分类与选择问题,指出选择

---

① 周健《字、词、节律中的隐性文化初探》,见《第十届国际汉语教学研讨会论文选》编辑委员会编《第十届国际汉语教学研讨会论文选》,沈阳:万卷出版公司,2012年(见本书第二章第三节);陈绂《浅析嵌有数字的成语——兼谈对外汉语教学中的文化内容》,《语言文字应用》2009年第4期;常姗姗《对外汉语教学中的文化教学——以颜色词教学为例》,《学理论》2013年第8期;徐丽莎、徐方方《对外汉语教学中象征词的文化教学》,《语文建设》2014年第5期。

② 张英《"对外汉语文化大纲"基础研究》,《汉语学习》2009年第5期;李泉《文化教学定位与文化内容取向》,《国际汉语》2011年第1期。

③ 李泉《文化教学定位与文化内容取向》,《国际汉语》2011年第1期。

④ 朱瑞平、张春燕《汉语国际教育背景下文化传播内容选择的原则》,《云南师范大学学报》(哲学社会科学版)2016年第1期。

⑤ 见本书第二章第四节。

⑥ 见本书第二章第五节。

文化内容时应该紧密结合汉语句型，提取那些学习者要完成交际任务必备的文化要素，并把"关注与语言形式密切结合的行为文化"和"关注文化对比"作为非汉语环境下文化内容选择的两个出发点。这一研究虽然是围绕《泰国中学汉语课程大纲》展开的，但其论述的内容及结论对非汉语环境下的文化教学具有一定的普遍意义。此外，其关于文化教学内容的分类、选取原则及大纲研制思路的探讨，对"文化教学大纲"的研制也颇具启发意义。

文化内容的呈现方式和呈现心态也开始引起重视。有学者指出要摆正心态，学习者的需求要考虑，但也不要一味迁就、迎合。强调文化呈现不应抱着"展示"和"弘扬"的心态，而应秉持平和、务实、超然的心态。文化内容特别是文化点的选择和呈现应遵循"多角度、有限定、中外对比、古今联系、不炫不贬"等原则[1]。

近年来也有一些对文化教学内容进行反思的声音。韩秀梅（2006）[2]对来华留学生的生源情况和流行的对外汉语文化教学模式进行分析，指出当前来华留学生的主体是亚洲学生，但我们却一直将欧美文化作为文化参照的主体内容。这种文化参照内容与教学对象的错位致使文化课教学事倍功半，应该在文化教材中注重和加强亚洲国家的文化内容，试行"嵌入式"的文化教学模式。这一反思确实具有现实意义，也应当引起我们对相关问题的重视，但对于这种"错位"现象还需要更为细致深入地分析，只是简单地加强亚洲国家的文化内容恐怕不是有效的解决之道，而其提出

---

[1] 李泉《文化内容呈现方式与呈现心态》，《世界汉语教学》2011年第3期。
[2] 见本书第二章第六节。

的"嵌入式"文化教学模式也未能予以详细阐述,缺乏实质性内容。

综上,近十年文化教学定位和文化教学内容研究表现出了以下特点:

1. 围绕文化教学定位问题,出现了不同的声音。文化教学定位问题似乎在多年以前就已经得到充分的讨论并基本达成了共识,但在新的时代背景和形势下,一些研究者试图重新界定"文化教学"在汉语教学和汉语国际传播中的地位,出现了不尽相同的意见。

2. 重新审视文化教学内容。一些研究者提出文化教学内容不应再局限于传统文化,而应着重表现当代文化,同时要对传统文化资源进行再开发,对外来文化采取更为兼容并包的态度。这些讨论对正确处理并丰富现有文化教学内容具有重要启发意义。

3. 关于文化内容的呈现方式与呈现心态研究是一个亮点。文化内容的呈现方式和呈现心态,包括文化内容的选择、表述和解说,"不仅直接影响学习者的认知和理解,也影响教学效果和学习效果,乃至学习者的情感态度"。因此,文化内容的呈现要讲究方式方法,"以便于课堂操作和增强文化教学的效果"[①]。

4. 文化大纲研究进展缓慢。有关"文化教学大纲"的讨论也可以在一定程度上反映出文化教学内容,但近年来这方面的研究凤毛麟角。虽然对一些基础性理论问题进行了探讨,但仍停留在理论论证层面,而且文化大纲与其他大纲之间的关系、文化大纲的基本框架等重要问题也尚未得到细致深入的讨论,恐难以为大纲的制定提供足够的理论支撑。

---

① 李泉《文化内容呈现方式与呈现心态》,《世界汉语教学》2011年第3期。

三、文化教学原则与教学方法研究

有关文化教学原则与教学方法方面的研究,一直以来就比较薄弱。近十年来,这方面的研究较之前有了很大进步,成果也明显增多,但整体而言仍显不足,很多重要课题尚未充分展开。

(一)文化教学的原则、策略研究

李泉(2007)[①]提出了文化教学的六条刚性原则以及柔性策略的应用范围,建议在文化教学中树立刚性原则和柔性策略的观念,并根据具体问题分别采取"刚性实施"和"柔性实施",以提高文化教学的质量和效益。这一研究从宏观的视角讨论了文化教学的原则、策略和方法等问题,视野开阔,论述深入,具有较强的理论意识,对文化教学具有一定的指导意义。与此同时,也正如作者在文中所提到的,文化教学有哪些,甚至是否存在和需要"刚性原则"和"柔性策略",都是值得进一步探讨的问题。李鑫(2013)[②]在已有研究的基础上,提出对外汉语教学中的文化教学应遵循"服务性原则",即"凡是有利于语言学习和应用的文化教学都可以被纳入语言教学体系中来"。并认为文化价值取向教学的适度引入可以有效地促进学习者的语言学习与应用,从而推进语言教学模式的创新。该研究尝试以一条根本性原则来整合"文化教学中多样化分歧",具有一定的理论意义和现实意义,其中对于"服务性原则"的阐释还有进一步展开的空间。

---

① 见本书第三章第一节。
② 见本书第三章第二节。

有关教学策略方面的讨论相对多一些,有对不同阶段文化因素教学策略的研究,也有对课堂教学中具体策略的分析,更多的是一般性的文化教学策略的泛泛而谈。

李枫(2010)[①]指出要使文化因素教学真正成为语言教学的重要组成部分,必须对其性质及其在不同的语言教学阶段所应处的位置进行界定,并进一步提出相应的阶段性策略:初级阶段注意"点到为止"与"增长见识"之间的分寸;中级阶段在循序渐进的教学中兼收并蓄;高级阶段在潜移默化的教学中"推波助澜"。对文化因素阶段性划分及教学策略的探讨在目前的研究中并不多见,这一讨论有助于推动相关研究的开展,进而使关于阶段性教学策略的论述更为充实、深入、系统。吴方敏(2015)[②]以一堂美国AP汉语与文化课为例,展示了教师是如何运用互动交流、理解诠释、表达演示模式进行文化内容教学的,包括导入环节注重互动交流、渗入文化情感因素、教学过程中保持师生对话互动、教学内容与实际生活紧密结合等教学策略的运用。这种对课堂教学的观察和分析是目前研究中所缺少的,可以为进行文化教学提供有力的借鉴和参考。今后相关研究可以在研究视野和研究方法上进一步加强,以期取得更多的成果。

(二)文化教学的具体方法研究

相比于前一时期,关于文化教学具体方法的研究在数量和质量上都有了显著提升,出现了一些颇具启发意义的讨论。文化对比的方法、提问的方法、文化渗透的方法、案例教学法等在文化

---

① 见本书第三章第四节。
② 见本书第三章第三节。

教学中的使用都在不同程度上得到了论述,为教学实践提供了参考①。

姬建国(2014)②详细论述了如何使文化活动真正成为语言教学活动的有机组成部分,并指出判断的主要标准就是看它能否使语言的教学或教学法运作保持或达到"合理"和"有效"。这一研究既有理论支撑,又与教学实践相结合,且论证严谨、分析深入,在相关研究中具有代表性。祖晓梅、陆平舟(2006)③摆脱了以介绍客观文化知识为主的"课本—讲授—讨论"的文化课教学传统模式,以渗透主观文化为教学目的,以跨文化比较、人种学方法、文化教学与语言教学相结合为教学方法,重新设计了"中国概况"这门文化课程,并进而提出文化课程在教学内容和方法上应该遵循的基本原则。由于"中国概况"在对外汉语教学文化课程中具有一定的代表性,对这门课在内容、方法和手段等方面的改革与实践,将对其他文化课程的教学具有启发意义。

不过,总的来说,有关文化教学方法的研究仍然比较欠缺,而言之有物又切实可行的具体内容和实施方案尤其匮乏。

这一时期相关研究表现出了如下特点:

---

① 卜皑莹(加拿大)、田军《中西文化对比在初级汉语教学中之应用——谈非目的语教学环境中文化教学的层次顺序》,"汉语国际教育标准与多元化教学——第九届国际汉语教学研讨会"论文,2008年(见本书第三章第六节);祖晓梅《提问——汉语课堂文化教学的基本方法》,《国际汉语教学研究》2014年第1期;姜元杰《谈对外汉语教学中的文化渗透》,《语文学刊》2011年第17期;张媛媛《留学生中高级阶段文化专题课新模式初探——如何将案例教学法引入文化专题课》,《现代语文》(语言研究版)2008年第7期。

② 见本书第三章第七节。

③ 祖晓梅、陆平舟《中国文化课的改革与建设——以〈中国概况〉为例》,《世界汉语教学》2006年第3期。

1. 对如何在语言课堂中开展文化教学进行了更为细致和深入的研究,不再局限于以往的泛泛而谈,而是较为详细地探讨了实施的若干原则和策略。

2. 在教学方法上,出现了一些较为深入、严谨的探讨,也提供了一些具有参考价值的切实可行的教学方法或方案。但正如上文所提到的,整体而言,此类研究还非常有限,尤其是能够为实际教学参考并加以应用的研究,还需进一步开展。

3. 个别研究尝试运用实证性的研究方法,从教学内容、教学方法等方面对文化课程的教学模式进行了反思,并提出了具体的建议和方案,这无疑是有益的探索。目前来看,相关研究在数量和质量上都还存在很大的潜力和空间。

四、文化教学实践探索

近十年来,文化教学实践探索方面的研究比较丰富,呈现出多元化的态势。从研究角度和研究内容来看,主要可分为两大部分:一是对文化教学新模式的探索,二是探讨不同文化资源在教学中的应用。相比于前面几类研究,这方面研究整体上来说稍显薄弱,还处在起步阶段,但同时也表现出了较强的探索性和启发性,使文化教学及研究有了更多可能性和发展空间。

(一)文化教学新模式探索

此类研究主要是借鉴某一种理论或理念,用以指导文化教学实践,进而尝试建立一种新的文化课教学模式。

"间性问题应该是所有跨文化研究的一个至关重要的元理论问题。"[①]文化间性理论（Interculturality）的特征表现在：承认差异、鼓励差异，在差异共存的基础上，在不同文化间的互动中寻找并建立联系[②]。刘学蔚（2016）[③]在文化间性的视角下分别对基础阶段和高级阶段教学中文化内容的导入和教学方法进行了反思，认为文化间性在对外汉语教学从"单向的语言传授"转向"以汉语为工具实现多元文化间的互动"的过程中起着重要作用。该研究认为，在汉语作为第二语言教学的文化教学研究中引入文化间性的视角，有助于我们从"交互性"和"关联性"的角度重新审视文化教学的方法和模式。此外，Robin Harvey、唐力行（2015）[④]讨论了如何在国际汉语课堂的文化教学中融入人文主义（Humanistic）的教学理念和方法。李明心（2016）[⑤]从课堂实践的现状分析入手，探讨在生态主义视野下，如何构建对外汉语文化教学模式。周洋（2016）[⑥]则尝试将 Edward T. Hall 的文化理论应用于汉语教学和文化教学中，以人类学的研究方法为借鉴，在全面研究中国文化模式的基础上，建立文化教学大纲。整体而言，上述研究虽然在研究方法和研究深度上还显得不足，但也在一定程度上为反思文化教学相关问题、探索文化教学新模式提供了更多角度。

---

① 王才勇《文化间性问题论要》，《江西社会科学》2007 年第 4 期。
② 刘学蔚《文化间性：发展来华留学生教育的跨文化之思》，《华中师范大学学报》（人文社会科学版）2016 年第 1 期。
③ 见本书第四章第一节。
④ 见本书第四章第二节。
⑤ 见本书第四章第三节。
⑥ 见本书第四章第四节。

（二）不同文化资源在教学中的应用

此类研究主要是探索传统节日文化、饮食文化、民俗文化、地域文化等某一类文化资源在文化教学中的应用价值和可行性，从而进一步丰富文化教学内容、提升文化教学效果。其中，民俗文化和地域文化资源的应用比较受关注，讨论也比较集中。

关于民俗文化在对外汉语文化教学中的应用，有的研究从宏观层面论述其价值及意义[1]，有的则着眼于民俗文化教学的模式、策略等具体问题[2]。这些研究从理论和实践两个方面为民俗文化在文化教学中的应用提供了支持，进行了有益的探索。相信随着研究的深入，关于民俗文化内容的选择、处理、在整个教学中所占比重等重要问题将得到进一步解决。

至于地域文化资源方面的讨论则更为丰富、多样，有关于文化资源开发利用与课程设置的思考，也有不同地方的地域文化与本地汉语教学和文化教学相结合的探索。华霄颖（2008）[3]认为从学习者立场出发，地域文化是对留学生进行中国文化推广的一个极好的切入口，并结合具体教学实践论述了地域文化资源的利用途径。适当引入地域文化有助于促进学习者的学习兴趣和学习效果，今后还需围绕以下问题展开更为细致深入的探讨：如何处理地域文化与共通文化的关系？在什么阶段引入地域文化？引入

---

[1] 阮静《论对外汉语教学中民俗文化的应用》，《山东社会科学》2012年第9期。

[2] 白艳玲《对外汉语教学中的民俗文化因素》，《语文学刊》2012年第13期（见本书第四章第五节）；司书景《国际汉语教育中多模态民俗文化教学模式构建——以胶东面塑课为例》，《鲁东大学学报》（哲学社会科学版）2013年第6期。

[3] 见本书第四章第六节。

地域文化中的哪些内容？等等。

上述研究主要表现出以下特点：

1. 文化教学探索呈现出多元化趋势。随着中外文化交流的加强以及研究视野的不断拓展，越来越多的文化理论、教育理论进入人们的研究视野，尤其是近两年，文化教学领域引入了诸如文化间性、人文主义、生态主义等一些新理论、新理念，充实了教学研究，丰富了教学思路，使文化教学实践探索有了更多的可能性。有待进一步发展的是：一方面，目前这些研究大多还停留在理论的介绍和对对外汉语文化教学的启示上，还需要围绕如何与对外汉语文化教学及汉语教学有机结合，展开更为深入、具体的论证；另一方面，大多数研究主要是从理论上论述必要性和可行性，还应该进一步落实到教学实践中，并拿出具体的实施方案。

2. 开始关注对民俗文化、地域文化等文化资源的开发利用，为文化教学注入了新的内容和思路。今后，这方面研究在研究内容上需要拓展和深入，在研究方法上也需要改进和加强。

五、展望

回顾十年间的文化教学研究，一方面，取得了一些较为显著的成果。表现在：在一定程度上突破了传统文化教学研究的范围，研究视野进一步拓展，研究内容也更加充实；汉语国际教育学科意识和文化传播意识显著增强；在文化呈现方式和呈现心态研究方面有了进展；提出了若干文化教学的原则和策略，以及具有参考价值的教学方法或方案；文化教学实践探索研究更加丰富和多元。另一方面，也还存在着很大的空间和潜力，在今后的研究中将得到进一步发展，具体如下。

（一）理论研究仍显不足

汉语国际传播以及学科发展过程中遇到的种种问题，都迫切需要相关理论研究及时跟上，予以指导、解决，加快推进汉语及中华文化在全球范围内的传播。语言传播与文化传播的关系问题、文化教学的定位问题、文化教学内容的构成与划分问题、文化教学的原则和策略问题，等等。这些都是尚未从理论层面得到很好解决但又亟待解决的重要问题，直接影响着其他各种具体问题的解决和处理。尤其要指出的是，目前"汉语国际传播"日渐深入人心，但学界对与之相关的文化传播的内容、功能、途径等所涉及的诸多理论问题尚未展开充分而深入的研究。这些理论问题影响着文化教学乃至汉语国际教育的发展，迫切需要进一步研究。

（二）"教什么"和"怎么教"的研究尚待深入

"教什么"和"怎么教"，即文化教学的内容和方法，是文化教学研究必须回答的两大问题，决定着文化教学的效果和成败。目前学界虽然已经取得了一些成果，但在很多方面还有待深入。主要表现在：对文化教学内容的划分，尤其是在不同教学阶段教什么、怎么教的问题还没有得到解决；关于文化教学大纲的研究进展缓慢，几乎没有取得实质性成果；在文化教学内容的呈现方式、话语态度、价值取向等问题上，还仅仅处在起步阶段。

（三）文化教学实践研究潜力巨大

目前，文化教学实践研究多停留在经验性介绍和宏观性讨论上，缺乏实证性考察和具体的实践探索。介绍了一些可以运用于文化教学中的理论、理念，但多集中在必要性和可行性的论述上，更多的是静态描写，而缺少动态研究。除了需要在汉语教学实践中开展相关实证研究外，还应该拓宽视野，对英语等其他语言作为第二语言教学中的文化教学进行考察和研究，以更好地提供借鉴参考。此外，近年来慕课等在线学习形式方兴未艾，给文化教学创造了新的机遇和空间，也提出了新的挑战和命题。在这种新的学习形式下，文化教学的内容、形式、策略、方法等应该做出哪些调整、具备哪些特点，都是值得研究的新课题。

（四）研究方法还需进一步改进

文化教学研究在研究方法上仍显得过于单一，还需充实和改进。实证性研究在数量和质量上都有待提高，量化研究、质性研究的方法都尚未得到有效的利用。在今后的研究中，应该运用大规模调查的方法对学习者文化学习的需求、文化课程设置情况、文化教学内容的选择与比重等展开调查分析，为文化教学实践及相关问题的讨论提供参考和支撑；通过访谈、行动研究等反思文化教学中的问题，检验文化教学的效果，并有针对性地提出教学建议；运用课堂观察、教学实验的方法研究文化教学的模式、策略、方法等，分析利弊得失，提出行之有效的教学方案，构建系统科学的教学体系。

在汉语国际传播和中国文化走出去的大背景下，汉语作为第二语言教学必将进入一个新的阶段，文化教学研究也将随之进一步走向成熟并向纵深发展，相信上述提到的需要加强的方面，也一定会得到更为充分和深入的研究，文化教学研究在下一个十年会取得更为丰硕的成果。

第一章

汉语国际推广视域下的文化教学研究

第一节 汉语国际推广与文化观念转型①

一、汉语国际推广是一项空前巨大的文化事业

随着中国综合国力的增强和国际地位的不断提升，国外学汉语的人数迅速增长。据初步统计，有 104 个国家开设了汉语课程，学习汉语的人数达到了三千万。中国的对外汉语教育作为国家和民族的事业，迎来了前所未有的大发展时期。但是，目前能来华学习的只有八万人，占学汉语总人数的三四百分之一。为了满足世界各国人民了解中国、与中国人民交往的需要，同时也为了树立中国的国际形象，提升中国国际软实力，2005 年 7 月，在北京召开了以"世界多元文化架构下的汉语发展"为主题的世界汉语大会。会后不久，国家制定了把对外汉语教学转向汉语国际推广的新的发展战略。从国际上看，英、美、法、德、日、俄等国家都十分重视本国语言的国际推广，都把语言输出作为国家战略，借以提高本国语言的国际地位，传播自己的文化和价值观，使本

---

① 本节摘自亓华《汉语国际推广与文化观念的转型》，《北京师范大学学报》（社会科学版）2007 年第 4 期。

国的文化在世界多元文化格局中占据重要地位。汉语国际推广是中国参与构建世界文化大格局的客观需要，是国家和全民族伟大复兴事业的重要组成部分。中国政府也加大投入，调动海内外积极力量，努力加快汉语走向世界的步伐。从 2004 年至今，国家汉办与国外教育机构合作，已在 52 个国家和地区建立了 140 所孔子学院，年内将增至 200 所[1]。

汉语国际推广绝不只是推广和传播语言的问题，更重要的应当是以汉语为载体、以教学为媒介、以中华文化为主要内容，把汉语与中华文化一起推向世界。如果说过去的对外汉语教学主要是把留学生"请进来"，那么现在的汉语国际推广是既"请进来"，也"走出去"；如果说过去相当长的一段时间主要把对外汉语教学作为纯粹的语言教学的话，那么，现在的汉语国际推广则是让外国的汉语学习者在习得汉语的同时，更多地了解中国文化，包括中国的历史与现实、中国的社会与生活、中国的经济与政治、中国的文学与艺术等等[2]。这不仅是外国学生的普遍要求，也是中国教师的一致愿望。这就使得汉语国际推广不单单是一个语言技能的培训问题，更是一个文化交流传播问题。从历史特别是语言文化史上看，语言的跨境流传与习得，离不开一定的文化背景。第二次世界大战前，一种民族语言向外民族的流布，常常是殖民主义、文化帝国主义的产物，是一种强制性的语言侵略行为。那时的殖民主义者，基本上可以不考虑，甚至不必尊重对象国的文化。而今天，汉语国际推广与过去的文化帝国主义语言推广模式

---

[1] 许琳《汉语加快走向世界是件大好事》，《语言文字应用》2006 年第 S1 期。
[2] 朱瑞平《汉语国际推广中的文化问题》，《语言文字应用》2006 年第 S1 期。

截然不同。在国际和平条件下，我们本着有求必教、"有教无类"的原则推广汉语。这在世界历史，特别是语言文化史上都是少有前例的。汉语学习完全是建立在外国人了解中国的强烈需求之上。这就需要我们在汉语国际推广中建立国际文化观念和跨文化交流意识，尊重对象国及学习者的文化背景，研究对象国与学习者的文化心理，从而使汉语教师成为文化沟通的媒介与桥梁。因此，任何妨碍文化沟通和理解的文化观念、教育教学观念都应该认真地加以检讨。然而，由于种种原因，文化问题"是对外汉语教学界多年来一直着力解决而又一直没有很好解决的问题。虽然我们一直说要重视文化问题，但无论是在课堂教学、教材编写，还是在学术研究、学科建设上，我们对文化问题的重视程度都远远不够。……要想处理好语言与文化之间的关系，就需要我们首先解决这样几个问题：什么是文化？语言与文化之间究竟存在着一种什么关系？在对外汉语教学中究竟应该介绍哪些文化内容？如何介绍？对于这些问题我们目前仍然没有讨论清楚，但是必须要讨论清楚。"[①] 笔者认为，为达到这样的目的，应首先对对外汉语教学中长期流行的一些文化观念加以检讨。

二、"交际文化"论与汉语国际推广的文化定位

自 1983 年张占一（1987）[②] 提出把对外汉语教学中的文化划

[①] 陈绂《对国内对外汉语教学的反思——AP 汉语与文化课及美国教学实况给我们的启发》，《语言文字应用》2006 年第 S1 期。

[②] 张占一《谈谈汉语个别教学及其教材》，见〔美〕Timothy Light（黎天睦）主编《现代外语教学法——理论与实践》，北京：北京语言学院出版社，1987 年。

分为"交际文化"和"知识文化"以来,对外汉语文化教学研究一直围绕着语言系统中的"交际文化",语言中文化因素的定性、定位与定量问题,以及如何在教学中揭示和导入语言中的文化因素而展开,研究范围大都在词、句、段等语言系统所蕴含的文化因素中。在教材编写上,重视语言的结构与功能,重视目的语文化的介绍,但由于普遍采取了分技能教学模式,其目的和任务主要集中在语言点的讲练上,教材内容本身的文化含量并不高。多数教师认为教材的内容不是主要的,教材语言中的词汇、语法、句式才是教学的重点。对外汉语教学中的文化被界定为"交际文化""指的是那种两个文化背景不同的人进行交际时,直接影响信息准确传递的语言和非语言的文化因素。"[1] 林国立(1996)[2]就对外汉语教学中的文化因素在理论上做了定位、定性与定量。他先从两个方面给"文化因素"定位:(1)强调"文化因素和语言的下位关系、文化因素和文化的下位关系,即语言是文化的一部分,文化因素是语言的一部分,确切地说是语言教学中语言知识的一部分"。(2)强调"文化因素和语音、语法、词汇一样,是语言中的一个因素",认为"文化因素"与语音、语法、词汇不同在于它没有独立的外在形式,因而,在言语交际中,它依附于语言的其他子系统中,是"隐含在语言的词汇系统、语法系统和语用系统中的"[3]。

---

[1] 张占一《试议交际文化和知识文化》,见周思源主编《对外汉语教学与文化》,北京:北京语言文化大学出版社,1997年。

[2] 林国立《对外汉语教学中文化因素的定性、定位与定量问题》,见周思源主编《对外汉语教学与文化》,北京:北京语言文化大学出版社,1997年。

[3] 吕必松《华语教学讲习》,北京:北京语言学院出版社,1992年。

总的看，关于对外汉语教学的文化定位，还存在以下四个值得商榷的问题：（1）把对外汉语教学中的"文化"等同于语言中的交际文化因素，界定过窄，限制了对外汉语文化研究的范围和视野。（2）把对外汉语教学中的文化看成是语言的下位概念，将研究重点放在了"文化词语"和语用文化上，忽视对留学生在跨文化交际中因观念文化的差异而造成的跨文化理解和沟通障碍；没能把不同文化背景的留学生作为跨文化交际的主体加以研究，而只是围绕着语言要素做文章。（3）把培养学生的交际文化能力等同于掌握语言的交际文化知识，对在课堂上能促成跨文化交际的多元文化互动理论重视不够，因而对课堂双向文化互动开展不够。（4）由于普遍采取分技能教学模式，在教学中重视的是语言的知识性和系统性，编写教材时先制定词汇和语法大纲，相对忽略教材课文内容的互动性和所承载的文化意义，不能有效地利用教材把语言和文化教学有机地结合起来。教材或多或少存在视角单一、内容乏味、思维简单、不合学生要求等问题，学生们觉得汉语教材没意思、没兴趣，因而不利于课堂上文化互动的开展。

将对外汉语教学中的文化问题仅仅限定于"交际文化"上，可以称之为"交际文化"论，它使得对外汉语文化教学和研究的重点主要放在了容易引起交际障碍的词语和语用文化上，而教学中大量存在的跨文化问题——如留学生在跨文化交际中实际遇到的语言文化问题、第二语言文化学习中的障碍以及他们头脑中固有的一些误解、成见和偏见对汉语学习和社会适应的影响等更为直接的文化问题也就被忽略了。结果这种狭窄的文化观和文化研究与汉语教学实际严重脱节，特别是在中美联合办学中，当涉及中美文化观念冲突和文化主权、立场之争时,当面对学生中存在的"严重的文化上的不妥行为"①和所用教材对中国传统和现当代社会历史文化持全盘否定和批判态度时,我们的"文化"完全失语,我们的文化研究几近无用,我们的汉语教师虽个个义愤填膺,却因缺乏相应的文化知识和理论而难以应对。何况文化词语在教学中也难以展开,因为词语中所蕴含的文化因素大多属语义范畴。脱离课文单纯从词语的角度谈文化观念,对将要在45分钟处理四五十个生词的教学量来说是很不现实的。因此,这种文化研究虽也强调文化对比,虽也注重揭示一个民族的价值观念、社会习俗、思维方式、审美情趣等文化因素,但却往往是隐藏在词语背后难见天日。

众所周知,文化和语言的关系是相互依存、相互制约的。语言本身是一种文化,作为思想和观念的文化也制约着语言,离开了语言的思想和离开了思想的语言都是不可想象的。语言文化贯通式教学正是借助了语言和文化的不可分割性,在有限的时间内,通过课堂语言操练、教师提问、师生交际互动和文化互动,将功能—结构—文化统一于有意义的话语中,使学生们在理解课文和操练句子中便掌握了文章的思想意义。学生是学习的主体,但这并不意味着教师可以放弃教学的主导作用,任由缺乏社会文化背景知识的外国学生随意解说目的语文化。老师仍要担当传道解惑的责任,尽最大可能去化解学生的困惑和误读。教师应对中外文化差异和留学生跨文化交际问题有清楚的了解和认识,并通过文

---

① 〔美〕黎天睦《中国对外汉语教学印象记》,《世界汉语教学》1987年第1期。

化提问、文化讨论、文化协商和沟通等方式、自觉融入目的语文化。我们的教学不仅仅是培养学生的跨文化语言交际能力,还要起到沟通中外文化、增进相互理解、相互认同的作用。外国学生通过汉语文化学习,不仅可以了解中国的社会文化,拓宽文化视野,还能增长学识、发展思维心智。因此,对外汉语教学中的文化跟人类学和文化学意义上的文化并无太大不同。在语言教学中我们完全可以,也应该就诸如政治经济、历史文化、价值观念、生活方式、教育制度等一切有差异的问题展开文化讨论或辩论,甚至要在文化冲突中寻求协商、和解之策。我们用到的文化不只是隐含在词语中的交际文化因素,而常常是那些可以对社会现象和行为本质做出解答的观念文化。只有从总体上把握了中外深层观念文化的异同规律,一切表层和中层文化现象,以及体现这些文化的词语才可融会贯通,各种文化形态、现象才能得以解答,文化大纲的制定也会纲举目张。

如果以第二语言为英语的文化教学研究为参照,就会发现汉语学界对文化的认识和定位还只处在英美国家 20 世纪 70 年代的水平上。因此,为了使我们的文化研究早日与国际接轨,为了编写出适合欧美国家大中小学生使用的汉语教材,也为了使汉语的国际推广卓有成效,我们应该借鉴国外语言文化研究的最新成果和经验。陈申教授在回顾和总结西方语言文化教学的演变与进展后指出:"就文化定义而言,演进过程始终呈现出一种扩大的趋势:文化教学的范围,从大写的 C 文化扩展到小写 c 文化,从外民族文化扩展到本民族文化,又从外民族和本民族的双向文化中,从实体部分引申到想象部分;从对文化性质的解释来看,文化被视为'知识',又被认作'行为',并由'意义'将两者相连,又通过'话语'来反映,也是逐步地从片面朝完整的方向发展。过去和现在有四种教学模式,无论是兼并、融合、综合、互动,都是设法通过教学手段将语言文化有机地、有效地结合起来所作的不懈努力。"[1]目前影响最大、最值得借鉴的是 Kramsch 的"多元文化互动理论"和文化教学模式。

1999 年美国颁布《21 世纪外语学习标准》,其中有全美中文教师协会(CLTA)和全美中小学中文教师协会(CLASS)编制的《全美中小学中文学习目标》,提出从三个方面来认识文化:文化观念(包括含义、态度、价值观、观念等)、文化习俗(包括社会交往方式)与文化产物(包括书籍、食品、工具、法律、音乐、游戏等)。三者互相联系、互相影响。习俗和产物都与观念相关,都体现出社会文化的观念形态[2]。"如果把美国外语教育标准的文化目标用一个三角形来表示,三角形底边的左角是'文化习俗',底边的右角是'文化产品',三角的顶端是'文化观念'。"[3]正如齐德立教授所言,《21 世纪外语学习标准》的核心主题即所谓的五个"C"——Communication(沟通)、Cultures(文化)、Connection(贯连)、Comparisons(比较)、Communities(社区),体现了外语教学的新理念:强调在文化适当的情景中整体地使用语言。也就是说,把语言与文化紧密地结合在一起,在要求语言

---

[1] 陈申《西方语言文化教学的演变与发展——兼议对世界汉语教学的影响》,《世界汉语教学》1999 年第 1 期。

[2] 罗青松《美国〈21 世纪外语学习标准〉评析——兼谈〈全美中小学中文学习目标〉的作用与影响》,《世界汉语教学》2006 年第 1 期。

[3] 朱瑞平《汉语国际推广中的文化问题》,《语言文字应用》2006 年第 S1 期。

的同时，要求对目的语使用国的文化的了解①。笔者认为，对文化的这种划分和定位与文化学、人类学把文化分为三类和三个层次颇为相近，同样也符合汉语作为第二语言教学的需要。因此，我们想重申许嘉璐先生的三分法，将其作为我们对汉语教学中"文化"的界定——文化是人类所创造的一切物质、制度与精神。文化分表层文化（指蕴涵在衣食住行中的文化）、中层文化（指介乎物质和精神之间，借助物质来体现的文化，包括风俗习惯、制度礼仪、法律宗教等）和深层文化（是贯穿和渗透在表层、中层中的世界观、价值观、伦理观、审美观等）②。汉语国际推广教师必须通过中外文化比较和跨文化交际理论的学习，掌握中外观念文化的异同规律，并加强中华文化知识修养，逐步培养起自身的文化自觉意识和跨文化交际能力，才能应对和处理海外汉语教学中复杂多样的文化问题。

三、突破"定型"观念

近年来，随着跨文化交际理论和研究的兴起，各种学术杂志发表的相关文章数以万计，但研究内容的重复、方法的简单，特别是举例的雷同化现象令人担忧，而"建立定型观念"的说法更是令人瞠目。

"定型""文化定型""定型观念"皆译自英文"stereotype"一词，从词源学上看"stereotype"是一合成词，前后两部分都源

---

① 罗青松《美国〈21世纪外语学习标准〉评析——兼谈〈全美中小学中文学习目标〉的作用与影响》，《世界汉语教学》2006年第1期。

② 许嘉璐《未惬集——许嘉璐论文化》，贵阳：贵州人民出版社，2005年。

自古希腊文。"stereo"指"固定""僵化","typ"意为形体、状态、印刷字模等。"stereotype"一词曾是印刷专业术语,指排版印刷时用的凸模字板。现指僵化、固定的看法,"成见"和"刻板印象"应是最贴切的汉译词。最早将该词引入社会、政治语境的是美国新闻记者李普曼(Water Lippmann)。他在《公众舆论》一书首次使用这一术语,使它成为社会学和社会心理学中的重要概念。李普曼最初是将定型作为消极概念使用的,他认为定型是错误的、非理性的。从20世纪30年代起,社会心理学家在李普曼的基础上,从不同层面定义"定型观念",其中有代表性的是English等人的观点。他们认为,定型观念是"对现实的某一方面,特别是某些个人或社会群体的相对僵化、过分简单或带有偏见的认识。50年代至80年代末,心理学与跨文化交际学关于定型观念的解释出现多元包容趋势,但主要集中在两个方面:首先,定型观念是一种认识,这种认识带有类型化倾向。其次,定型观念是一种过度概括,呈简单化特征。"① 有些社会心理学家将定型作为一个中性概念,因为他们发现,定型是一种普遍的、不可避免的人类认知方式。在跨文化交际中,通常认为,"由于交际对象之间的语言、社会政治、文化背景、个人受教育和成长过程等区别,不能简单机械地用各种文化群体中的'模式固见'对号入座地来理解对方的思维和行为。德国一些学者甚至提出'偏见''模式固见'和'歧视'是德国极右翼排外势力的温床。在很长的一段时间内,在跨文化交际学研究中,一个响亮的口号便是'铲除

---

① 文卫平《跨文化交际中的定型观念》,《外语教学》2002年第3期。

文化偏见！取消模式固见！'"①

　　1995年，高一虹发表了《"文化定型"与"跨文化交际悖论"》②一文，认为从事跨文化交际研究的学者或者语言教师面临一个矛盾：为了帮助不同文化的人们相互了解，就必须概括文化差异，必须要建立某种文化定型；然而这些定型对于差异的"过分概括"或"标签化"又可能人为地制造屏障，妨碍文化间的交流和理解。一面是架设桥梁，沟通文化的使命，另一面是构筑壁垒，隔绝文化的危险。她将这一"桥"与"墙"、文化定型之打破与建立的矛盾，称为"跨文化交际悖论"。她主张"承认定型、建立定型、向定型挑战"。高教授的观点不仅影响了外语学界，也对汉语学界产生了深远影响，从此以后，"建立定型"的说法开始盛行。

　　如果说高教授在"跨文化交际悖论"的前提下提出"建立定型"和"打破定型"还有着学术的敏锐性、思辨性和洞察力的话，那么，此后脱离开"悖论"的语境，一味强调"建立定型"则是错误的、有害的。笔者认为造成这一错误认识的原因主要有两点：一是由译词语义和色彩的变化而造成的词义的差异；二是对人类认识事物、总结概括事物的过程性、层级性认识不清。

　　首先，"stereotype"原本是个贬义词，以前多翻译为"成见""刻板印象""定型视野"等，基本上符合原文的意思。但近十年来，开始译作"定型""文化定型""定型观念"这类中

---

①　范捷平《论"Stereotype"的意蕴及在跨文化交际中的功能》，《外语与外语教学》2003年第10期。

②　高一虹《"文化定型"与"跨文化交际悖论"》，《外语教学与研究》1995年第2期。

性概念,其对应的英文词就变成了"type""cultural type"和"type views",不仅完全失掉了"固化""成见"的意思,反而与"类型""概括""总结"成为同义词,实际上是把该词用成了"文化概括、评价或类型化"的意思。

在此基础上,有人提出对外汉语教学需要对各种语言的主流文化,包括汉民族文化进行定型("归纳概括"义);从事对外汉语教学的人对汉语文化必须有个客观科学的定型("评价"义)。这种含义的"定型"完全脱离了作为社会学术语的本义,充当了"归纳、总结、概括特点和规律"的普通名词,实际上曲解了论题的本义。

其次,对文化类型、文化模式的概括归纳,即使是简单化、概括化的也不就等于"文化定型"。文化定型是在文化模式的概括中出现的一种僵化现象。在文化人类学及比较文化研究中,为了研究某一论题,常常需要在比较中,对某一民族历史文化的某些特征加以概括,但这种概括是有前提的。第一,它是对"作为历史的文化特征"的概括,而不能无条件地延伸到"当下的现实"中;第二,它是在相对的、比较的意义上得来的概率,不是孤立的和绝对的。而"文化定型"则是把在某种意义上做出的某些结论加以固化,使其成为一个先验概念,从而在看待异文化现象时,预先设定一种"文化成见"乃至"文化偏见"。实际上文化是一个复杂的动态过程,人类对历史文化的认识概括从来都没有终止过,始终处在不断发展、补充与完善的过程中。每一种文化观念相对于产生的时代来说有其合理性,人的认识正是在不断地由感性到理性、再由理性到感性的螺旋式发展中不断深入的。20世纪以来,在我国学者对文化的认识中,就出现了东方文化论、全盘西化论、中国本位文化论、西体中用论和综合创造论等多种观点。因此，我们不能把不同时期人类对文化的概括归纳视为一成不变的"定型观念"。譬如，"西方是个人主义""东方是集体主义"的概括，其中蕴涵着合理的信息，但如果具体到个体，这种概括就极不准确，我们甚至会找出许多反例。如果我们把它作为准绳去机械地套在身边的西方人和东方人身上，而不看具体情况，这真是一种"定型观念"（刻板的成见）。我们可以说，"为了帮助不同文化的人们相互了解，就必须概括文化差异"，但却不能说"就必须建立某种文化定型"，因为"定型是一种普遍的、不可避免的人类认知方式"，是人在社会化的过程中自觉不自觉或有意无意间形成的一些观念，它无须特别加以学习或建立便已自然获得。我们所能做的就是通过了解异文化，去突破和克服"定型观念"，从而培养跨文化理解与交际的能力。

结合对外汉语教学的实际来看，定型观念并没有带来什么积极影响，反而造成了许多消极影响。拿对外汉语教学界的文化研究来说，有些教师喜欢从国民性出发来研究学生习得汉语的特点。在1999年北师大举办的"对日汉语教学国际研讨会"上，"文化特性与民族性格影响下的日本学生汉语学习"的话题引起了中日学者的争论。日本学者对"民族性格"的说法颇为反感，认为日本学生"不会说或说不出来，是个人的问题，不是什么民族性格的弱点，不要把它扯到民族性格的问题上去"。而从民族性格和心理的角度来阐释日本人汉语学习的做法，却是中国80年代以来文化研究中盛行的做法。这不仅表明中日学者在思想观念、思维方式和研究视角上的差异，也说明从固有观念出发进行个案研究会造成不良的影响。同样，外国留学生倘若带着他们在国内预先形成的"定型观念"来看待中国,也会出现偏差,导致对中国语言文化的误解。譬如,听到有人打招呼的时候问:"你吃了吗?"就以为中国人因吃不饱饭才如此说。有人把中国女教师不戴首饰,把小孩穿开裆裤当成是中国的贫困的现象,把中国人饭后几个人争着付钱理解为虚伪、不诚实等,都是在同一种文化定型观念的主导下对中国的误读。更为有害的是由教材编写者的文化成见和意识形态偏见造成的教材的误导①。

因此,在对外汉语教学中,为了教学与研究的方便,对中国历史文化、中国语言文化的某些规律的概括、抽象是必要的,但这种概括和抽象是有某种语境条件的,不是绝对的和一成不变的。概括和抽象不是为了给学生造成一种定型观念,否则面对当下中国复杂的语言文化现象,就难免方枘圆凿。对外汉语教学的实践表明,重要的不是要建立什么"定型观念",而是要打破"定型观念"——为了让教师更好地教授学生,必须打破对外国人及外国学生的某些定型观念;为了使外国学生更好地理解中国,必须打破他们从国内带来的关于中国的某些不切实际的定型观念。取而代之的是建立一种更加开放、更加包容、更加灵活变通的文化胸怀。

四、"文化依附"应该让位于"文化交融"

在外语学界和对外汉语教学界,有一种文化观念从 20 世纪

---

① 亓华《美国意识形态对汉语教学的渗透及我们的对策——从普林斯顿大学编写的汉语教材说起》,《北京社会科学》2000 年第 1 期。

90年代以后影响越来越大,这就是"文化依附矛盾"观念。关于这个问题,目前在学术刊物上发表的文章已有几十篇,还产出了一批硕士学位论文。"文化依附矛盾"的存在,不仅说明在第二语言教学和研究中存在着文化立场和文化认同的困惑,也表明学界的文化态度和视野尚需端正和拓展。

"文化依附"本是一个带有强烈批判色彩的社会学词语,这一说法最早见诸语言学界是在1991年,由高一虹在《我国英语教师的文化依附矛盾》①一文中首次提出。该文是从美国语言教学专家罗立言的"榧子法"教学是否适合中国的英语课堂谈起,论述了中国的英语教师的文化依附矛盾,并将它提升到"教师在教授外语时究竟代表哪一类文化的问题。国内的英语教师是中国文化的一分子,但讲的、教的却代表了西方文化,依附矛盾便由此产生"。

"文化依附"这样一个颇具贬义色彩的词语出现在20世纪90年代初的外语教学界,其实是一种旧的(70年代"文革"以来)思维模式和话语方式的延续。我们可以从20世纪80年代高等学校英语专业四年级教材选篇说明上看到外语学界为防止"文化依附"所做的努力:"选文以具有社会主义、民主主义倾向和揭露资本主义社会黑暗的作品为主,同时酌收少数政治上无害、语言上有益的作品"。当时,英语教师一般不敢谈文化,更不敢讲英美"资产阶级文化",否则就会有"文化依附"之嫌疑。

这一说法于1996年被孟子敏教授引入对外汉语教学界,他

---

① 高一虹《我国英语教师的文化依附矛盾》,见胡文仲主编《文化与交际》,北京:外语教学与研究出版社,1994年。

在《文化依附与对外汉语教学》[①]一文中给出了这样的定义:"对外汉语教师在教学中和学生在学习中代表或体现什么样的文化,即所谓文化依附。"而"文化依附矛盾"是"教师因教学对象为异文化群体成员而进行文化选择时和留学生因学习内容为汉语言文化而进行文化选择时所表现出来的矛盾。"具体地说,"对外汉语教师作为汉语文化的化身,他体现自己文化的价值观念和文化准则等,并通过传授这些内容以及自己对母语文化的态度来影响、改变学习者的行为。但有时学习者对目的语文化的冷淡又会使教师面临窘境,陷入文化依附矛盾之中,甚至被迫去依附异文化以迁就学生。"孟教授认为:"作为汉语教师,无疑应该维护本民族的文化,留学生求'学'于我,他们理应依附汉语文化。谁是主人谁是客人,这是明摆着的道理。我为什么要放弃自己去适应他们呢?我想不少教师都可能有这种强烈的内在矛盾与冲突的体验。"尽管文化选择的矛盾在对外汉语教学中确实存在,但笔者并不赞同"文化依附"的说法,因为它与我们应有的文化态度和汉语国际推广的文化宗旨不相符合。鉴于该观点在学界盛行已久,"文化依附"也已成为硕士毕业论文的热门选题之一,在此有必要加以论辩。

首先,事实早已证明,以国家为界来确定单一民族文化的时代在很多地区已不复存在,凡经过了近代化和现代化发展及转型的文化都是一种混合型或融合型文化。中国文化就是融合了传统文化、社会主义文化和西方现代文化等多种元素而构成的。而且,

---

① 孟子敏《文化依附与对外汉语教学》,见周思源主编《对外汉语教学与文化》,北京:北京语言文化大学出版社,1997年。

我国的文化主张是辩证的"综合创造论"——即"抛弃中西文化对立、体用二元的僵固思维模式,排除盲目的华夏中心论与欧洲中心论的干扰,在马克思主义普遍真理的指导下和社会主义原则的基础上,以开放的胸襟、兼容的态度,对古今中外的文化系统的组成要素和结构形式进行科学的分析和审慎的筛选,根据中国社会主义现代化建设的需要,发扬民族的主体意识,经过辩证的综合,创造出一种既有民族特色,又充分体现时代精神的高度发达的社会主义新中国文化。"[①] 文化依附说体现的却是一种中西文化对立、体用二元的僵化的思维模式,它不利于我们走中外文化融合创新之路。

其次,从第二语言学习者的角度来说,外国学生是在习得母语的同时获得母语文化的,他们学习汉语借助于母语文化是一种学习策略,谈不上"依附"问题;外国学生第二语言学习一般是在成人以后,是一种理性的学习,理解和获得目的语文化是一个渐进的自愿选择的过程,一般不会到"依附"的程度。中国人学外语也是如此,正如流行歌曲《我的中国心》所唱的那样,洋装穿在身,洋话说在口,但"无论走到哪里,也改变不了我的中国心"。笔者每年对北京师范大学汉语文化学院的汉语专业四年级本科生做跨文化交际适应情况调查,至今在二百多名学生中还没有一位愿意改变母国文化立场、"依附"汉语文化。相反,他们都会对中国现实社会中存在的种种社会不文明现象和一些不良的文化习俗提出批评。而且,不管外国留学生怎样适应和认同中国的社会

[①] 张岱年、程宜山《中国文化与文化论争》,北京:中国人民大学出版社,1990年。

文化，都是以本民族的文化为根基，以中国优秀文化为有益的补充。虽说许多人都把中国视为第二故乡或第二个家，但他们仍能清楚地意识到自己是外国人，没有人愿意改变外国人的身份，特别是日本和韩国学生来中国以后，反倒增强了民族意识和国家意识。

再次，从教学方法和理念来看，对外汉语课堂是由多国学生构成，因而是一种多元文化语境，有人称为"文化混融语境"①。汉语作为第二语言教学普遍采取最先进的外语教学理念和交际互动式教学模式，高效率的小班语言操练法、交际互动法，拉近了老师和学生的距离，师生间完全是一种互相尊重、信任、平等、亲近的关系。为了减少学生课堂讲话情感过滤因素，老师不仅要彻底抛开师道尊严的传统教育理念，还要在课堂上即兴表演、出洋相、跟学生开玩笑，语言富有幽默感，课下还要跟学生一起吃饭，因为在这里学生是上帝，老师的一切努力都是保证学生多、快、好、省地习得汉语、了解中国的社会文化。笔者所在的北京师范大学汉语文化学院的教师们都有这样的团队意识和献身精神，大家超越了文化选择的困惑，以一种开放的观念和文化包容态度吸收新的教学模式，努力创立自己的风格和品牌。实践证明，北师大的对外汉语教学在海外赢得了较高的声誉，尤其在日本和美国享有最高的人气。如果只凭借母语的文化和教学理念，而不是积极参与中外联合办学，不是主动吸收外来先进的教学理念和方法，我们的教学就会止步不前，我们就难以创立先进高效的教学模式，

---

① 周健《试论文化混融语境中的交际与汉语教学》，《汉语学习》2000年第 4 期。

我们在世界汉语教学中就会缺少竞争力。

最后，从文化研究的角度来看，"文化依附"这个带有贬义的词不适合在第二语言教学研究中使用，因为它传递的是一种二元对立的褊狭的文化观念。用它来描写第二语言教学中的文化迁移现象有失客观公允。我们应当采用"文化选择""文化认同""母语迁移"等学科范围内的术语，以免给人造成语言偏激和有明显主观倾向的印象。

因此，我们部分赞同前全美应用语言学协会女会长Kramsch以"后结构主义"为旗帜的"多元文化互动理论"。教师的任务既是"架桥"也是"划界"——指出文化的不同，在教学中培养学生领悟世界是多元的、跨文化交际能力、克服单一狭隘观念。教学的目的不是期望学习者变得越来越"地道化"，也不是要求学生放弃自己原有的文化价值而去接受另一种文化价值，而是在多元文化的环境下创造出一种能沟通双方的新文化——"第三类文化"[1]。陈申教授也指出："我们并不企图通过教育的手段来同化这些留学生，而是希望他们通过语言文化的学习，成为名副其实的'中国通'，既保留着他们自己的文化身份，又能设身处地地观察和解释中国社会的文化现象，成为两种文化的沟通者。"[2]

为了培养学生的跨文化交际能力，汉语教师首先应具有文化自觉和跨文化意识——即不仅对汉语文化有深刻的理解，对学生的母语文化也有相当深入的了解，要对于两种文化的异同及其在

---

[1] Clair Kramsch, *Context and Culture in Language Teaching*, 上海：上海外语教育出版社，1999年。

[2] 陈中《语言文化教学策略研究》，北京．北京语言文化大学出版社，2001年。

语言中的反映非常敏感，能自觉地将文化比较运用于教学中，并时刻保持"多元共生意识、平等对话意识和求同存异意识"[①]。同时，我们主张在对外汉语教学中必须坚持民族立场，在关涉国家利益的大是大非问题上——如国家主权、领土完整、民族团结等问题上绝不能含糊，要态度鲜明，立场坚定。这是跨文化互动的前提。在以往的教学中为了避免矛盾和冲突，对外汉语教师大都会回避观念文化，特别是意识形态观念文化冲突的话题，容忍和原谅学生"严重的文化上的不妥行为"。然而，早在1993年Kramsch就提出利用"文化冲突"，可以创造一种语言文化教学的新策略。文化冲突并不可怕，它是教师、学生和教材内容在教室里发生的文化价值的互动，有利于培养学生化解冲突和解决实际问题的综合能力。国外的汉语教学，特别是美国大学汉语教学从来不回避文化冲突和文化批评，相反还以此作为中高年级汉语教材和教学的主要内容和观念，我们的回避却意味着主动放弃话语权和引导权，客观上造成了"文化失语"和"文化沉默"。因此，为了适应汉语国际推广和文化传播的需要，我们的文化教学内容和观念必须与当今国际汉语教学接轨，必须建立国际文化观念和跨文化交流意识。只有这样，才能坚持而不是回避或放弃文化话语权和解释权。

---

① 李红《试论对外汉语教学中的跨文化交际意识》，《陕西师范大学学报》（哲学社会科学版）1998年第S1期。

第二节　汉语作为第二语言教学研究的文化视野[①]

迄今为止，围绕对外汉语语言教学的三大基础要素——语音、语法和词汇方面的研究成果已经形成百舸争流、百花齐放的繁荣局面。与此同时，针对对外汉语教学中的文化因素的研究也呈现出千帆竞发、百家争鸣的良好态势。特别是最近30多年，重视文化因素在对外汉语学科建设中的重要价值，注意在对外汉语教学的不同阶段适时导入与语言学习密切相关的中国文化因素，以帮助外国学生减少跨文化交际障碍，使他们在掌握好汉语的同时不断加深对中国文化的认识和理解，一直是学界探讨的重要话题之一[②]。

林国立（1996）[③]认为，语言是文化的一部分，文化因素是语言的一部分。文化因素和语音、语法、词汇在语言中应处于相等的地位。周思源（1996）[④]指出，在学习的初级阶段，文化定位确实基本上表现为"文化因素"或"文化背景知识"。但是目的语学习层次越高，其所接触的文化就越不限于"因素"的成分，

[①]　本节摘自阮静《论对外汉语教学研究中的文化视野问题》，《中央民族大学学报》（哲学社会科学版）2012年第1期。

[②]　周思源主编《对外汉语教学与文化》，北京：北京语言文化大学出版社，1997年。

[③]　林国立《构建对外汉语教学的文化因素体系》，见《北京语言文化大学入选第五届国际汉语教学讨论会论文汇编（1996北京）》。

[④]　周思源《论对外汉语教学的文化定位》，见《语言文化教学研究》，北京：华语教学出版社，1996年。

也不仅以交际文化为主。张德鑫（2001）[①]主张，21世纪的对外汉语教学应跟国际汉学接轨，应向更高更深的层次发展，应拓宽更宏远的教学和教育视野。亓华（2003）[②]强调，对外汉语教学的文化定位，既包括学科的文化定位，也包括学科中文化的定位。学科的文化定位是"中国（汉）语言文化教育"，学科中文化的定位是应当满足不同水平层次的学习者提高语言文化素质所需求的包括物质文化和精神文化在内的中华文化和中外比较文化[③]。这一系列有针对性的研究成果，对于进一步探讨文化因素在对外汉语教学中的地位和作用，把真正符合对外汉语教学需要的文化因素转化为对外汉语学科体系建设的有机组成部分，推动和促进学科向纵深领域和更高层次发展，无疑具有十分重要的现实意义。

但不可否认的是，目前在对外汉语文化教学研究中还存在视野不宽、范围不广、勇气不足的问题，对一些在教学实践中已经涉及的命题重视不够、探讨得也不够深入。比如说，文化的多元性与对外汉语文化教学的关系；历史文化与现实文化中诸多敏感现象与敏感话题的化解；中国文化的历史传承与现实发展的关系；在对外汉语教学中传播中国文化的基本原则、适宜范围和价值尺度；特别是学界一直在争论的——应该制定一个什么样的文化教学大纲，才能使对外汉语的文化教学能够更加客观、更加真实地反映中国文化的真实内涵，符合第二语言文化教学规律，使

[①] 张德鑫《润物细无声——论对外汉语教学与汉学》，《语言文字应用》2001年第1期。

[②] 亓华《中国对外汉语教学界文化研究20年述评》，《北京师范大学学报》（社会科学版）2003年第6期。

[③] 程书秋、郑洪宇《对外汉语文化教学研究述评》，《继续教育研究》2008年第3期。

我们的教授对象在学习语言的同时还学到原汁原味、货真价实、全面完整的中国文化,等等。对此,程书秋、郑洪宇(2008)[①]指出了我国的对外汉语文化教学中还存在的一些不足:"偏重语言课中的文化因素教学研究,专门的文化课教学研究不够;偏重语言交际文化研究,非语言交际文化研究不够;偏重文化差异研究,文化共性研究不够;偏重主体文化研究,亚文化研究不够。"

上述这些问题都应当引起学界的高度重视,需要认真下功夫将其解决好。否则就容易造成学科发展的先天不足,影响和制约学科的科学发展、全面发展。下面围绕对外汉语教学研究的文化视野问题谈一些自己的看法,不妥之处恳请专家学者们指正。

一、拓宽对外汉语教学研究的文化视野是对外汉语学科建设与发展的现实需要

对外汉语教学界的文化研究兴起于20世纪80年代初期,迄今已经走过30多年的发展道路。"经历了一个从不被重视到被注意、被热烈关注、到趋于平稳的过程"。20世纪80年代为起步期,80年代末至90年代中期为活跃期,90年代中期以后至今为平稳期[②]。这一发展过程,应该说为今后不断拓展对外汉语文化教学研究的新领域奠定了坚实的基础。

从以往的情况看,对外汉语文化教学的研究与探讨主要围绕"交际文化"和"知识文化"这两个概念来展开。绝大多数学者

[①] 程书秋、郑洪宇《对外汉语文化教学研究述评》,《继续教育研究》2008年第3期。

[②] 李晓琪主编《对外汉语文化教学研究》,北京:商务印书馆,2006年。

都认为，在对外汉语文化教学中，应更多地给学生讲授与语言交际相关的文化知识，以提高学生应用汉语进行交际的能力。林国立（1996）就明确提出：“对外汉语教学中的文化"是外国人学习、理解汉语，使用汉语与中国人打交道的时候需要掌握的那种"文化"，是语言学习和使用过程中所涉及的文化。笔者认为林先生的这一观点将对外汉语教学中的文化范围定得不够宽泛，容易给人造成误解，让人感觉学生在对外汉语教学中的文化需求只能局限在语言学习、语言使用和语言交际过程中。倘若如此，那么外国学生在日常生活中通过其他途径和方式，比如说独自观察领悟到的，以及通过第三方（不会讲汉语方）得到的一些与汉语语言学习有关的中国文化知识又该如何来界定？是否就可以肯定这些文化就不应当是或者说不一定是语言学习、语言使用和语言交际过程中需要掌握的？我看未必。"交际文化"概念的提出，应该说与20世纪80年代后期跨文化交际（交流）学科在中国的兴起有着最直接的关系。其内涵在不少学者的观点中均指的是外国学生在汉语语言学习过程中由于不同文化的差异而导致的对中国文化的不适应在学生身上的具体体现。因此，给学生传授相应的"交际文化"知识，就是为了消除学生对异文化的不适应而产生的交流障碍。然而，在我们所界定的"知识文化"当中，又有谁能够保证完全不会出现文化不适应的问题呢？只要是不同文化之间进行交流，就一定会出现文化的不适应症，就有一个由不适应到适应的过程。一旦了解、认同并接受了对方的文化，才会逐渐适应。如果从一开始就不理解、不认同对方的文化，也就很难适应。更何况一个人即便是熟练掌握了异文化的语言，也未必能够完全消除语言交际过程中的异文化障碍。

第二节 汉语作为第二语言教学研究的文化视野

此外，关于用"交际文化"和"知识文化"概念来界定对外汉语教学中所涉及的文化因素是否符合学科建设和发展的现实需要，在学界也一直都存在着争论。周思源（1992）[①]认为，对外汉语教学"宜建立一种比较宽泛的文化观念，以适应对文化的多方面需求"。许嘉璐（2002）[②]也明确提出，不同意把对外汉语教学中的文化教学分为"知识文化"和"交际文化"。一是在实际教学中两者无法科学地分开，只能由教学者主观地决定；二是"知识文化"和"交际文化"其实都是围绕着语言交际而展开的，而所谓直接和间接也是难以区分和预料的，何况还有非语言交际存在。陈申（2001）[③]则认为，有关"知识文化"和"交际文化"的争议，不仅仅是一个文化范围确定的问题，而且关系到对文化本质的认识问题，对文化本质的解释不应当限制在知识、行为的两分对立，而应鼓励多样化。对此，笔者坚持认为，只有进一步拓宽对外汉语教学研究的文化视野，才是进一步完善学科建设的必由之路，才会符合学科建设的现实需要。汉语作为第二语言学习所涉及的所有语言和非语言的文化因素不宜用"交际文化"和"知识文化"来界定和划分，而应该统一称之为——"汉语语言学习所需的背景文化知识（或者叫辅助语言学习文化知识）"。也就是说，只要是语言学习、语言使用和语言交际过程中涉及的，包括学生日常生活中遇到的所有那些有助于加深对汉语语言学习

[①] 周思源《论对外汉语教学的文化观念》，《语言教学与研究》1992年第3期。
[②] 许嘉璐《语言与文化》，《中国教育报》2000年10月17日。
[③] 陈申《语言文化教学策略研究》，北京：北京语言文化大学出版社，2001年。

和理解的文化知识,都应该视为对外汉语教学中的文化因素而加以重视。学生可以根据自己所处的学习阶段各取所需,而教师应该做的就是把握好语言学习不同阶段的学生对"语言背景文化知识"需求量的多少以及讲授的深浅问题。这种从语言学习所需的角度来研究和探讨文化在语言学习中的作用,才不会割裂语言与文化天然形成的密不可分的关系,才有助于让学生更加全面、更加完整、更加深入地认识和理解中国文化,才符合对外汉语学科建设的现实需要,从而不断促进对外汉语学科的科学全面发展。

二、拓宽对外汉语教学研究的文化视野是时代发展的必然要求

众所周知,中国经济的强劲增长已经使中国的经济总量超过日本而跃居世界第二,中国的重新崛起正在逐步变成现实,也引起了世界的高度关注。英国一位学贯东西的学者马丁·雅克,在其新著《当中国统治世界——中国的崛起和西方世界的衰落》一书中这样谈道:"在西方国家占主导地位两个多世纪之后,历史的'接力棒'正传向东方——尤其是中国……绝不能把中国看成一个普通的民族国家;相反,她首先是一个文明国家,其次才是一个民族国家……中国带给世界的改变将远远多于世界带给中国的改变。"[①]马丁·雅克的观点充分表明,中国的发展将影响世界。当一个国家的发展已经与世界融为一体,它的强大就意味着既要

---

① 〔美〕马丁·雅克《当中国统治世界——中国的崛起和西方世界的衰落》,张莉、刘曲译,北京:中信出版社,2010年。

对世界的发展进步做出更大的贡献，又要对世界的繁荣发展承担起相应的历史责任。这个道理对于今天的中国而言，不仅有十分重要的现实意义，而且有深刻长远的历史意义。与此同时，中国的发展也吸引了众多的国外留学生来华求学。2010年，来华留学生人数为26.5万人，比2005年增加12.4万人，其中接受学历教育的外国留学生占40.5%，同比提高了8.7个百分点[①]。他们中的很多人已经不只是简单地满足于学习汉语知识，而是希望通过掌握汉语来进一步深入学习和了解中国文化，真切感受中国文化，亲身体验中国文化。另外，自2004年以来，中国已经在90多个国家开设了300多个孔子学院和300多个孔子课堂，全世界约有4000万人在学"孔子的语言"[②]。孔子学院及孔子课堂作为中国文化对外传播的主要渠道和重要阵地之一，已经在世界诸多国家生根、发芽、开花、结果，正在为中国优秀文化的进一步对外交流与传播，扩大中国文化的影响力和感召力做出越来越大的贡献。

　　国际国内形势的发展为中国文化的对外传播提供了千载难逢的机会。作为汉语语言学习和中国文化教学的重要阵地，我们的对外汉语课堂，包括海外的孔子学院和孔子课堂，就不能只是简单地满足于向外国学生讲授汉语知识、传播中国文化的基本内容，而是要立足于中国未来的发展目标，从更为宽泛的文化视野出发，制定科学合理的文化输出战略，把中国文化的价值体系、核心理念以及思想精髓稳步有序地推向世界。

[①] 《"十一五"经济社会发展成就系列报告之十三·教育事业发展成就显著》，中国统计信息网，2011年3月10日。

[②] 《中美人文交流的世界意义——全球聚焦胡主席访美》，新华网，2011年1月21日。

(一)科学认识和理解中国文化的历史与现状

科学认识和理解中国文化的历史与现状不能拘泥于它的某个层面(方面),也不能受限于某种方法,更不能只用静止的或者是阶段性的眼光来看待它,而是应该用长远的历史眼光、发展的比较眼光以及现实的变化眼光来看待。同时也需要从更加客观、更为理性的角度出发,来对中华文化几千年沉淀下来的思想精华进行深入细致的挖掘和合情合理的探究。从历史积淀看,中国文化不仅历史悠久、博大精深、绵延不断、内容丰富,而且在不同时期都焕发出勃勃生机,代表了那个时期民族文化发展的巅峰;从发展情况看,中国的主流文化在其发展的各个时期均得到了很多旁支文化的沁润,不断向其输送营养,形成了今天以主流文化为主、众多区域文化和民族民间文化为辅的发展格局;从现实情况看,中国文化由传统向现代的转型是大势所趋,中国文化的自主创新与重新建构已经变成今人的社会责任。

如果没有文化的自主创新与重新建构,现实社会中已经出现、正在出现或者说即将出现的很多现象无法解释,很多问题无法解决。在笔者看来,当今的中国文化似乎正在表现出一种既不是对传统文化深度过滤后的振兴与弘扬,也不是现代文化在继承与创新基础上的强势与辉煌,而是呈现出传统文化渐行渐远、现代文化不伦不类的怪现象。这种情形在20世纪中国改革开放初期表现得尤为明显。近年来伴随着中国经济的强劲增长和中国国际地位的提升,总体情况有所好转,中国人的文化自信也正在逐渐恢复,但深藏于政治领域、经济领域、社会领域、道德领域、文化领域以及教育领域中的思想混乱依然存在,不可小视。这种态势如果不抓紧改变,不仅会严重制约和延缓我们现代化建设的步伐,而且会在很大程度上禁锢和阻碍人们精神文化的律动,出现难以预料的信仰危机。基于这一判断,笔者认为在中国的现代化建设过程中构建中国当代文化的任务非常迫切,十分有必要站在一个全新的制高点来重新构建中国的当代文化。而"对于文化的重整,尤其是重建一个时代和民族的文化路向这样一个艰深的社会性的重大课题,并非一时一事之功。它不仅需要理论探索与创新的巨大勇气和继往开来的历史使命感,同时更需要从现实经济社会生活的变革中汲取养料,以时代的变革作为土壤和支撑,创新性地进行实践的检验与尝试。如果要从最宏观的层面上确立中国文化的发展方向的话,现代化仍然是当前中国社会文化建设和发展的根本方向,而且是未来长时间内的努力方向。……问题在于,如何实现中国的现代化,特别是中国文化的现代化,这才是人们思考的重心所在"[①]。也就是说,要真正完成好重建中国现代文化的任务,就必须立足当前,面向现代化、面向世界、面向未来,创造出一种与当今中国现实情形相适应的崭新的中国当代文化,使之为世界的和平与发展和人类社会的进步与繁荣做出应有的贡献。

(二)认清并把握好中外文化交流的历史脉络

"一个民族的文化,往往凝聚着这个民族对世界和生命的历史认知和现实感受,也往往积淀着这个民族最深层的精神追求和行为准则。人类历史发展的过程,就是各种文明不断交流、融合、创新的过程"[②]。这个过程将贯穿人类发展始终,需要我们全方

[①] 戚万学《当前中国道德教育的文化困惑与文化选择》,《教育研究》2009年第10期。

[②] 胡锦涛《在美国耶鲁大学的演讲》,《人民日报》2006年4月21日。

位把握好世界范围内不同国家、不同民族的文化自主发展以及相互交往的历史脉络,从中进一步认清中国文化的对外交流与传播对中国自身发展的重要意义以及中国文化在世界文化发展史上的重要地位和曾经做出的历史贡献。戴逸(1989)[①]认为,尽管中国文化是在一个相对封闭的环境中成长起来的,但它也有过与外来文化的接触,其中大规模的接触和交流就有三次:一次是佛教的传入;第二次是明清之际的"西学东渐",即西方传教士到中国来;第三次是鸦片战争以后,西方列强用大炮打开了中国的门户。在他看来,佛教的传入"从东汉起,历程几百年,开始是比较粗浅的佛教教义的传播。但经过长期的消化、文化的整合。到唐代,发展到高峰,产生了中国化的佛学——禅宗。到宋代,产生了在佛学影响下的儒学。佛教的传入经过了几百年的过程,这是中国与印度文化的一次大交流,对中国传统文化影响极大"。而明清之际的中外文化交流主要体现在众多的西方传教士到中国来,其中比较有名的是利玛窦、汤若望、南怀仁等。"从明末到康熙年间,100多年间,到中国来的传教士有好几百人,带来了西方的宗教,也带来了西方的文化,包括天文、历法、数学、武器、地图、建筑、绘画和其他自然科学……但雍正、乾隆年间,这种交流中断了"。而鸦片战争以后的第三次大规模中西文化交流,中国是"被动地吸收西方文化,形成中西文化的冲突,又是交流"。笔者认为,20世纪70年代后期中国实施的改革开放政策,是中西文化大规模交流的第四次,不应算作第三次大规模交流的

---

① 戴逸《关于中国传统文化的几个问题》,见沙莲香主编《中国民族性》(一),北京:中国人民大学出版社,1989年。

延续。因为这是中国人勇敢自信、自觉主动地向世界敞开自己的怀抱，体现出的是整个国家层面的对外开放，具有全方位、多领域、多层次、高级别的特点，不仅为中国主流文化的强势崛起以及对外传播奠定了坚实的政治基础，而且为中国文化主动走出去与世界文化的发展潮流相对接，进一步扩大中华文化的对外影响力和辐射力打下了更为深厚的制度基础和群众基础，必将对中国文化未来的发展产生重要而深刻的影响。

（三）重新审视我国对外汉语教学的文化内容

中华文化博大精深、源远流长，其内容包罗万象、精彩纷呈，要从众多的文化因素中筛选出真正适合对外汉语文化教学需要的文化内容无疑是一个慢工细活，也是对对外汉语教师提出的更高要求。像以往单纯给外国学生讲授字、词、句背后所包含的文化因素以及诸如长城、故宫、兵马俑、丽江古城和苏州园林等这样一些美轮美奂、赏心悦目的文化遗产和景观，是难以让外国学生科学全面、完整准确地理解中国文化的本质特色和深刻内涵的。因为这些割裂单一的文化内容，并不能自然地等同于中国今天的文化实践和文化影响力，也让教师难以在课堂上回答学生提出来的一些比较敏感的现实问题。"我们只有在自己的文化，包括在我们古老的传统文化中，将那些不仅具有优秀的民族特点，而且能将这些民族特点上升为具有普遍性精神价值的文化遗产发掘、清理出来，让这样的文化加入到今天能够为世界大多数民众所认同、赞赏，并化为己有的价值体系之中，那么这些文化才能变成是'世界的'共同文化财富"①。因此,只有从中国的历史文化(传统文化)以及现代文化的变量中去寻找突破口,真正把那些最能代表中国的昨天和今天,以及未来发展趋势的文化精髓挖掘出来,给我们的教授对象(外国学生)讲清楚,才能让处于不同层次、不同学习阶段的外国学生更加理性和客观地认识中国文化,认同中国文化,喜欢中国文化,并积极宣传和主动传播中国文化。

综上所述,只有抓住机遇、顺势而为、迎难而上,从更为宽泛的文化视野去理解和把握文化教学在对外汉语学科建设中的重要地位和作用,才能把我们的对外汉语课堂打造成为中国人民与世界人民友好相处、友好交流、友好往来的重要桥梁和传播中国文化的主阵地,不断为中国文化创新发展、走向世界开辟更加广阔的道路。

第三节　汉语国际推广中的文化问题②

一

近20多年来,中国改革开放和经济的飞速发展,吸引了全世界的目光。尤其是最近这些年,在全球经济一体化、世界文化

---

① 盛宁《全球化语境下的"文化自觉"三议》,《当代外国文学》2008年第1期。

② 本节摘自朱瑞平《汉语国际推广中的文化问题》,《语言文字应用》2006年第S1期。

多元化进程不断加快的大背景下,随着我国经济的持续高速发展,中国的综合国力日益增强,中国在世界的地位不断提高,世界各国和中国的经济交往大大增加。与此同时,世界了解中国的愿望也日益强烈,这是一种必然的趋势。世界希望了解中国,除了好奇以外,更多带有实用的功利的目的。无论是从世界格局的变化可能带来的影响,还是从地缘政治的角度,中国的崛起都使得世界许多国家不能熟视无睹、无动于衷。于是,很多国家眼睛盯着东方,脑子里转着许多问题:日益强大的中国会走向何方?她会在世界上扮演什么样的角色?如何从中国的发展给世界制造的机会中发现自己的利益所在?有好奇心和利益的双重驱动,了解中国的愿望再强烈也不足为怪。

在此情形之下,作为各国了解中国的重要工具和中国文化的重要载体,汉语受到越来越多国家的政府、教育机构、企业以及媒体的重视,也是理所当然的事情。近年来,全球汉语学习者人数快速增加,充分体现了世界希望了解中国的愿望。有一些调查很能说明问题。据国家汉办组织的"外国人学习和使用汉语情况的调查"的课题组报告,在"目的"一栏,来华学习汉语者选择"为了了解中国"的占38.7%,排在首位。"对于选择者来说了解中国既是他们学习汉语的目的,也是学习汉语的动机之一",更具体地说,"他们来华学习汉语的目标'主要是以汉语为媒介,了解中国的过去与现状,了解中国的政治与经济,历史与文化'"[①]。这些来华学习汉语的人正可以被看作是那些最迫切希望了解中国

---

① 辛平《充分利用文化大环境开设文化实践课》,见《第六届国际汉语教学讨论会论文选》,北京:北京大学出版社,2000年。

或希望与中国发生某种关系的人中的代表。当然,这中间也包括了为数众多的海外华人。

二

为使世界更方便地了解中国,也为了让中国更好更快地走向世界,我国正在实施汉语国际推广战略。一方面,加强汉语的国际推广,可以提高汉语的国际地位,加快汉语走向世界的步伐,满足全球不断升温的"汉语热"的需求,满足世界各国人民了解中国、和中国人民交往的需要;另一方面,中国作为世界上最大的发展中国家,越来越积极地参与方方面面的国际事务,加强汉语的国际推广,也有利于树立中国的国际形象,提升中国国际软实力。此外,中国的历史和文化璀璨多姿,因而也应该为世界文化的多元化做出应有的贡献。2004年,中国开始在全球范围内建设以开展汉语教学为主的"孔子学院",到2006年3月,已正式设立的孔子学院达到50多所,尚有更多的正在申请中。2005年7月,在北京召开了首届世界汉语大会,来自世界五大洲65个国家和地区的350多位政府官员、社会名流、大学校长、专家学者、汉语教师出席了会议。这些都标志着汉语国际推广工作正在逐步开展。

如果说新中国建立以来主要是外国留学生到中国来学习汉语,那么,从现阶段开始,这种方式已经不能完全满足世界的需求,起码将不能再作为一种最主要的方式来传播汉语与中国文化。这是因为,一方面,在世界范围内,有大量希望学习汉语、希望了解中国的人没有机会到中国来留学。据有关统计,目前国外的汉语学习者总数达3000万人，104个国家开设了汉语课程，而目前能来华学习的只有8万左右，占全部学汉语总人数的三四百分之一。另一方面，国内接待留学生的能力也受到诸多因素的制约，不可能在短时期内一下子满足可能出现的快速增长的需求。据有关预测，十年内在全世界范围通过各种不同方式学习汉语的人可能会多达数亿，届时还想主要以到中国来留学的方式来满足如此庞大的需求，显然是极不现实的想法。因此，提倡在世界范围内推广汉语，为各国培养汉语教学的师资，组织各种师资"走出去"，在世界各地筹建孔子学院，为世界各国的汉语教学提供各种帮助，就是一种必然的方式。

三

语言和文化是密不可分的，因此，无论是对外汉语教学，还是汉语国际推广，必然涉及中国文化的问题。前些年，国内关于"对外汉语教学问题是纯粹语言的问题还是同时也是文化的问题"，曾经有过一些讨论。事实上，对外汉语教学不可能仅仅是一个语言的问题，它无法离开文化。因为从根本上说，语言既是文化的一种载体，是文化赖以构建和传承的主要手段和形式，而语言本身又是文化的积淀，是文化的映像，是文化的一部分，是一种特殊的文化现象。美国学者塞缪尔·亨廷顿（2002）[1]曾说："任何文化或文明的主要因素都是语言和宗教。"国内有学者[2]将类

---

[1] 〔美〕塞缪尔·亨廷顿《文明的冲突与世界秩序的重建》，周琪、刘绯等译，北京：新华出版社，2002年。

[2] 邢福义主编《文化语言学》，武汉：湖北教育出版社，1990年。

似的意思表述为:"文化包括语言","语言是文化中一种特殊的文化"。

正因为汉语语言与中国文化密不可分,近20多年来,对外汉语教学中的文化问题得到了更为广泛的关注与重视。有学者①曾提出,在对外汉语教学中,要建立"文化因素大纲",以与"语音大纲""词汇大纲""语法大纲""功能大纲"并列。建立这个大纲,"它要解决的是中国人'为什么这么说'和'这么说的含义是什么'的问题"。"所谓'为什么这么说'和'这么说的含义',实质上就是究竟是什么样的思想观念、哪些心理特征、什么样的生活方式以及哪些风俗习惯使中国人形成了这样的语言表达方式和语言表达习惯。"这个大纲至少应该包括两个方面的内容:"中国人的思想观念和民族心理特征,构成了文化因素体系和文化大纲的基本内容","文化因素体系和文化大纲的另一方面的基本内容是中国人的生活方式和风俗习惯"。此外,"有的同行还建议应该包括基本国情"。

同样,汉语国际推广也不仅是一个语言的问题,更是一个文化的问题。许多人要通过学习汉语来了解中国,很大程度上也是要了解中国的文化。这些学习者,无论他是在自己国家学习,还是不远万里来到中国学习,其基本目的都是一样的。比如,在澳大利亚,"把中国文化作为汉语语言教学的重点似乎与学生的兴趣相吻合,这已被不久前政府资助的一次调查所证实"②。上文

---

① 林国立《构建对外汉语教学的文化因素体系》,见《北京语言文化大学入选第五届国际汉语教学讨论会论文汇编(1996北京)》。

② 李侠《先驱之举:澳大利亚的汉语和中国文化教学》,见《第六届国际汉语教学讨论会论文选》,北京:北京大学出版社,2000年。

提及的国家汉办组织的"外国人学习和使用汉语情况的调查"的课题组报告也说明了这一点。据此可以推测,在国际范围内,愿意学习汉语的人当中抱此目的者应该是大多数。即使是对那些把汉语纯粹当作工具看待的学习者而言,要掌握好汉语这门工具,也不能完全对文化的问题不管不顾。

从世界希望了解中国的这种实际的需求出发,我们甚至可以认为,汉语国际推广的中心工作是以汉语为载体和媒介,以汉文化为代表的中华文化为主要内容,把汉语与中华文化一起推介给全世界。如果说过去的对外汉语教学主要是把留学生"请进来",且曾有相当长的一段时间仅把对外汉语教学作为纯粹的语言教学来处理的话,那么,现在的汉语国际推广则是我们主动"走出去",让世界更方便而真切地了解中国——中国的历史与现实,中国的社会与生活,中国的经济与政治,中国的文学与艺术……这就不仅仅是纯语言的问题、工具的问题,更是一个文化的问题。世界不同的国家、民族不断加深对包括中国文化在内的其他国家、民族文化的了解与认识,才能促使全球范围内不同国家和民族对异文化的理解与包容。

四

文化问题既然是汉语国际推广中的一个极其重要的问题,那么我们在汉语国际推广工作中应该如何处理文化的问题?例如,中华文化中哪些内容是必须向世界介绍的?应该怎样向世界介绍中国文化,让世界更好地了解中国的历史及现状?我以为,首先,我们应该弄清楚汉语教学与汉语国际推广中的"文化"的概念。

什么是"文化"?这是一个非常难以界定的概念。德国学者一直倾向于认为"文明"是属于物质的、技术的、客观的,"文化"是属于精神的、信仰的、主观的。但是这种对文化与文明的划分方法并没有得到世界其他各国学者的普遍认同。按照英国人类学家爱德华·泰勒(1992)[①]最经典的表述,文化"包括全部的知识、信仰、艺术、道德、法律、风俗以及其他人类作为社会成员"而获得的种种能力、习性在内的一种复合整体。很显然,这种界定没有包括人类所创造的物质产品,所以一般中国学者认为这是一种对文化的狭义的定义。杨东莼(1931)[②]下过一个最笼统不过的定义:"文化就是生活。"如果加以进一步的解释,文化是"由社会的生产关系所产生出来的物质生活方式,如衣食住行,便是物质文化,由社会的生产关系所反映出来的意识形态,如法律、政治、艺术、哲学,便叫精神文化"。这里提到了"物质文化",似乎并非指有形的物质产品。对文化的广义的定义就是"人类一切物质文明和精神文明的总和"。

前些年美国颁布的《21世纪外语学习标准》(*Standards for Foreign Language Learning in the 21th Century*,Allen Press Inc,1999),特别强调外语教学中的文化内容。该标准的中心目标用5个C来表述:"Communication(沟通)、Cultures(文化)、Connections(贯连)、Comparisons(比较)、Communities(社区),即在语言交际、文化认知、外语与其他学科的联系、语言文化方面的比较以及到社区等校内外环境运用语言5个方面来制定外语

---

① 〔英〕爱德华·泰勒《原始文化》,连树声译,上海:上海文艺出版社,1992年。

② 杨东莼编《本国文化史大纲》,上海:北新书局,1931年。

教育的培养目标。"该标准"提出从三个方面来认识文化：文化观念（Perspectives，包括含义、态度、价值观、观念等）、文化习俗（Practices，包括社会交往方式）与文化产物（Products，包括书籍、食品、工具、法律、音乐、游戏等）。三者互相联系、互相影响。习俗和产物都与观念相关，并都体现出社会文化的观念形态"①。这种对文化内部的分类虽然表面上看似乎可以大致对应于有些中国学者所主张的表层（物质文化）、中层（制度文化）和深层（观念文化）的三层分类法，但实际上却有较大区别。如果把美国外语教育标准的文化目标用一个三角形来表示，三角形底边的左角是"文化习俗"，底边的右角是"文化产品"，三角形的顶端是"文化观念"。该标准强调的是这个三角形的左右两条边："（1）学生应理解目的文化习俗和文化观念之间的关系；（2）学生应理解目的文化产物与文化观念之间的关系。"这实际上是"以成功交际所应具备的文化认知为出发点来确定文化目标""从实际社会生活中的文化现象，如社会习俗及文化产品入手，将其与更为深层的文化观念联系起来，从而达到认知目的文化的目标"②。

如此看来，无论是国内的对外汉语教学、国外的汉语作为外语的教学，还是国际的汉语推广，所涉及的文化内容可能包罗万象；无论是划分为三个层次，还是表述为三角形，大约三个层次或三角形中的任一方面都是不可或缺的。

---

① 罗青松《美国〈21世纪外语学习标准〉评析——兼谈〈全美中小学中文学习目标〉的作用与影响》，《世界汉语教学》2006年第1期。
② 同①。

五

文化的概念越是宽泛，所涵盖的内容就越庞杂，汉语国际推广所涉及的文化问题就越复杂。在今天，向世界介绍中国文化，应该考虑处理好几种关系：

（一）精华与糟粕

陈佛松（2002）[①]把文化按其性质分为评比性文化与非评比性文化。评比性文化又分为"优性文化"与"劣性文化"，非评比性文化即"中性文化"。应该说，中华文化历史悠久，博大精深，但毫无疑问，庞杂的内容也并非全部是"优性文化"，全是精华，也有属于"劣性文化"的糟粕。如果说从不同的历史时期、不同的视角，我们可以观察到不同的中国的话，那么，对于这样的一个"千面中国"，我们该怎样向世界介绍？我以为，对于那些精华、精髓、精品，我们固然要向世界介绍；而对于那些糟粕，也应该按照语言教学的需要，从适当的角度加以批判性介绍；对于更大量的中性文化，也应该考虑如何才能更容易地获得异文化族群的理解。

所以，在汉语国际推广中，有关文化内容的介绍应该遵循两个原则：一是在文化内容的选取上，要以积极的内容为主，对于那些消极的内容，则应加以批判性的说明；二是对一些文化内容的介绍必须选择一个适当的角度，以免造成误解。在中国近二三十年的文化输出中，电影也是一个重要的手段，很多外国人都是通过电影才对中国有了一些感性的认识。但是，电影作为一

---

① 陈佛松《世界文化史》（第二版），武汉：华中科技大学出版社，2002年。

种艺术形式，它所反映的未必都是客观的真实，它所选取的角度，从文化输出的角度来说，也未必都是恰当的。因此，有些电影很容易使外国人对中国文化产生误解。例如，很多外国的年轻人看了有关中国武打的电影后，有一个基本印象就是，中国武术就是打人的，暴力是中国人解决问题的唯一手段。这完全是对中国武术的误解。我们对武术的介绍，则应当选取它强身健体的实际作用和武术本身所体现的自强不息的精神这两个角度，这样才能避免误导。

（二）共性与个性

世界不同的民族，由于地理环境和历史条件的差异，形成了不同于其他民族的文化传统、文化心理、思维模式，这是文化的民族性[1]。文化具有民族性，但不同的民族文化也具有许多相似性。向世界介绍中国文化，既要介绍中国文化与其他文化相异的地方，也应该介绍那些共同的地方。因为在与异质文化进行比较的过程中，两种不同的文化中共性的或接近的部分容易被异文化者理解、认同和接受，个性的部分则因其新颖、奇特而更能吸引人的关注。只介绍共性的部分，可能被误解为中华文化缺乏特色；只介绍个性的部分，则可能被目为怪异，难以被认同、理解与接纳。前些年有人提出"越是民族的就越是世界的"，此话有一定的道理，但是也存在某种偏颇与危险。如果构成某种民族文化特性的诸元素都是难以被解读的，怎么能使它变成"世界的"呢？

（三）传统与现代

一个民族、国家处在不同的历史时期，会具有不同的时代精

---

[1] 陈佛松《世界文化史》（第二版），武汉：华中科技大学出版社，2002年。

神,文化也会表现出一定的时代性。同时,无论是靠对传统的继承,还是靠对外来文化的吸收,或二者兼而有之,一个民族、国家的文化都会在不断的选择与取舍中发展、创新。历史文化是现时文化的渊源,现时文化是历史文化在今天的投影。中国古代文化辉煌灿烂,固然应该介绍给世界;而让世界更多地了解当代的中国,在今天具有更大的现实意义。所以,在汉语推广工作中,我们可以确定这样两个原则:

第一,介绍传统文化,应以那些对现实仍有意义或重大影响的观念、习俗等为主。这一般都是一些最具有生命力的文化内容,比如名胜古迹、礼仪习俗、审美观念、传统节日等。了解传统的目的是为了让现代人更方便、更准确地了解现代、解读现代。这是一个重要的立足点。

第二,以现当代为主。历史的辉煌永远属于过去,立足现在,面向未来,是所有民族、国家最现实的基点。世界关注中国,希望更多地了解中国,当然有其最现实的考虑。中国的现代社会是什么样,现代的中国人怎么想、怎么看、怎么做,这也许是世界最想知道的,也是我们最需要向世界展示的内容。

(四)局部与整体

中华文化以汉民族文化为主体,同时又包含50多个少数民族的文化。中华文化上下绵延几千年,地跨数千公里,极其广博。选取哪些文化点作为介绍的对象,这也涉及世界是否能够借以比较准确地了解中国的问题。同时,对于一种文化的介绍,必须有一定的量的文化点作为支撑。有学者指出,"据我所知,汉语教学中一个没有受到足够重视的问题是将文化现象减少到一个民族的典型性的倾向。这种倾向极容易造成很多文化误读,按照任何标准衡量都是极端危险的"[①]。所以,尽可能多地选择不同时间、不同空间、不同民族之间的多种文化点、文化现象作为介绍对象,处理好局部与整体的辩证关系,也许可以避免一些偏颇,从而减少可能出现的对中国文化的误解。

（五）主观与客观

在汉语国际推广的工作中,作为中国人,如何跳出"中国人"的限制,从世界文化的大背景下客观地看待中华文化、介绍中国文化,这是一个难题。这是因为,一方面,世界要求客观地了解中国,而另一方面,作为一种文化形态中的一分子,任何人的认识都必然要受到母语文化的影响。甚至可以说,绝对客观的态度是不存在的,因为态度本来就是主观的。因此,在汉语国际推广中的文化问题上,处理好主观与客观二者之间的关系是十分重要的。我认为,应当极力避免两种文化心理,一是民族虚无主义,二是文化沙文主义。当我们把视线更多地集中在近现代中国的历史上时,比较容易犯第一种错误;当我们更多地聚焦于辉煌灿烂的中国古代文明的时候,又容易犯第二种错误。这两种不良的文化心理都会影响到我们对中国文化的客观认识。第二,"客观"并不意味着要将我们所有的文化不加拣择地和盘托出,而是在我们的"主观"认识的指导下,将文化内容有选择地从某一合适的角度介绍出来。这些内容一经摆在人们的面前,它就应该是客观的,不能带着我们主观偏好的印记。

[①] 李侠《先驱之举:澳人利亚的汉语和中国文化教学》,见《第六届国际汉语教学讨论会论文选》,北京:北京大学出版社,2000年。

（六）理性与感性

美国外语教育标准主张从文化习俗、文化产品入手去理解文化观念，试图从文化的一些比较感性的内容方面着手，达到对深层文化观念的理性认识。这样做既可以避免将抽象的文化观念与具体的文化活动、文化产品相割裂的缺点，又可以比较顺利地达到对语言与文化深入理解的目的。类似的做法对于汉语国际推广中介绍中国文化有很大的启发作用。比如中国文化中的和合思想，作为一种观念是比较抽象的，但它体现在中国人日常生活的诸多方面，却是比较容易感知的：菜的制作讲五味调和，穿着打扮讲色彩搭配的调和，建筑设计重视对称——对称是一种平衡，也是一种和谐。再如建筑的命名，故宫太和殿，寓意天人和谐，这是两界之和，是上上之和，所以叫"太和"——太和者，大和也；中和殿寓意人际和谐，扩而大之，人际和谐就是社会和谐，是为"中和"；保和殿寓意一己身心的和谐，是为最基本、最初步之和。对于"和"的观念的理解，可以通过对类似"文化产品"的解析来达成。

（七）内容与手段

在汉语国际推广的工作中，除了选择好文化内容以外，还应该辅以最有效的手段。从各种纸质文本的介绍，到传授者的口讲指画；从实物的展示，到学习者的亲身体验；从电影、电视、录像带，到CD、VCD、DVD；从面对面的传统课堂，到虚拟的网络——一切可供利用的手段都应该在考虑之列。比如关于利用影视技术，"对外汉语教学的实践也证明了，把电视录像教学的方法作为在非中国环境中培养跨文化交际能力之途径是行之有效的"①。影视不但可以提供连续观察的机会,观察非语言交际模式——肢体动作、面部表情、触摸、声音暗示等,还可以使学习者对中国人的生活获得感性的认识。现代科技手段给汉语国际推广提供了更多便利而有效的手段,关键就看我们如何去加以利用了。

第四节　汉语国际教育与文化语言学②

随着经济全球化、文化多元化进程的加速,汉语作为世界了解中华文化的重要载体,越来越受到了前所未有的全球性关注。全球首家孔子学院2004年11月21日在韩国首尔成立,截至2012年底孔子学院已在106个国家的350多个教育机构落户,中小学孔子课堂达535个,孔子学院注册学员65万人。美国华美协进社社长江芷若在2012年12月召开的第七届孔子学院大会上介绍,根据2011年美国外语教育理事会的报告,2004年,美国K12级学生学习汉语的人数为2万多人,2007年便达到5万人。她认为美国学生学习汉语有利于其建立多元的世界观和价值观。而这为消除对中国的误解有一定帮助。

可以说,"汉语热"使汉语的应用价值得到进一步彰显,但汉语国际教育学理上的定位一直以来模糊不清。大多数学者承认

---

①　沈燕、韦荷雅《谈非中国文化环境中培养跨文化交际能力的途径》,见《第六届国际汉语教学讨论会论文选》,北京:北京大学出版社,2000年。
②　本节摘自宋晖《汉语国际教育的文化语言学接口》,《国际汉语学报》2013年第1期。

其多缘属性,我们以为,为这个新兴学科打开一扇世界学术界了解与体认中国之窗的前提,是有必要重新思考学科定位或寻求其他学科的支撑。

一、学科接口的学术语境

之所以把学科定位问题单独拿出来讨论,恐怕与对当下的学术语境理解有关。语言学以语言为研究对象,这不用赘述,如果承认这一点,"对外汉语教学""汉语国际教育""汉语国际推广"和"汉语国际传播"等名称也就不影响问题的实质了,因为无论是第一语言还是第二语言研究,研究对象的本质都不会发生变化,变化的只是研究对象的具体指向。这种指向和"古代汉语""现代汉语"的区分没有本质区别。进而需要明确"汉语国际教育""汉语国际推广"和"汉语国际传播"等诸如此类的称呼都指的是"专业"名,而非学科名。据《新形势下对外汉语教学学科建设与发展座谈会纪要》[①]所论:"学科和专业的密切关系体现为,学科是专业的基础,专业是对学科的选择和组织。……专业是可以根据需要或增设或撤销,但学科只有形成和发展的过程,只有成熟与不成熟的区别,不存在增设和撤销的问题。"同时也指出,培养"对外汉语"专业的人才,"要根据培养目标构建起符合培养规格的课程结构,其中毫无疑问要以对外汉语教学学科为基础,但又不限于该学科,比如还需要文学、心理学、教育学等学科的支撑,还需要外语、计算机等工具性学科的支撑,也要有教学实

---

① 北京语言大学对外汉语研究中心《新形势下对外汉语教学学科建设与发展座谈会纪要》,《世界汉语教学》2012年第3期。

习等实践型课程的支撑"。我们对上文这样解读,如果把"汉语国际教育"比作一座桥,那么支撑这座桥的不仅仅是语言学科,还应该有其他桥墩,而语言学科受力应更多一些。

其实,任何人都不能否认"汉语国际教育"这个专业和语言学科的必然联系。但随着这个专业的发展和壮大,有必要为满足其现实需要而增加"接口"学科,诚如随着冬季的到来,人体要适当增加毛衣或棉衣。而由于这个专业是复合型的,所以与其接口的学科也必须是复合型的。20世纪80年代曾就这个专业的学科支撑产生了几次大的讨论,文化在这个专业发展中的地位一直见仁见智。作为汉语国际教育必不可少的组成部分,魏红(2012)[①]认为,"孔子学院、孔子课堂、对外汉语教学、来华留学生教育"等多种类型的汉语传播与教学等,都是汉语国际教育的不可或缺的组成部分。语言教育自然离不开文化,但文化一定是在有了一定语言基础后才起作用的,甚至这时才能引起教学对象的兴趣,更深层次的语言教育自然离不开文化。时至今日,根据学习者的目的不同,汉语国际教育早已实现多元化,也是不争的事实。其实国外诸语言的推广过程也都如此,张金江(2008)在报道中指出,据西班牙旅游局局长贝尔纳韦介绍,语言旅游指的是以学习西班牙语为目的的短期(1年以内)学习和旅游。近年来,到西班牙进行语言旅游的人数每年以平均10%的速度增长,2007年超过了23.7万。根据学习项目要求,语言旅游者在西班牙一般呆3周到3个月,他们参加语言学习班并旅游观光。仅语言旅游一项,去年带给西班牙的收入就达4.62亿欧元,其中学费收入1.76亿

---

① 魏红《汉语国际教育的多重属性分析》,《思想战线》2012年第3期。

欧元，剩下的是向语言旅游者提供住宿、娱乐等服务的所得①。汉语国际教育在学习者的目的这一学习驱动力上着实应该加以深入分析，所以，语言作为交际工具这一基本功能必须被制定大政方针者重视。

正是基于这种复杂的多元的全球语境，2012年12月8日，许嘉璐先生在第四届全国汉语国际教育人才培养论坛暨专业硕士培养工作研讨会上做了主题是"新形势下汉语国际教育人才中华文化素养、文化传播能力的培养与培训"的报告。他指出，自2004年至今，经过近八年的发展，以孔子学院为代表的汉语国际推广事业取得了令人瞩目的成效，赢得了世界各国的广泛声誉。当前，孔子学院向综合文化交流平台迈进，汉语国际推广工作也步入"第二阶段"。他强调加大汉语教学与文化教学结合的力度，引导学生在呈现中华文化表征的同时注重对中华文化内涵的传播。由此可见，为汉语国际教育在学理上进一步获得其他学科接口性研究，尤其是文化学科的研究，将大大丰富其发展的内涵，同时也为其有效发展提供学理依据。

二、文化语言学成为接口学科的必然

与汉语国际教育实现交融性对接是由文化语言学的学科性质决定的。文化语言学是处于文化学与语言学的交缘性学科，邢福义主编（2000）②认为，"文化语言学是研究语言和文化的关系的科学，因此同语言学、文化学都有关系，是语言学和文化学的

---

① http://paper.people.com.cn/rmrb/html/2018-12/01/content_149353.htm.
② 邢福义主编《文化语言学》（修订版），武汉：湖北教育出版社，2000年。

交叉学科。"在"综合"研究已成趋势的今天，其学科地位尤显重要。苏新春（2006）[①]也曾指出，文化语言学出现的主要意义就在于它给人们提出了观察语言存在状态及演变规律的新角度和新理论，它要求做到的不仅是对现有语言知识的补充，还有在对语言文化属性深入认识的基础上对语言知识的重新描写，这就必然会对现有的语言认识带来新的烦琐，有的甚至是改写。如对汉语并联式复合词，像"美丑""尊卑""高下""夫妻"这类词内两个词素的先后词序，人们曾做过不少探讨，但这类研究或是从两个词素的词性排列顺序来考虑，或是从两个词素的语音平仄关系着眼，一直多限于语言结构的内部。而现在人们还发现，词序还与汉语的观念、信仰、道德等意识形态和行为规范有着密切关系，明显表现出"美""尊""高""夫"等在前，"丑""卑""下""妻"等在后的道德观念差异。这样看起来纯属语言内部形式规律的词序，实质上为观念之序。

当下，我们认为由于文化语言学学科本身的特殊性，即地域性、传承性、稳定性和交叉学科性，可以准确、恰当地与汉语国际教育实现支撑性对接，这有利于我们在进行学科建设时，既走向异域，又不迷失自我；既立足于本土，又超越本土；既不抛弃语言本体研究的积淀，又可以跳出语言研究的小圈子。这种学科接口的定位要求研究者必须提高自身的研究素质，扩大研究视野，这特别强调研究者必须具有全球文化史观，在研究中不仅强调中国传统文化的重要性，还要在全球史中了解中国文化的地位及为其他国家发展做出的贡献。同时也要求研究者具有较为开阔的研

---

① 苏新春《文化语言学教程》，北京：外语教学与研究出版社，2006年。

究视野，尤其强调语言研究中的历时爬梳，在这个过程中，比较的视域也是不可或缺的。所以，当我们反复强调物质文化、精神文化甚或是制度文化时，不得不面对本土与异域的区别和联系。

这种学科接口的必然还在于汉语国际教育的本质是文化交流。如果我们把雁雁成行、牙牙学语作为浅源目标的话，那么文化认同则是汉语国际教育的深源本质。而要想达到这一目标，在文化交流的过程中，一方面要循序渐进，一方面要尽力突围，否则势必会出现国外初级汉语热，高级汉语冷的情况，久而久之，汉语国际教育作为一项事业的发展必然受限。在这一过程中，基础性学习，无论是在目的语情境还是非目的语情境，恐怕都是不能逾越的。但同时，基础性学习又不能绝然与文化学习分开，必须辅之以其他的教学手段，如开设"视听说"课程等让学生切实感受到"中国元素"，尤其是在非目的语环境中，"中国元素"更要有意"刻画"，现代化的世界大同小异，教学对象更关注的是传统的中国。教师不妨带着茶杯去上课，醉翁之意不在"品茗"而在"赏意"。随着教学对象对中国的感知加强，语言的传播更应该突破语言本身，加强语境的感知性学习变得更加重要。在汉语国际教育的过程中，你不仅仅会遇到教授语言的问题，可以说，和中国有关的一切，你的教学对象都可能会和你交流，比如，"not a Chinaman's Chance"为什么表示"小概率事件"或"没什么机会"时，如果不了解当时的历史语境：19世纪美国的淘金热和当时中国劳工输出，恐怕无法深入解答。同样，解释"哄堂大笑"必须对唐代的御史台制度有所了解，否则对这类词语产生的文化语境也就无法体会。

除此之外，文化语言学的研究取向有益于扩大汉语国际教育教学、科研活动的视野,通过剖析隐藏在语言深处的文化特征,突显其背后的文化传统,有利于从事汉语国际教育的学者了解各国国情、民俗、价值观念等。

三、文化语言学与汉语国际教育的接口方式

无论是当下的学术语境,还是文化语言学的学科性质,文化语言学与汉语国际教育的接口都势在必行,我们以为两者应在以下四个方面做尝试性对接。

(一)在进行课程总体设计时,必须有比较的观念。文化要素一定要突围以往理解的词语教学模式,要善于在异域进行汉语国际教育时,体认异域文化与中国文化的不同,在对对方文化理解的同时,也要宽容处之。比如在对时间的理解上,意大利人与我们有所不同,他们对时间的感觉往往是含糊的,不在意日常生活中时间的准确性。何晖(2011)[①]提到,他在那不勒斯孔子学院工作时,常常遇到学生迟到的现象,以至于影响到正常的课堂教学。其实,如果我们分析这种迟到现象,就会发现这种现象一定在语言方面会有所体现,而这恰恰是文化的异质性造成的,然后通过语言对比进行有的放矢的教学,一定会取得意想不到的效果。亓华(2007)[②]强调,我们用到的文化不只是隐含在词语中

[①] 何晖《孔子学院教师应具备的跨文化交际能力——结合那不勒斯孔院工作谈体会》,见徐宝妹主编《汉语国际教育创新型人才培养论集》,上海:上海人民出版社,2011年。

[②] 亓华《汉语国际推广与文化观念的转型》,《北京师范大学学报》(社会科学版)2007年第4期。

的交际文化因素,而常常是那些可以对社会现象和行为本质做出解答的观念文化。只有从总体上把握了中外深层观念文化的异同规律、一切表层和中层文化现象,以及体现这些文化的词语才可融会贯通,各种文化形态、现象才能得以解答,文化大纲的制订也会纲举目张。

(二)基于文化语言学的文化词库要加紧研发。目前,国内的中华字库等重大攻关项目纷纷启动,而对汉语国际教育而言,词汇无疑是最直接体现文化差异的要素,但对汉语国际教育的词库或字库建设却鲜有关注。杨建国(2012)[①]深刻认识到,要研制出一个具有代表性的适合汉语国际教育的汉语文化词表,从语料库建设的角度而言,需要考虑建立两类语料库:一类是大规模的当代书面语语料库,另一类是适度规模的口语语料库。前者要考虑语料的全面性、平衡性,要能覆盖所有领域,照顾到不同文体;后者要考虑语料的真实性、自然性,要能反映说话人在特定语境下的真实思想和心态。我们说这种文化词库建设在进行设计时必须把对象作为客户考虑,根据不同的客户,一定要实现差异化建设。教材建设已经很注重国别化了,文化词库建设也必须考虑东南亚文化圈和欧美文化圈的问题,甚至也要基于不同的国家进行设计。

(三)围绕文化语言学设置汉语国际教育相关课程。必须充分意识到文化语言学的重要性,只有在课程设置中有所体现,才能真正使我们的文化"走出去",也才能把他人在文化驱动下"请进来"。朱瑞平(2006)[②]认为,从世界希望了解中国的这种实

[①] 杨建国《面向汉语国际教育的汉语文化词语的界定、分类及选取》,《语言教学与研究》2012年第3期。

[②] 朱瑞平《汉语国际推广中的文化问题》,《语言文字应用》2006年第S1期。

际的需求出发，我们甚至可以认为，汉语国际推广的中心工作是以汉语为载体和媒介，以汉文化为代表的中华文化为主要内容，把汉语与中华文化一起推介给全世界。如果说过去的对外汉语教学主要是把留学生"请进来"，且曾有相当长的一段时间仅把对外汉语教学作为纯粹的语言教学来处理的话，那么，现在的汉语国际推广则是我们主动"走出去"，让世界更方便而真切地了解中国。中国的历史与现实，中国的社会与生活，中国的经济与政治，中国的文学与艺术……这就不仅仅是纯语言的问题、工具的问题，更是一个文化的问题。世界不同的国家、民族不断加深对包括中国文化在内的其他国家、民族文化的了解与认识，才能促使全球范围内不同国家和民族对异文化的理解与包容。这就要求我们设置课程的时候，应更关注中国的传统文化，从这个意义上讲越是传统的，越是中国化的要素，越是国际化的。

（四）注重交际语境的文化语言学研究。中国人什么场合下见面打招呼说"你吃了吗？"，什么场合下说"你好"，什么场合下点点头等诸如此类的问题都未有确解，但显然这些不是语法学的研究范畴，我们认为这恐怕和特定的人际关系以及文化因素有着密不可分的关系。其实，作为具体问题的研究，文化语言学的研究也要增加一个汉语国际教育的视角，当下的国际环境也要求我们这样做。朱志平（2011）[①]指出，进入21世纪以来，汉语第二语言教学的研究较为关注学习者交际能力的培养，这是世界经济全球化以及中国在世界经济中的地位日益重要所形成的客观需求的反映。

[①] 朱志平《区域化汉语国际教育中教学设计的通则》，《云南师范大学学报》（对外汉语教学与研究版）2011年第1期。

四、结语

文化语言学在西方是人类学的分支,其涉及语言学、文化学、社会学、跨文化交际学和外语教学等诸多学科,也讨论语言习得、语言比较等诸多领域。汉语文化语言学的研究时间不长,但引起了语言学界、文化学界甚至是地理学界的高度关注。时下,我们认为有必要将其作为汉语国际教育的重要接口学科加以研究,在进行课程设计时,要充分考虑到异域文化与中国文化的比较。作为文化语言学与汉语国际教育的重要研究课题,文化词库的研究已迫在眉睫。另外,围绕文化语言学设置一些相关课程,进行具体的交际语境研究都是有必要的。

第五节 汉语国际传播中的语言与文化[①]

本研究所探讨的"语言传播","通常是指一种语言从以其为母语的人群向其他人群扩散",具体来说,包括"掌握和使用某种语言的人数增加和该语言使用范围的扩大"[②]。"语言传播涉及两个层面:一是语言在同一文化系统内部的传播;二是语言

[①] 本文摘自李艳《在文化传播中拓展语言传播 以语言传播深化文化传播》,《语言文字应用》2014 年第 3 期。

[②] 贺阳《汉语学习动机的激发与汉语国际传播》,《语言文字应用》2008 年第 2 期。

在不同文化系统间的传播"①。

语言传播作为一个国家语言文化建设的重要组成部分，对于社会文化的发展有着至关重要的意义。美国当代人类学家 H. Goodenough 指出，作为文化的组成部分，语言与其他部分相比，特殊性表现在"它是学习文化的主要工具，人在学习和运用语言的过程中获得整个文化"②。语言学家 J. R. Gladstone 认为"语言与文化紧密地交织在一起，语言既是整个文化的产物或结果，又是形成并沟通文化其他成分的媒介"③。新近有研究者进一步提出，"一切文化活动与文化创造都离不开语言"，"所有的文化积累可以说都是保存在语言信息系统之中的"，因此，可以说"语言是文化的凝聚体"④。

从以上研究可以看出，虽然在具体论述上存有差异，但是，对语言与文化密不可分的关系都是毫无疑义的。基于语言与文化相依相融的存在与发展关系，语言传播与文化传播之间同样具有相互促动的力量：中华文化影响力的提升有助于推动汉语的跨文化传播；汉语在另一文化圈中的推广可以帮助更多的人理解中华文化。

本研究以语言与文化的互动关系为切入点，在对当前汉语国际传播的途径与现状进行梳理的基础上，结合在美国的体验调查

---

① 贺宏志、周建设主编《北京高校语言文化建设研究》，北京：首都师范大学出版社，2013 年。

② H. Goodenough, *Culture and Society*. CUP. 1998. 转引自丁丽蓉《语言与文化关系视角下的大学英语教学》，《现代教育科学》2010 年第 9 期。

③ J. R. Gladstone, *Language and Culture. In Teaching English as Second Language*. London: Allen Cmpbell, 1972. 转引自丁丽蓉《语言与文化关系视角下的大学英语教学》，《现代教育科学》2010 年第 9 期。

④ 杜道明《语言与文化关系新论》，《中国文化研究》2008 年第 4 期。

和实地走访,对如何更为有效地推动汉语国际传播进行探讨,为汉语传播的实施以及相关规划的制定提供参考。

一、目前汉语国际传播的途径与现状

汉语国际传播,指其他国家(地区)学习和掌握汉语的人数的增加及汉语使用范围的扩大。汉语国际传播的途径可以根据语言教学地点分为国内、国外两类,前者是指外国留学生到中国来学习汉语,后者是指学习者在其所在国由中国外派教师或当地教师向其讲授汉语。

(一)外国留学生来华学习汉语

外国留学生来华学习汉语,包括来华接受汉语言专业的学历教育、汉语进修或汉语短期培训等,也有部分接受其他专业学历教育的留学生,会在进入专业学习前,先修汉语以通过语言关。

根据教育部公布的《2012年全国来华留学生简明统计报告》,2012年来华留学生达到328 330人,来自200个国家和地区,到31个省、自治区、直辖市的690所高等院校、科研院所和其他教学机构中学习。在基本掌握来华留学生总数、来源及分布状况的基础上,通过对2003—2012年留学生统计数据进行比较可以发现,来华单纯学习汉语的人数在逐渐下降,同时,来华接受学历教育的人数呈上升趋势:2003年,来华学习汉语的留学生占当年来华留学生总数的80%以上[①];到2010年,学习汉语的留学生占总

---

① 段建明、李开云《外国留学生现状调查——老外为什么这么"牛"》,http://edu.sina.com.cn/l/2003-11-10/56287.html。

数的比例为62.5%[①]；2012年，接受学历教育的留学生占总人数的40.66%，相应地，语言类留学生的比例下降为59.34%，中医、国际贸易、管理等专业吸引了数量可观的留学生。

来华语言类留学生比重的下降，会给汉语传播带来什么影响？对此，我们可以从多个角度来进行分析。

1. 留学人员总人数逐年上升，单纯语言类留学生即使比重下降，人数同比也呈上升趋势。2008年，来华留学生总人数为223 499，语言类学生比例约为64%，人数约为143 500；2010年，来华留学生总人数为265 090，语言类学生比例约为60%，人数约为156 400；2012年，来华留学生总人数为328 330，语言类学生比例约为59%，人数约为194 800[②]。整体看，来华进行短期或长期语言进修、语言培训的人数虽然所占比例在下降，人数却在逐年增加。

2. 部分来华留学生将开始汉语学习的时间提前到中小学阶段，在汉语达到一定水平后来华接受大学教育，有助于其在有限的学习时间内更深入地理解中国语言与文化。

随着我国孔子学院、孔子课堂在海外的发展，外国中小学生接受汉语教育的人数在增加，其中，部分学生在具备了一定的汉语水平后，希望到中国的大学获得某个专业的学位。美国佩斯大学孔子学院院长牛卫华女士认为，"美国学生去中国留学，一方面是想学习语言，学习语言的人更感兴趣的是短期留学，半年或

[①] 国家留学网《中国成亚洲国际学生流动的重要目的地》。http://www.csc.edu.cn/laihua/newsdetail.aspx?cid=49&id=173。

[②] 语言类留学生比例和数字根据教育部历年公布的来华留学生总人数及学历生比例数字进行估算得出。

者一年；还有一部分学生，他们的中文已经很好了，希望去中国进一步提高中文水平，也想能够系统地得到一个学位，这样的学生，人数在增长。美国政府正在大力推动10万名美国学生留学中国的计划，对于很多学生来说，这是一个难得的机会，如果想要通过这个计划获得奖学金去中国留学，在孔子学院这样的机构先打好汉语基础，将是美国学生参与竞争的重要筹码"[1]。

除了在本国的孔子学院、孔子课堂打好汉语基础再到中国读学位外，也有一部分留学生选择直接到中国接受中小学教育，然后再报考中国的大学。例如，目前内蒙古已经成为蒙古国中小学生学习汉语的最大留学基地，截至2012年11月，"共有464名留学生在内蒙古8所中小学学习汉语"，"蒙古国学生来内蒙古留学的目的性很强，他们中的大多数通过两年的汉语学习，拿到一定等级的汉语水平考试（HSK）证书，然后参加内蒙古自治区在乌兰巴托组织的统一考试，考试合格者可以拿到来中国公费读大学的名额。根据内蒙古与蒙古国签署的一份协议，内蒙古在2010—2014年5年间由内蒙古大学等6所高校每年接受100名蒙古国留学生并予以资助"[2]。

3. 来华留学生中学历生比例的增加，将有助于提高汉语的国际影响力及话语权。一种语言的传播程度不仅取决于其非母语学习者的数量及分布范围，同时也取决于该语言现实和潜在的用途及应用领域。如果一种语言只在民众的日常活动中使用，不能进

---

[1] 韩基韬《汉语水平成外国学生到中国留学最大障碍》。http://gb.cri.cn/27824/2012/05/04/5311s3669681.htm。

[2] 张美英《蒙古国学生为啥来中国内蒙古留学》。http://news.k618.cn/xda/201211/t20121117_2624598.html。

入较高层次的交流领域，如国际政治、国际贸易、国际金融、科技、学术等，那么，即使分布范围广、学习人数多、使用频率高，也很难算是国际上的重要语言。因此，只有使汉语由日常生活进入高端的交流领域，成为重要国际场合中的工作语言，才能真正提升汉语的国际影响力和话语权。

乔治·韦伯用以评估语言影响力的六大因素中，将"国际使用该语言的主要领域数目"涵盖在内[①]。按照母语使用人数，汉语排在第一位；若综合考虑到第二语言使用人数、使用国家数目和人口、国际使用该语言的主要领域数目、使用该语言的国家的经济力量、社会与文学声望等因素，汉语的排名则降至第六位。

因此，长远来看，我们应提高留学生的培养层次，随着能熟练使用汉语的各类专业人才跻身经贸、科技以及政治等领域，汉语可以逐步成为这些国际交流领域的重要工作语言。

（二）外国学习者在当地学习汉语

外国学习者在当地学习汉语的途径，包括当地中小学开设汉语课程、当地大学外语系设置中文专业及开设汉语公选课、其他教育机构开设的汉语培训以及中国外派教师与当地合作设立的孔子学院、孔子课堂。

从2004年首家孔子学院成立至2008年的4年间，孔子学院数量迅速增长。2009年之后，孔子学院开始进入内涵式发展阶段。截至2013年6月，孔子学院总部已在113个国家建立420所孔子学院、591个孔子课堂。2012年，全球孔子学院注册学员达到

---

① 〔瑞士〕乔治·韦伯《最强语言：世界十大最具影响力的语言》，《今日语言》1997年第2期。

65.5万人。孔子学院在办学过程中,借鉴英、法、德等国推广本民族语言的经验,不断探索海外非营利性公益机构在汉语和中华文化传播方面的有效途径,除了培训以及向海外派出汉语教师和志愿者之外,也启动了本土汉语教师培养工作,设立专门奖学金,选聘当地学生和在职教师到中国读取汉语国际教育硕士学位或进行短期培训。

根据美国华盛顿应用语言学中心的调查,"美国2.75万所至少提供一门外语的中学中,汉语课的比例由1997年的1%上升至2008年的4%"。同时,参与大学预修科目汉语项目的学生数量也增长迅速。《纽约时报》援引专家的分析认为,之所以出现汉语教育培训热,是因为"父母、学生和教育人士都意识到中国作为一个重要国家崛起,他们相信掌握流利汉语可增加机会"[1]。美国的"汉语热"基本代表了目前汉语在海外的接受状况。或是出于实用主义的考虑,或是出于对中国文化的兴趣,有越来越多的人开始考虑挑战这门"难学"的语言。

但海外学习汉语人数的增加,也凸显出师资存在的问题。李凌艳认为,海外汉语教师多为华人华裔,与国家汉办外派的汉语教师和志愿者相比,这些本土的汉语教师虽然在教学方式上相对更易被中小学生所接收,但是,有不少人并没有接受过正规的教育学或中文专业的教育,在专业知识方面亟待"充电"[2]。优秀师资的供需矛盾仍是当前汉语国际传播所面临的一大问题,为了

---

[1] 李艳、陆洁《产品供给视角下的美国语言教育培训行业分析》,《云南师范大学学报》(哲学社会科学版)2013年第5期。

[2] 李凌艳《汉语国际推广背景下海外汉语教学师资问题的分析与思考》,《语言文字应用》2006年第S1期。

有效解决这一问题,2013年2月发布的孔子学院发展规划(2012—2020年)指出:要加大孔子学院所在国本土师资培养力度,扩大"孔子学院奖学金"规模,招收更多的各国青年来华攻读国际汉语教育专业硕士学位。同时,国家汉办还在具备条件的高校中设立了汉语国际推广师资培训基地,服务于海外本土师资培训。

在以上宏观概述的基础上,下面结合笔者在美国的体验调查,从微观的角度对汉语在海外的传播做进一步的分析。

二、对汉语在美国传播状况的体验调查

笔者于2012年10月在美国加州进行了为期一年的访问学习。期间,在美国中、东部高校进行了走访调研。这里将结合对一个高校中文专业和一个社区周日中文学校的参与观察、对一所孔子学院的走访调查以及对两位学习中文的美国人的深度访谈,对汉语在美国的传播进行微观化、细节化的展现。

(一)实用心理和审美取向:学习汉语的主要动机

来自国内的关于外国留学生汉语学习动机的调查报告表明,留学生学习汉语的动机大多是基于某种物质或精神方面的实际需要。据这些调查报告分析,外国留学生学习汉语的动机主要有两类,一是工具型动机,一是融合型动机。

笔者在美国加州和密歇根的调查,与研究者在国内所做的调查得出的结论相同。

首先,从工具理性出发,希望通过学习汉语能够为自己将来的职业选择带来积极影响。以密歇根大学博士生 Abram 为例,他所学专业并不是语言,而是生物学,但他却可以说非常流利的

中文。围绕其学汉语的动机、过程等问题，笔者进行了深度访谈。Abram 在读高中时就开始有了学中文的想法，因为他计划将来从事与中国相关的工作。不过，当时他所在的高中并没有开设中文课程。在学中文的强烈愿望促使下，Abram 找到离家最近的一所大学，求教于中文专业的老师，后由这位老师推荐，在一位中国老师开办的中文培训班学习，成为班里唯一的非华裔学生。Abram 每周上两次中文课，一次是老师对他的单独辅导，一次是与华裔学生一起上课。进入大学后，Abram 选修了中文课程，但由于已经学习了两年中文，他感觉大学的中文课程比较简单。为了能够继续提高中文水平，他争取到学校的资助，每年暑期到北京的一所高校进行交换学习。正是由于这种有明确目标的积极学习态度，使得 Abram 在学习中文的道路上以快速奔跑的状态，超越了他中学、大学时代的同学。Abram 说，他在中文课上的许多同学，也包括一些华裔同学，由于对学中文没有明确的目标，觉得将来也不一定会用到这门语言，相对投入的精力就要少很多。

其次，从价值理性出发，由于对中华文化感兴趣而开始学习汉语，不涉及对自身职业规划方面的考虑，只是追求一种自我满足式的成就感，也是一些人学习汉语的动因。以密歇根大学的 Susanna 为例，她从喀麦隆来到美国，在大学图书馆做保洁员。由于喜欢看中国电影，特别是艺术电影，她喜欢上了中国文化。她向笔者描述了她喜欢看的中国电影 *Sunflower*（《向阳花》，一部表现黄土高原的人们对传统戏曲的艺术坚守和挚爱的影片）。喜欢中国民歌，她可以声情并茂地演唱《茉莉花》。当笔者好奇地问她在哪里学的中文时，却得到了一个意想不到的答案，说她完全依靠自学，没有老师教。由于她工作的图书馆是理工专业的图书馆，没有中文教材，所以，她会乘公交车到城市图书馆去借中文教材和录音带，利用工作之余来听录音、练习发音，平时在校园里会主动找中国留学生说中文。就这样，当笔者遇到她的时候，她已经自学了一年半的时间，能够比较流利地用中文与笔者交流。像 Susanna 这样完全出于个人兴趣、依靠自学达到熟练使用中文来交流的人在美国或许并不占多数，但是，她至少使我们得到这样的信息：激发人们对中国文化的兴趣，可以帮助他们获得学习中文的内在动力；我们在关注在校学生的同时，也需要尽可能地开展社区中文教育，满足不同年龄、职业、阶层的人们学习中文的需求；同时，一套好的教材至关重要，有针对性的教材可以在一定程度上弥补师资的不足。

学习者的动机既包括引发行为的起因，又包括维持行为的原因。在调查过程中笔者发现，学习者从产生学习汉语的兴趣，到坚持学习和学好汉语，是一个需要不断进行动力补充的过程。在这个过程中，有时会呈现出价值理性和工具理性相互推动、循序强化的特征。比如，有的学生最初因对中国功夫电影感兴趣，产生了学中文的想法，但如果没有后续动力不断补充的话，这一学习行为就会变得难以维持，有的人中途就放弃了。仍以此为例，虽然最初吸引他关注中国、想学中文并辗转求师的是中国的功夫电影，但后来能让他坚持不懈的动力来源是其"从事与中国有关的工作"的职业目标。同时我们还应注意到，即便是有这一明确目标作为动力来源，在 Abram 从高中阶段到读博士这近十年间，仍然需要有对中国文化不断深入的认识和认同，才能使其不断确信自己的目标，并强化自己的学习动力。因此，我们在对外汉语传播中，应对学习者的学习动机和内在动力补充机制有清晰的了解,这对于汉语传播范围的拓展、效果的提升都具有积极的意义。

(二)"要我学"与"我要学":部分华裔学生与非华裔学生学汉语态度的差异

在美国调查期间发现,华裔学生与非华裔学生在学习汉语的态度上存在较为明显的差异:前者的状态是"要我学",后者是"我要学"。这里,我们着重对华裔学生学习汉语的状态进行描述与分析。

在加州,笔者曾在大学中文专业进行体验式教学,在课堂上发现,积极参与课堂交流、课下还不停向老师提问的多为白人学生,而华裔学生多表现出一种被动、消极的学习状态。如果说这其中有不同种族在学习习惯、表达方式上的差异的话,我们可以再从其他角度进行补充观察。笔者分别在加州旧金山附近和密歇根州安娜堡的华人社区进行了走访,了解到华裔子女中有相当一部分人不愿意学习中文,甚至表现出与父母对抗的情绪。如果父母对子女学习中文不够重视,或者教育方法不够得当的话,这部分华裔学生基本上既听不懂也不会说中文,更不用说书写和阅读了。稍微好一些的,可以做到部分听懂,可以简单地说一些中文。这其中不仅包括在美国出生的,也包括在幼儿时期移民至美国的华人子女。究其原因,一是认为将来不会回中国,所以学习中文"没什么用";二是对自己母国的文化不了解,更谈不上喜爱和认同。

这一现象值得我们进一步思考:首先,华裔子女对待汉语学习的态度和行为,无疑会在一定程度上影响其周围的非华裔青少年。其次,在美国的华人已经在一定程度上融入了当地社会,具有更多的语言传播优势,他们的子女如果能够较好地掌握中文的话，未来可以成为汉语传播、文化交流的桥梁。因此，在对外汉语传播中，应重视华人群体，特别是将华裔子女作为一个重要的传播目标。

（三）文化与语言的同步传播：在汉语语言传播的同时实现与文化的有效对接

语言的对外传播，是以实现更好的交流为目的的。母语不同者若要实现更好的交流，除了语言的学习，还离不开对语言所植根的文化土壤的了解。在调研中笔者发现，大学中文专业在课程设置上不同程度地存在着"重语言，轻文化"的问题，这也使得学习者对于交流中可能面临的文化差异没有做好相应的准备。例如 Abram 第一次来北京时，中国人合餐的饮食方式令他感到很意外。他告诉笔者，在学校里，中文专业的课程除了中文外，还有《论语》、用英文授课的《中国历史》以及简单的中国社会介绍，但没有中国文化以及中美文化比较方面的课程。因此，中国人的生活方式、饮食文化方面的内容对他来讲就是完全陌生的。

由此引发的思考是，汉语的对外传播与中国文化的传播应该寻找同步、相融、交汇的渠道与方式。比如在孔子学院、孔子课堂中，除了语言外，也增加一些对于中国传统和现代文化的介绍，使学习者能够从多方位增加对中国的了解。目前，一些孔子学院已经开始了这方面的课程尝试。笔者在旧金山州立大学孔子学院了解到，他们在州大中文专业开设了"俗语与中国文化""汉语语言与中国社会""中国电影文学"等课程，很受学生欢迎。当然，这对师资和教材等也提出了相应的建设要求，是我们在汉语对外传播中需要着力加以完善的。

三、对汉语跨文化传播的进一步思考

通过对汉语跨文化传播现状的梳理以及对美国的体验调查分析，我们可以强化这样一个观点，即语言传播离不开文化传播的推动，语言传播有助于文化传播的拓展。简而言之，对外文化传播可以激发人们学习汉语的兴趣和热情，同时，汉语水平的提高也将帮助人们更好地理解中国文化，减少跨文化传播中的文化折扣，提升对外文化传播效果。从而使对外文化传播与语言传播步入相互促动的良性循环状态。在具体实践中，我们可以从以下三点入手，逐步推动海外文化传播与语言传播的良性互动。

（一）把握语言学习的需求动机，激发国外人群的汉语学习热情

在汉语对外传播中，应对目标人群的语言学习需求进行细分，并制定相应的传播策略。首先，区分学习者的动机属于实用需求还是文化需求。针对前者，在基本语言教学的基础上，还可以开设"商务中文""科技中文"等满足学生实际需求的课程；针对后者，可以围绕中国传统文化和现当代文化，从书法绘画、舞蹈音乐、手工技艺、影视媒体、饮食服饰等多个门类设计教学内容，帮助学习者更好地了解中国文化。其次，在学校、社区等教学环境中，针对不同年龄、不同职业的目标人群的需求特点，一方面满足现有学习者的需要，同时也要把握潜在学习者的需求，通过有效的课程营销，吸引更多的人开始学习中文。在这方面，一些社会培训机构或许可以发挥市场适应性强的特点，根据目标人群的需求，推出新的语言教育产品或培训服务。

在汉语对外传播中，我们可以整合多方的教育资源，如孔子

学院、目标国家大学的中文专业以及中小学的中文课程、社区公共教育、商业教育培训机构等，有效协调、优势互补，激发和满足不同类型群体的汉语学习需求。

在这些教育资源中，值得关注的是教会（特别是华人教会）的周日学校。在周日学校开设中文课程的优势在于，以家庭为单位到教会参加周日活动，在父母的鼓励和督促下，并且和众多小伙伴一起，容易让华人子女有兴趣坚持学习中文；同时，华人教会也比较容易找到优秀的师资，比如，可以与附近高校的中国访问学者建立联系。笔者在加州调研时，曾访问过一所华人教会的周日学校，学生年龄从5—14岁不等，中文水平也参差不齐，不同年龄、不同水平的学生在同一个班上课，因为他们只有一位老师，还是地质学专业的。后来，随着中国访问学者和中国留学生的加入，师资短缺的状况得到了改善。

（二）挖掘文化产品的独特魅力，由文化吸引力催生语言竞争力

由于对一个国家的文化或者某一种文化产品感兴趣，从而开始学习这个国家的语言，在外语学习者中是一个较为普遍的现象。如中国功夫电影、日本动画片、韩国电视剧等，是不少青少年学习汉语、日语、韩语的最初动因。因此，从具体的文化产品入手，打造好中国的文化名片，通过独具魅力的文化产品，吸引目标受众关注中国文化。

由于文化折扣问题的存在，中国的文化产品在欧美等西方国家的传播不可避免地会面临一些困难。以中国电影为例，根据笔者对在京外国留学生的调查发现，中国电影的国际影响力还比较弱，受众对中国电影的消费期待尚未形成，究其原因，中国电影

讲故事的能力、推陈出新的能力以及对国外受众的分析能力还有待提升。从另一个角度看，海外受众因文化折扣产生的刻板印象也是影响其对中国电影的评价的一个重要因素。如果刻板印象不能得到有效改变，将使跨文化传播中的认知折扣问题长久存在。因此，在中国电影的对外传播中，要通过对受众解码习惯的分析，相应优化自身的编码方式，扭转受众的刻板印象，改变其先入为主的价值判断。同时，实现影片生产与营销的国际化，拓展电影海外传播的新媒体平台，扩大中国电影的影响力。

其他种类的文化产品也是如此，要做好对自身资源和受众特征的分析，找到产品和受众之间的对接点，培养海外受众对中国文化产品的好感和兴趣，不仅可以减少因文化折扣带来的刻板印象，而且能够由喜爱文化而产生学习语言的愿望，从而由文化的吸引力来催生语言的竞争力。

（三）因地制宜，形成与当地文化相适应的语言传播方式与策略

我们知道，不同的国家、地区，不同的种族、民族，拥有不同的文化、习俗以及价值观。具体到教育方面，也会有不同的教育制度、模式和理念。比如，与本土师资相比，我们外派的汉语教师虽然在专业素养上要更胜一筹，但在教学方式、方法上却往往不及对方。根据研究者的调查，教师的教学风格与方法，是导致学生外语学习动机减退的重要因素之一。旧金山州立大学孔子学院的美方院长告诉笔者，他们希望中文教师在赴美之前能够掌握美国课堂管理、教学以及组织课外活动的方法和要求，缩短到美之后的适应时间。除此之外，做好跨文化传播方面的知识储备，也是我们在进行汉语国际传播中需要重视的问题。特别是在一些

移民国家，如美国，汉语教师在课堂上可能要面对不同肤色、种族的学生，掌握跨文化传播的基本理论和技巧，才能在与不同族裔学生的交流中更加有效地进行语言的传播。在全球化的背景下，在互联网技术与应用快速发展的趋势中，互联互通成为这个时代的一个显著特征。这一特征激发了人们相互沟通、相互了解的愿望，也增加了语言学习的需求。在这个时代，只有不断建设好自身的语言与文化，才能避免迷失在全球化的巨浪漩涡中。因此，我们从国家政策层面到具体教学、研究层面，围绕如何做好语言文化建设这一课题，需要以开放的态度，既要制定中长期的战略，又要因时、因地制宜，制定出每一个阶段、每一个区域、每一所学校以及每一门课程的策略，使每一步都能够走得扎实，在良性互动中实现中国语言与文化的同步、有效传播。

第六节　汉语国际推广与文化传承传播 [①]

一、实施文化传承与文化传播协同创新之必要性与可行性

21世纪是世界各国"软实力"较量的时代，也就是以文化力量为中心的时代。在这个时代，独创的、传统的、与自然协调的人文力量将更加受到世界各国的青睐。文化传承与文化传播创新

---

① 本节摘自陈荣岚《汉语国际推广与文化传承传播的协同创新》，《国际汉语学报》2013年第2期。

是新世纪中国和平发展的文化战略，中华文化不仅是中国的，也应该"走出去"而成为全人类的和全世界的。

文化不仅需要积淀，还需要振兴，更需要创新。只有创新，文化才有持久的生命力；只有传播，文化才能有影响力；有影响力的文化，是国家强大持续的力量。文化传承与文化传播的创新也必将为汉语国际推广和中华文化走向世界打开更多思路与途径。

文化传承与文化传播的创新既要植根于历史，继承和弘扬优秀文化传统，也要与时俱进，赋予传统文化以时代内涵，使其更好地与当代社会相适应、与现代文明相协调。中华文化要想继续发挥对世界的影响力，就必须对传统的文化资源进行再开发，并在与外来文化的碰撞、交流、融合中，赋予其更多的特色与内涵，创造出与时代发展相适应的新文化。

目前我国文化建设和国际传播的创新力量总体上来说还是各自为政，创新资源分散重复，创新效率不高。文化传承与文化传播尚不能很好地跟日新月异的科技创新有机结合起来，新兴的文化创意产业起步较晚，明显滞后。由于还缺乏营造协同创新文化环境所需的科学有效的组织管理体系、人事管理制度、人才引进与培养机制、创新能力评价机制以及学科交叉融合的资源配置等，难以形成各类创新要素和资源的有机整合汇聚，文化传承与文化传播的自主创新能力不高。为此，急需突破制约自主创新能力的机制体制障碍，加大力度破解开展协同创新的制约因素，促进社会各类创新力量的协同创新，大力提升国家文化建设和对外传播的整体创新能力和竞争实力。

创新是一个民族进步的灵魂，是一个国家兴旺发达的不竭动力。当今世界，创新已成为经济社会发展的主要驱动力和国家竞争力的核心要素。为此，我们应面向文化强国建设和汉语与中华文化世界传播的重大战略需求，有效整合高校人文社会科学的学科和人才优势，推动与科研院所、行业产业以及境外高校、研究机构等开展协同研究，构建多学科交叉研究平台，探索建立文化传承与文化传播的创新机制和模式。通过建立协同创新的战略联盟，更好地汇聚在文化传承与文化传播创新领域中的人才、资本、信息、技术等优质资源，促进内部资源和外部创新力量的有机融合，通过强强合作而形成合力，协同探索优秀传统文化的现代传承样式和解读方式，推动战略性新兴文化产业加快发展。加强文化对外表达和传播能力建设，从文化传播的理论研究与文化创意产品开发两个层面，创新我国对外文化传播的理念，运用国际受众容易理解和接受的传播规则，培育独立于目前占主导地位的西方传媒之外的、具有国际影响力的文化传播机制、模式和产品，形成有说服力、感染力、亲和力的国际文化传播话语体系，为汉语国际推广和孔子学院可持续发展提供更好的服务和有力支撑，加快中华文化走向世界。

目前我国已经具备了提升自主创新能力的客观条件和开展协同创新的可行性。主要体现在：一是国外技术储备急于获得新市场，为我们进行必要的技术引进和主动选择创造了条件，使我国的自主创新有可能站在较高的起点上，并支付较低的成本；二是国内人才和科技储备已有相当基础，高校、研究院和企业的研发能力都有了明显增强；三是国内外文化市场和海外孔子学院的迫切需求为文化传承与文化传播的协同创新提供了广阔的空间；四是我国公共财政实力大大增强，可为协同创新提供财力上的保障；五是国家关于深化教育、科技、文化体制改革和支持自主创新的一系列举措，也为建立协同创新的机制体制提供了政策和制度上的保障；六是随着我国对外开放和国际合作交流的拓展和深化，为海外创新人才的引进和组建协同创新的领军人才与团队提供了良好的平台。

二、文化传承与文化传播的历史、现状与发展趋势

从世界历史的范围来考察，作为世界文明重要组成部分的中华传统文化从来都是令人向往的。翻开中外文化交流的历史画卷，早在汉代张骞便曾出使西域，开辟了与西域三十六国的文化交流与商贸往来；唐代更是中国历史上最为开放的一个朝代。陆地与海上丝绸之路的畅通，鉴真东渡传法，玄奘西行取经，唐代文化的魅力以及对待外来文化的博大胸襟，使其在中外文化交流中大放异彩。盛唐时期的中国当之无愧成为东西方文化交流的中心和世界上最强大的国家；明代郑和下西洋时间之长、规模之大、范围之广在历史上是空前的，不仅达到了当时世界航海事业的顶峰，而且对发展中国与海外各国的关系，向海外诸国传播先进的中华文明，促进东西方文明间的交流做出了巨大的贡献。古"丝绸之路"虽然已经成为历史，但它却开启了中国乃至人类历史上东西方文明的碰撞与交汇的先河，促进了中华文化大力向前发展，也为当今中华文化传承创新和世界传播提供了丰富的资源和历史的借鉴。

21世纪的时代主题，无论是西方还是东方都毫无例外的是现代化。但是伴随着现代工业文明带来了巨大物质财富的同时，一

些难于克服的弊病和缺陷也日益凸显出来，人们的社会生活正面临着过度的物质化、功利化以及精神荒芜等问题。在经历了种种曲折和迷误之后，理性的烛照终于使现代人发现，现代化的进程不仅是物质文明的高度发达，它还要有精神文化的相应建构。因此，西方学者在展望和设计"后工业社会"的时候，往往会从以中国传统文化为主的东方文明中去寻找警策和启迪。西方世界对中国传统文化现代意义的推崇有其内在历史必然性，因为中华文化的许多精华，例如"天人合一、天人和谐"的人文精神，"修身养性，重德贵和"的道德精神等，无疑能为现代人走出自我心性的迷失提供多方面的理性启迪。中国儒学具有浓厚的以"万物一体""万物和谐"为核心的"共生"思想。由此出发，人与人之间，人与自然之间，都要和谐相处、共生共存。这种万物和谐共生的思想，对于处在"生态"和"环境"危机的现代社会来说，无疑是一种有效的方剂。可见，中华优秀传统文化的价值不仅仅是属于本民族的，它应当同时也是属于世界的和全人类的。

近代以来直到今天，中华文化的发展趋势可以简单地概括为打开大门和走向世界。打开大门，是在保持自己民族优良传统的同时，吸取世界上其他民族创造的优秀文明成果；走向世界，是带着自己民族的优秀传统，融入世界文明的潮流之中。然而，在国际文化交流日益活跃的今天，与经济实力相比，我国的文化软实力发展还相对缓慢。牛津大学教授雷蒙·道森在《中国变色龙：对于欧洲中国文明观的分析》[①]一书中，曾详尽而具体地介绍了

[①]〔英〕雷蒙·道森《中国变色龙：对于欧洲中国文明观的分析》，常绍民、明毅译，北京：中华书局，2006年。

西方对中国的种种看法，并总结说：在西方人的眼中，中国的形象似乎在两个极端间变化；或者是理想的王国，或者是停滞与落后的象征。中国时而被描绘为富裕的、先进的、聪明的、美好的、强大的与诚实的，时而被描绘为贫穷的、落后的、愚蠢的、丑陋的、脆弱的和狡诈的。对于中国的发展和进步，现在世界上仍然有种种不同的声音，其中尤以西方国家的"中国威胁论"为代表，这些不客观甚至带有敌意的报道和评论，严重损害了中国的国家形象。如何才能在海外树立一个正面的中国形象；如何才能让国际社会了解一个真实、客观的中国；如何从不同角度、不同层面，将中华文化的各构成要素，与古老中国、现代中国与未来中国三者结合在一起，构建既有历史传承，又有现代感与亲和力的中国形象？这些都是当前中国文化传承创新与世界传播所面临的关键议题。

中国作为一个有着五千年历史的文明古国，拥有极其丰富的文化资源，在全球文明交流和碰撞中具有独特的潜在优势，尤其是改革开放以来，中国的发展进步更是举世瞩目。中国的和平崛起和中国特色社会主义的发展道路，向世界充分展示了中华文化的独特魅力，又赋予其新的时代内涵，成为当今国际社会关注的焦点。然而，在当前的国际文化传播中，西方经济强国尤其是美国，仍然支配了全球以信息或影视为载体的文化产品的输出。全世界的文化产品中，欧美占有量达86%以上，而发展中国家文化产品占有量却只有百分之几，从而形成一种"话语霸权"，一些弱势民族的文化正面临被淹没的危机，一些国家的文化独立与文化主权面临更为严峻的挑战。据统计，世界上华文讯息占整体讯息的流通量数目还很少，英文讯息已占了80%，华文讯息大概只占 0.4％。这种状况与中国占世界人口近五分之一、居住在海外的华侨华人约 5000 万的全球人口格局是极不相称的，也与中国目前已成为世界经济大国和亚洲经济强国，经济总量排在世界第二名的国际地位不相适应。

很长一个时期以来，我们并没有有效地将丰富的文化资源优势转化为对外文化传播的优势。我国对外文化传播的严重赤字和入超，反映了国家文化软实力本身，包括对外文化传播的能力还不够强大。中国文化向世界的传播以及对世界的影响力，与中国文化本身的内涵和魅力相比，还相差甚远。许多外国人对当代中国的印象除了长城，可能还有大熊猫和中国功夫，但这远远不是中国文化的全部。相比之下，泰坦尼克号沉没了逾百年，但它的主题歌传遍世界，《泰坦尼克号》影片的收入更是超过了当年日本汽车工业一年的产值。从某种程度上说，中国人对外国文化的了解要比外国人对中国文化的了解多得多，像米老鼠、唐老鸭、麦当劳、可口可乐、纳斯达克、比尔·盖茨、美国在线、迈克·乔丹、乔布斯……这些象征美国的词儿，对许多人来说并不陌生。

中国虽是文化资源大国，但同时又是对外文化产业和文化产品生产的弱国，在文化产品贸易上存在着严重的入超。究其原因，在于我们尚缺乏将中华文化丰富的资源优势转化为对外文化传播优势的战略平台和体制机制。各国现代化的实践表明，对文化传统和历史经验的珍视，是一个国家或民族能否在现代化潮流中生存和健康发展的重要标尺。各个民族、各种文化都应该从其传统中找到某些能够贡献于全球社会的资源。就中国现实的国情和文化传统的特质而言，既不能把文化传统笼统地视为现代化的阻碍，也不能把现代化视为以现代性彻底取代传统的过程，而是要努力呈现文化传统的价值。重中之重，就是通过弘扬文化传统，精心培育适应现代社会的新的文化本位和民族精神，焕发中华民族的凝聚力、意志力和生命力。

文化是综合国力的重要组成部分，综合国力的竞争也已经以"文化力"为焦点。中国文化要保持民族文化的特质和独立性，把优秀的文化价值传播到世界各地，就必须制定文化建设与文化传播的战略。这一方面是为了应对文化的全球化和同质化，另一方面也是中国文化发展的内在需要。因此，必须加强文化传承创新研究，制定出一套既能推进本国民族文化建设，又能与外来文化互相作用的文化战略。经济上的崛起不是一个国家崛起的全部，文化的复兴才是崛起之路上最本质的力量。中华文化的复兴不仅依赖于中国经济的进一步繁荣，中国社会的长期稳定、和谐与可持续发展，也有赖于中国建立基础深厚、高瞻远瞩的文化传播战略与巧妙得宜的传播策略。越过跨文化障碍，加强中外文化交流，是时代的一个重大命题。

在全球化时代，语言文化传播显然具有特殊的重要意义，因为语言文化信息背后隐含的是意识形态和价值观，这正是"软实力"的核心，在国家竞争中发挥着重要作用。因此，提升中国语言文化对外传播的能力和国际影响力，不仅是中国和平发展的重要内容，也是中国和平发展的必要手段。

从人类社会发展的历史看，在一个民族对人类文明发展产生较大影响的时候，其语言文化大多会在国际上比较流行。在东方历史上，中国盛唐时期，汉字文化在周边国家曾相当流行。在西方历史上，17世纪之前，拉丁语是欧洲各国交流的主要语言。17—19世纪，随着启蒙运动的兴起，代表着当时先进的文化思想，标志着优雅时尚的社交和生活方式的法语取代拉丁语成为签订国际公约和进行国际交流的语言。19世纪末20世纪初，英语开始逐步随着先进的工业化浪潮和最新的科技进步，特别是信息化的发展，日益成为国际交流的重要工具。

历史表明，语言作为国际交流的一种工具，它的地位不是固有的，而是由该种语言所代表的文化的吸引力和生产力的先进性及其在世界的影响力来决定的，因此它是该民族语言国家实力和地位的一种标志，也反映了世界各国对这个国家未来的预期。

20世纪以来，世界上有过两次的"汉语热"。第一次是在20世纪70年代，由于中美关系缓和，中国恢复联合国席位，在美国兴起了学习汉语的热潮，进而影响带动了整个西方世界的"汉语热"。但由于当时中国的政治、经济影响力尚小，那股"汉语热"没能持久延续下来。到了20世纪80年代初，日本成为经济大国，"汉语热"于是被"日语热"所取代。第二次是在20世纪90年代至今，由于日本经济不景气，而中国改革开放，经济腾飞，国力崛起，世界上再度兴起"汉语热"，至今方兴未艾。总之，"汉语热"兴起的一个重要背景就是，世界对中国未来发展的预期越来越好。世界对汉语不断增长的需求构成了汉语和中华文化国际传播的强大动力，形成了汉语国际推广的难得机遇期。

为满足世界范围内日益增长的对汉语学习的需求，2004年国务院批准实施"汉语桥"工程五年行动计划，这是中国政府第一次制定并实施系统、创新、面向世界的推广汉语计划。"汉语桥"工程旨在向世界推广汉语，弘扬中华文化，增进世界各国对中国的了解和友谊，促进世界和平与发展。"汉语桥"工程的基本建设涵盖以下主要内容：

1. 加强学科理论研究，促进国内外对外汉语教学跟进现代信息技术，不断完善和深化学科建设。以现代科学观念从整体上提升对外汉语教学学科的理论水平和教学水平，为汉语教学及其推广奠定坚实的学科理论基础。

2. 加强对外汉语教学的信息化建设，借助现代科技手段，建设多种资源数据库，搭建信息互通平台，为国内外使用者提供丰富及时的信息服务，使对外汉语教学的研究成果和各方面信息得到及时传递，促进汉语教学资源的构建和合理配置。

3. 充分借鉴当代科研成果，利用最新技术手段，开展八个方面的学科理论研究：（1）开展以实用汉语为主攻目标的对外汉语教学模式的创新研究；（2）以面向汉语的实际应用为基本导向，吸收心理学、教育学、计算机科学等学科的理论与方法，构建对外汉语教学科学理论体系；（3）开展第二语言认知理论研究，从内在认知机制上探索汉语的学习规律、方式、途径和过程，提高教学水平和学习效率；（4）开展外国人汉字认知的理论与应用研究，从理论和实践两方面探索符合第二语言教学特点的汉字教学法；（5）开展基于现代技术的对外汉语教材编写的理论研究，采用人工智能技术，开发高智能化的多媒体教材、网络课件以及教材编写软件；（6）开展基于数字化技术的汉语水平测试研究，建设 HSK 题库，开发 HSK 计算机自适应考试系统，满足外国人获取不同等级水平证书的需要；（7）开展跨文化语言交际研究，开发汉语交际多媒体素材库，为教材编写、课堂教学、语言测试提供科学依据和实用素材；（8）开展现代教学技术应用研究，建设对外汉语教学资源库，全面构建数字化对外汉语教学的平台。

2006 年国务院办公厅转发的教育部等十一部委《关于加强汉

语国际推广工作的若干意见》[①],从国家战略的高度,阐明了汉语国际推广工作的重要性和紧迫性,进一步提出了汉语加快走向世界的指导思想、总体规划及政策措施,强调了对外汉语教学理念的"六个转变":(1)发展战略从对外汉语教学向汉语国际教育转变;(2)工作重心从国内汉语教学向国际汉语教学转变;(3)推广理念从专业汉语教学向大众化、普及型、应用型转变;(4)推广机制从教育系统内推进向教育系统内外共同推进转变;(5)推广模式向市场化运作转变;(6)教学方法向现代信息技术、网络多媒体教学技术转变,充分利用多媒体、网络等多种形式开展汉语教学。要加强网络建设,集成现有的资源,开发出新的平台,使更多学习汉语的人,通过网络来学习,扩大覆盖面。

"汉语桥"工程的实施和对外汉语教学理念的"六个转变",营造了促进文化传承与文化传播协同创新的环境与氛围,推动了汉语国际推广和海外孔子学院建设的蓬勃发展。

孔子学院的建设是为了适应全球化、开放性、世界多元文化共融这一时代趋势所做出的重要战略选择。自2004年首家孔子学院在韩国成立后,它已在世界各地生根发芽,成为许多爱好中华文化的外国人学习汉语、了解中国和中国文化的平台,成为推动中国与世界语言文化交流的桥梁。借助孔子学院这一平台,从语言文化推广发展到跨文化对话,通过文化的平等消解西方的霸权话语,通过文化的互动交流平衡全球的文化生态,进而在与世界文明的对话中,不断地与时俱进,实现"中国传统文化的现代化"和"中国文化的世界化"。十七届六中全会进一步明确要求加强

---

① 国务院办公厅《关于加强汉语国际推广工作的若干意见》,2006年。

孔子学院建设，为孔子学院在中华文化走向世界的进程中发挥更大作用指明了方向，提出了新的更高要求。

面对世界上的汉语学习热潮，我们也应冷静思考，汉语和中华文化走向世界果真是一片坦途吗？如果冷静观察和思考，我们就会发现，汉语国际推广之路仍存在着重重障碍。

我们应该实事求是地看到：第一，世界各国对汉语学习的需求迅速增长，增长的速度之快、规模之大、范围之广超乎预料，使得对外汉语教学工作应接不暇、供不应求；第二，汉语在国际上的通行程度还很低，汉语教学的基数小、底子薄，汉语作为外语或第二语言的教学理论和教学模式还很不成熟。世界汉语教学面临的这种状况，说明我国的对外汉语教学工作是在比较低的起点上开始的，又是在高增长和超乎我们现有力量的状态下运行的，尽管其发展空间和潜能是巨大的，但需要我们下大力气，不失时机地解决汉语国际推广遇到的"瓶颈"问题，更好地为世界汉语教学提供优质的服务和有力的支撑，才能使"汉语热"持久地延续下去；第三，汉语和中华文化在走向世界，但在一些国家和地区仍有阻力或波折。孔子学院和汉语教学在美广受欢迎，目前美国48个州已设立81所孔子学院和299个孔子课堂，其中包括斯坦福大学、哥伦比亚大学、芝加哥大学等世界一流名校，成为设立孔子学院和孔子课堂最多的国家。全美孔子学院共开设汉语课程6127班次，注册学生近16万。但最近美国国务院官员签发的一项公告发往全美孔子学院，该公告规定在美国的所有孔子学院必须申请美国"认证"，成为正式课程的一部分，且禁止中方教师和志愿者在美国中小学的孔子学堂教学。美国各大学校长、学区负责人、孔院师生均对该公告表示强烈反对。尽管美国国务院后来很快重新发布公告,表示孔子学院合法,不需认证,但是正如国家汉办主任许琳所说的,这一过程表明中美人文交流还要加强。又如,原国新办主任赵启正①在两会新闻发布会上曾提及,美国一位资深议员提出,中国在美国有这么多所孔子学院,而美国在中国只有5所文化中心,这就是公共外交的逆差了。为此,赵启正和他讨论了这个问题。赵启正对他说,你没有必要焦虑在美国学汉语的人这么多,中国的小学、中学、大学有2.4亿人在学英语,还需要你在中国建立美国语言学校吗?这位议员回答说,哦,是这样吗?这个例子说明,加强沟通交流,化解一些国家对孔子学院建设发展的疑虑和误解是非常必要的。

汉语和中华文化要真正走向世界,面临的一些问题是值得我们去深思的:

其一,汉语的国际地位和影响力的提高仍任重道远。与英语等强势语言相比,汉语在世界各大语言中仍处于弱势。当今世界最强势的英语,其母语使用人口仅4.56亿,却有10亿左右的人以它为主要外语或第二语言。预计到2050年,世界上将约有三分之一的人口通晓英语。再以法语为例来说,据统计世界上有2亿人说法语,这个数字比起英语、汉语来说并不算高,但在说法语的2亿人口中,只有6000万是法国人,其他则分布在五大洲。

以汉语为母语的使用人口虽然有近11亿,位于世界十大母语使用人口之首,但海外学习汉语的人口总量却相对少得多,据目前的乐观估计也就4000多万。汉语在国际交流中存在着巨大的逆差。以美国为例来说,美国高中有大约2.4万人学中文,但

---

① 赵启正《文化复兴是民族振兴的基础》,《文汇报》,2006年3月15日。

学习法语的美国高中学生是100多万。美国3000多所大学，只有近800所开设了汉语课程。汉语的语言输出与英语的语言输入相差悬殊，跟中国人全民学英语的热情相比，外国人学习汉语的热情还远远落后于我们。

目前全球的"汉语热"并没有使汉语一举成为世界的强势语言，其中一个重要的衡量标志是汉语的国际化程度仍然比较低。汉语在国际社会重要交际领域中的使用仍十分有限。联合国虽然将汉语列为其工作语言之一，但是地区性或国际性的组织、会议正式使用汉语的尚不多见。

从理论上说，中国的经济市场有多大，语言市场就该有多大。但当前的"汉语热"还仅是一种刚刚开始的学习热潮，就中国的发展势头和世界对中国的期望值来看，目前学习汉语的人数与之还远远不成比例。英语在全世界的普及告诉我们，只有国力的强盛才能有汉语的国际地位。虽然在可预见的未来，随着中国综合国力的发展，世界上学习汉语的人会越来越多，但汉语要真正成为一种国际上通行的强势语言，还有很长的路要走，还有很多的工作要做，我们不能过于盲目乐观。

其二，中国对外文化传播能力还不够强大。语言本身就是一种文化，同时它又是文化的载体。"汉语热"背后蕴藏的是中华文化的魅力，汉语国际化仅仅依靠语言的推广是远远不够的。当前的"汉语热"在很大程度上也就是中国文化热，反映了外国人对中国文化的好感和憧憬。因此，只有当中国文化的独特魅力及其"软影响"的格局在全球化的背景下得到更充分的展示，"汉语热"才意味着汉语真正赢得了应有的国际化地位。

文化贸易的逆差导致许多外国人对中国的认识仍旧有较大的

片面性。中国对外文化传播的严重赤字和入超,反映了我们文化这个软实力本身包括文化对外传播能力还不够强大,缺乏良好的运营模式和国际发行与推广的渠道,现有的供外国人学习的汉语教材缺乏多元性,传播中华文化力度还很不够,以致不少外国人学了汉语,但对中华文化的内涵知之甚少。对外文化产品还难于进入国外主流文化市场,汉语与中华文化在世界的整体格局中依然处于弱势。

为此,汉语国际推广和海外孔子学院建设既要大力促进汉语的国际化,又要加大中华文化对外传播与交流的力度,精心打造中华民族文化品牌,提高我国文化产业国际竞争力,更好推动中华文化走向世界,使汉语教学超越语言本身,让世界人民从中领略到中华文化的强大生命力,从而在更广阔意义上认识和了解当代中国。

其三,汉语在本土遭受冷遇的尴尬困境。当今的"汉语热"多少显得有点"外热内冷"。据媒体报道,在复旦大学举办的一次汉语言文字大赛上,夺得第一名的是留学生队。这一结果让大多数评委大跌眼镜。有学者指出,留学生的获胜说明世界在关注中国,汉语在世界上日益受到重视,而本土学生的失利则说明汉语在本土的前景令人担忧。无独有偶,在上海举行的一次翻译资格考试中,出现了许多让人哭笑不得的答案。参加该项考试的人英语水平应该都很高,但是部分人的汉语水平实在不敢恭维。如有一道汉译英题目要求将"富贵不能淫"译成英文,有人将这句话译成了"Be rich, but not sexy"。试题中还有一个题目是要求将"人之初,性本善"翻译成英文,有的考生的在答案中赫然写着"Since the beginning of human beings, sex is always good"。类似的难于理喻的幼稚错误还有很多，表明了部分国人汉语母语文化功底的缺失。

中国人学习英语热情如火，却把母语冷落在一旁，以致不少青年学生，被称之为"英语六级，汉语初级"、"能讲一口流利外语，却写不出像样的中文"。在汉语高调向外输出，以发挥中国"软力量"的今天，在本土却陷入了"墙外开花墙内不红"的令人尴尬的困境。

检讨国人汉语功底令人寒心的原因，实在不是三言两语可以概括的。汉语，作为中国人的母语，其立足和生存空间正不断地被"挤兑"。这些年来，在应试教育的指挥棒下，英语的地位在中国被抬高到了无以复加的程度，学好英语成为"21世纪合格人才的基本标准"，升学考试、学术评价、职称评定等都离不开英语。不知何时起，双语幼儿园也遍地开花，而且深受家长欢迎。国人在对待母语教学时，功利地"为考试而教学"，"肢解"语文，注重太多零碎、局部的知识点，致使学生失去对母语的兴趣。国外的汉语热与国内的汉语冷形成了鲜明的对比，在外国人如此热衷学好汉语的大背景下，国人为何不愿抓住自己的特长努力学好、用好汉语，这既是对母语文化的保护，同时也是对自身情操和文化素养的培养，国人何乐不为？其实在现实背景和市场经济条件下，国人更加清楚地明白学好英语比学好汉语来得更实在。然而，母语和外语孰轻孰重，应有一个明晰的界限。作为中国人，首先应当了解自己的民族文化，学好、用好自己的汉语母语。当中国人把目光转向其他语言的时候，其在母语的学习和应用上也应该投入更大的热情，绝不能让自己的母语文化被冷落在一旁。因为只有我们自己真正地让汉语热起来，汉语才能真正地热遍世界,走向世界。语言强大的背后是经济文化的强盛,冷落母语将使我们与世界文化交流融合的大趋势脱节,是得不偿失的。如果说,汉语热成为连接世界与中国的新桥梁,那么当人家架起了桥梁的那一头时,我们这一边的桥墩可千万不能出现裂痕。

美国历史上的"母语危机"值得我们引以为戒。20世纪50年代,苏联人造卫星上天,给美国造成巨大震动。当时的美国教育界面对"彼得上天了,约翰怎么办"的严峻形势,提出了对教育现状进行全面改革的主张。"改革"造成的后果是灾难性的。由于只强调把自然科学知识教给学生,而忽略了语文基础知识的学习和基本写作技能的训练,许多学校甚至停止了传统的语法课、文学课、作文课,导致整个美国语文教学质量严重下降,学生语文水平之低,写作能力之差,到了令人难以置信的地步。一场"母语危机"跨时20年,荒废了几代美国人的学业,整个美利坚合众国为此付出了昂贵的代价。但美国人是认真的,也是务实的,提出了"语文教育回归到基础去",从此美国的母语基础教育水平有了明显提高。

如今,当汉语踌躇满志地出门远行之时,我们是否打算让英语来替我们看守家门呢?毫无疑问,我们理应在世界"汉语热"的同时,也回归自己母语复兴的道路。

其四,汉语尚需通过规范化、标准化达到自我完善。目前中国的大陆、台湾、香港、澳门四地语言文字的使用仍存在着不少差异。鉴于历史与地缘的关系,四地语言文字使用上的差异也体现在海外华人社区的语言里。汉语普通话与方言、繁体字与简体字、汉语拼音与注音字母的相互干扰,不仅给我们自己彼此间的沟通交流带来某些不便,而且也给全世界的汉语学习者增添了许多不必要的负担,不利于汉语在世界的传播和推广。

由于英语与网络语言的"入侵",汉语的"纯洁性"正经受考验。汉语在历史上数次遭遇外族语言的侵入时,都以其巨大的包容力将他族语言同化。而如今,大量的外语字母词汇直接进入了汉语词汇,不能不引起我们的担忧。鉴于汉语中英文缩略词的使用过度,为了维护母语的纯洁性,国家广电总局曾向央视下发了通知,要求在主持人口播、记者采访和字幕中,不要再使用诸如 NBA、GDP、WTO、CPI 等外语缩略词。中国翻译协会也提出为了尊重自己的语言,要求制止外来语直接嵌入中文的现象。然而这些要求尚未得到大众的一致支持,再说也不是屏蔽了、制止了,汉语就能纯洁,国人就可以学好汉语了。

当今的年轻一代,在日常语言表达中往往掺杂着大量的网络语言,令人不知所云。今天的我们将以什么流传千载呢?难道是网络语言吗?或许它能够反映当今信息化时代的特色,或许它还具有想象力和创造性,或许它在某种程度上对汉语的丰富和发展也有促进作用,但倘若不加以引导而使之肆意繁衍,则会背离民族的历史和文化传统,破坏祖国语言的纯洁性和严肃性,那将是我们这个时代汉语的悲哀!为此,汉语尚需通过规范化、标准化进一步达到自我完善,这不仅是保持母语纯洁性的需要,也是汉语走向世界的需要。

其五,汉语学习的难度影响到外国人学汉语的热情与兴趣。由于中国语言、历史和文化的独特性,我们和其他国家,尤其是和西方国家在语言文化上存在很多差异,这也对外国人学习汉语和了解中国文化造成了一定的障碍和困难。

汉语在国外的推广存在着不少困难,这一方面是由于汉语自身的特点与学习者母语的差距较大,使得汉语学习有一定的难度,影响到外国人学习汉语的动力和信心;另一方面,由于师资、教材的缺乏以及教学内容和教学模式不能很好适应海外社会的实际需求,也影响到外国人学习汉语的热情和兴趣。

汉语究竟是不是难教难学的语言?汉语作为外语教学的主要难点是什么?如何降低汉语学习的门槛,帮助外国人更快更好地掌握汉语,这是我们在汉语国际推广过程中不得不面对的问题。从语言角度来看,由于汉语是一种缺乏形态变化的语言,语言单位之间的组合注重的是语义之间的关系,所以相关语言成分之间往往包含着较复杂的语义关系,但在结构关系上并没有标志显示。这种意合型特点往往正是外国人汉语学习的难点所在。此外,对外国学生尤其是非汉字文化圈国家的学生来说,汉字又是他们学习汉语的最大困难和障碍,究其原因主要是由笔画组成的方块汉字是记录语素的音节文字,它与世界上大多数民族使用的记录音素的拼音文字,是两种不同性质的文字系统。由于汉字具有形体表义的特征,而拼音文字则是直接记音,因此两种文字在对字的认知方法上有很大的不同。汉字的认知过程包括音与形、形与义、音与义的结合,要比拼音文字的认知过程复杂得多了。对习惯于在几十个字母范围内线形排列的拼音文字的学习者来说,面对数量庞大、结构多维、以表义为主的方块汉字,自然会感到难认、难记、难写。从文化角度来看,汉语作为外语教学要培养的语言交际能力,实际上也是跨文化的交际能力。学习者学习汉语的过程,实质上也是跨越自己的母文化学习另一种文化的过程。初学汉语的外国人如果忽视两种语言文化的差异性,往往会产生跨文化交际的障碍,影响对汉语的正确理解和恰当运用。

汉语学习的难度大，除了汉语文化自身特点的原因外，也同我们缺乏对汉语作为外语教学的特点及其教学的深入研究，缺乏贴近外国人的社会生活、思维习惯的教学内容、教学方法有很大关系。海外汉语教学和孔子学院的建设，有许多理论和现实的问题亟待解决。以往传统的教学内容和方式已远远不能满足全世界多元化、个性化的汉语学习需求，照本宣科的教学方法也无法吸引文化背景各异、思维方式不同的学习者。有必要通过现状与需求的分析以及对各国语言文化环境与教育制度的研究，探索汉语和中华文化教学在不同国家不同地区的接入口，寻找更具针对性的、简捷实用的教学方法和推广模式，推动汉语国际教学的观念创新、机制创新、教学创新，从而使汉语和中华文化的教学内容和教学模式更加切合不同国家、不同层次学习者各种各样的实际需要。

现行的对外汉语教学法与英语作为第二语言教学法的显性差距主要体现在教学模式的欠缺和不成熟。创建好的教学模式对带动优秀品牌教材的编写、优秀教师的培养、品牌课程的形成都有推动作用。近些年来，汉语教学的外来模式越来越多，从交流和学习的角度看，借鉴外来的教学模式也是大有裨益的。但我们更需要有从汉语特点出发的有中国自己特色的研究成果来推动和提升国际汉语教学。然而，纵观历史上的汉学研究，世界上第一部正式刊行的汉语语法著作《华语官话语法》是西班牙传教士万济国（西文 Fran-ciscovaro，1627—1687）所著的；最好的汉学研究不在中国，而是在日本；把汉学传统发扬光大也不在中国，而是在韩国；最好的汉学史学者也不在中国，而是在美国。

如今，在向世界推广和普及汉语教学中，作为汉语教学的母语国，不能仅仅依赖于对外来模式的借鉴，我们必须具有国际领先和模式输出意识，必须首先建立自己的有说服力的品牌。我们责无旁贷地应当占领汉语研究与汉语教学领域的制高点，在汉语教学国际化进程中，掌握制定规则、输出规则的主动权，而不能再像其他领域那样被动地接受别人的规则。创建新的具有品牌意义的教学模式是我们能够继续领导世界汉语教学潮流的一项重要举措。

目前，与全世界高涨的汉语学习热情不适应的是，各国仍然普遍缺乏高水平的汉语师资队伍和适合本土使用的教材，缺乏创新实用的教学模式和教学方法。

在师资方面，国外汉语教师队伍无论是在数量上还是在质量上，都远远不能满足孔子学院和汉语国际教育迅速发展的需求。在发展中国家，汉语师资数量不足，素质偏低。许多教师缺乏专业教育背景，而且年龄偏大；而在发达国家，汉语师资虽然具有高素质、高学历的优势，但往往是从汉语言以外的专业转行而来，缺乏汉语教学法方面的专门训练。

在教材方面，由于缺乏深入的理论研究和实地调研，从而影响到海外教材的针对性和实用性。虽然现有的汉语第二语言教材数量众多，但真正易于外国人学习的并不多，尤其是贴近国外学习者文化背景、社会生活、思维习惯和学习规律的教材非常少，国别性的实用教材更是屈指可数。有专家提出，现有许多对外汉语教材虽说是"对外"，但并不"对路"，解决汉语教材本土化的问题是当务之急，否则世界范围的汉语热有可能"热"得快，"冷"得也快。因此，应研究如何让教材更好地吻合不同国家教育体制和教育文化的要求，如何针对世界各国不同的语言文化背景和学习者的实际需求，编写出既能符合汉语的特点和规律，又能贴近所在国学习者的社会生活、心理特点和思维习惯，既能反映目的语文化又能兼顾所在国文化，既能降低汉语学习和教学的难度，又能激发学习者兴趣的实用性、本土化汉语教材。

在教学法方面，针对目前存在的教学理念和方法陈旧、教学手段跟不上新形势的需要以及信息渠道不灵，缺乏沟通交流等问题，急需改进汉语作为外语的教学模式、教学方法、教学手段，摆脱目前汉语难学而又难教的状态。

"教师、教材、教法"存在的诸多问题，已成为制约孔子学院和汉语国际教育发展之"瓶颈"，这些都是必须进一步深入研究的重要问题。

其六，汉语和中华文化走向世界需要高瞻远瞩的文化传播策略。

我国不仅要成为经济强国，而且也应当成为语言强国，而要成为语言强国，则需要通过各种途径来提高汉语的威望。第一，要通过推广普通话、完善汉语汉字的规范标准、推行和完善汉语拼音方案等措施，可以使汉语固本强体；第二，通过语言信息处理和网络数据库的快速建设，可以争夺虚拟空间的汉语地位；第三，通过一系列汉语国际传播的措施，最终可使汉语在国际语言生活中发挥更大的作用。

由于欧洲和北美国家在语言、文化上的亲近性，更由于近代以来它们对外殖民扩张的历史，使其民族语言成为许多殖民地国家和民族的官方语言。英语、法语、西语以及葡萄牙语都是因母国的扩张而"国际化"的，俄语现在也是苏联解体后许多国家的语言。

在古代中国最强盛时,也只是周边国家学习中国的文字、文化,而非中国强行推行自己的民族语言。如今的汉语热,是汉语走强的反映,但要成为强势语言还任重道远。与那些依靠殖民和强迫政策而成为"国际化"的语言不同,汉语要成为强势语言,只有依赖于中国的和平发展,依赖于中国影响力的扩散和魅力的吸引。

应该指出的是,与强权思想下的语言扩张不同,中国向外传播汉语是立足于中华文化与其他文化的交流,立足于维护世界文化的多样性。从某种意义上说,这就是一种"文化自觉"的主体意识。在全球文化大交流的背景下,中华文化的自觉不能囿于一国一地,应该吸收别国包括西方发达国家的先进文化以及属于全人类的文明成果。

当中国正加快步伐走向世界的时候,并不意味着我们已经完全获得了文化传播的对外表达的方式。一方面,这当然是由于"西方中心主义"的惯性依然主导着通行的概念和标准;另一方面,我们习以为常的话语也未必能与世界达成有效的沟通,我们对汉语和中华文化走向世界的传播规律和策略还研究不够。正如国际知名学者、英国威斯敏斯特大学传播学教授柯林·斯帕克斯所指出的,中国的海外传播很多时候目标受众不清晰,传播者常常不知道自己在同谁讲、在讲给谁听,定位上的这种模糊性让海外传播实效大打折扣[①]。中华文化"走出去"亟待解决能力建设问题,中国应更多地采取国际化的表达方式,运用国际受众容易理解和

---

① "中国海外传播圆桌论坛"圆桌研讨会在中国人民大学召开,新华社新闻研究所,2011年11月14日。

接受的传播规则,培育独立于目前占主导地位的西方媒体之外的、具有国际影响力的文化传播机制。为此,我们应加强对如何用外国人容易接受的方式来教汉语和传播中华文化、如何加强对中华文化的思想观念和价值理念的阐述和传播方面的研究。

建设孔子学院、开展汉语国际推广工作,是弘扬中华民族优秀文化、推动中华文化走向世界的重要途径,是促进中外语言和文化交流的重要形式,是我国"大外宣"格局的重要组成部分。目前孔子学院的建设和汉语国际推广,有许多理论和现实的问题亟待解决。例如:如何把孔子学院的创办和推广从速度型、规模型转换到质量型和效益型,提高孔子学院的吸引力,增强孔子学院的生命力;如何借助孔子学院这一平台,越过跨文化障碍,更好地向世界说明中国;如何借助孔子学院这一平台,实施适应各国不同语言文化背景以及政治、法律、教育体制的汉语和中华文化推广机制和模式;如何解决"教师、教材、教法"等瓶颈问题,为孔子学院和汉语国际推广提供更丰富的针对性、实用性、创新性强的中华语言文化资源产品,促进孔子学院建设的可持续发展。

中华文化大繁荣离不开走出国门,世界文明的进步发展也离不开中华文化。为此,我们必须以文化传承和文化传播的创新为主题,紧密围绕提高国家文化软实力和海外孔子学院建设的发展战略,跟踪世界各国汉语国际教育与孔子学院建设的新进展,从孔子学院建设发展中的急需解决的突出问题入手,把孔子学院建设、汉语国际教育与中华文化世界传播研究有机结合起来,把文化传承创新的理论研究与语言文化创意产品开发有机结合起来,通过对现状与需求的分析以及各国语言文化环境与社会、教育、法律制度的研究,探索汉语和中华文化传播在不同国家不同地区的接入口，寻找更具针对性的、简捷实用的语言文化推广机制和模式，建立和完善孔子学院建设和中国语言文化国际传播效果的评估指标和评估体系，为相关决策和资源配置提供科学依据，从而使汉语和中华文化资源的内容和载体更加切合不同国家、不同层次受众者各种各样的实际需要，形成与我国国际地位相适应的舆论力量和传播影响力。

如何看待中国绵延已久的文化传统？如何处理传统与现代化的关系？中国文化应以什么样的内容、载体、途径走出去？如何用国外受众容易接受的方式更好地阐发中华传统文化的深厚底蕴，展示中华传统文化核心价值观的现代意义？如何创新传播理念、创新传播行为、创新传播机制，加强中华文化走出去的能力建设，以在国际舆论中争得更多的话语权……这些正是实施"建设社会主义文化强国，加快中华文化走出去"战略急需解决的重大问题。围绕上述这些问题，确立"文化传承创新与世界传播"作为协同创新方向，形成协同创新的机制体制，汇聚各协同体的人才、资本、信息、技术等优质资源，形成强大的合力，产出一批具有重大影响的理论研究成果和文化品牌产品，为提升国家文化软实力提供优质服务和有力支撑，这是我们在当前中华文化的繁荣发展和走向世界潮流下必然的历史选择和神圣光荣的使命。

三、文化传承与文化传播协同创新的发展思路

以文化传承与创新发展中的重大需求为牵引，以机制体制改革为核心，以协同创新中心为载体，以创新资源和创新要素的有效汇聚为保障，进一步拓展校校、校企、校所、校地、海内外协

同创新的广度和深度，建立开放、集成、高效的协同创新机制和体制，形成人才、学科、科研、开发有机融合为一体的创新模式，重点进行中国传统文化、现代文化的各种表现形态的分析研究和整理归类，建立分类别、分层次的中国语言文化资源数据库；开展中华文化世界传播的需求分析与宏观策略研究；组建文化创意产业研究专门机构和文化创意园，研发具有国际视野、针对性、实用性强的文化创意产品，拓展文化创意产品进入国际市场的路径，带动国内相关文化产业的发展；建设位居世界领先地位的中华文化云资源库和云教育公共服务平台，构建有说服力、感染力、亲和力的国际文化传播话语体系，为孔子学院建设和汉语与中华文化传播提供更好的服务和有力的支撑，提升中华文化的国际影响力。

（一）以机制体制创新和人才引进与培养为切入口建立与健全适应文化传承创新需求的机制体制。创新人才引进和培养模式，汇聚、培养具有国际视野、理论研究和应用开发能力强的文化传承创新专门人才。

1. 建立开放、集成、高效的协同创新机制和体制。成立由中外方、校校、校所、校企、校地组成的"中华文化传承创新与世界推广"协同创新中心理事会，作为协同创新决策和组织管理机构。

2. 采用以任务为牵引的专兼职人员聘用方式和与国际接轨的人事制度及薪酬标准，增强对国内外优秀人才的吸引力和凝聚力，促使海内外文化创新人才在协同体和区域间自由流动，培育在国内外有影响的文化传承创新的领军人物和创新团队。

3. 强化学科交叉融合的特色，着力培育提升文化传承创新能力，进一步健全和完善人才培养质量保障机制，建立起以解决文化传承与世界传播重大需求为导向的评价机制和以创新质量和贡献为绩效评价指标，对文化创新专门人才进行评估。

4. 以科学研究和实践创新为主导，通过学科交叉与融合、产学研紧密合作等途径，建立跨文、社、理、工学科的本硕博、博士后一体化的人才的培养机制，形成人才、学科、科研、开发有机融合为一体的创新模式。创新国际交流与合作模式，吸纳国际创新力量和资源，吸引国际知名专家学者参与协同创新，合作培养国际化人才。

（二）以文化传承与文化传播创新的理论研究为基础

拓展文化传承创新与文化传播理论研究的广度和深度，进行专项的课题研究，形成系列性战略研究报告，以高水平科学研究支撑高质量人才培养。

1. 重点围绕中华文化"以什么样的内容和载体走出去、以什么样的方式和途径走出去、以什么样的策略手段来提升走出去的影响力"等问题，拓展文化传承创新与传播理论研究的广度与深度，推出一批位居本领域国际学术前沿的高水平研究成果。

2. 深入分析、挖掘中华文化的内涵，梳理出能代表中国主流文化形态的内容。以中华文化核心价值的思想内涵为主轴，对传统文化、现代文化的各种表现形态进行整理和归类，在此基础上建立中国语言文化资源数据库。

3. 进行中华文化世界传播的需求分析研究。通过对汉语和中华文化在全球传播的现状和需求的考察研究，分析不同国家和地区的语言文化政策，探索汉语与中华文化在海外的传播、继承与创新机制，以及中华文化与其他民族文化互动的过程，分析全球化背景下文化交流的规律，预测汉语和中华文化传播的总体走势。

4. 进行汉语与中华文化海外传播史的研究，探索汉语文化海外传播的途径、方式和影响，总结中华文化世界传播的历史经验，为汉语和中华文化传播的学科构建提供深厚的历史根基和学术底蕴。

5. 进行汉语与中华文化国际传播策略研究。一是进行跨文化传播的研究，研究如何用国外受众容易接受的方式来传播汉语与中华文化，提高对外文化传播的实效；二是研究汉语文化传播的特点和规律，从文化软实力视角出发提出汉语文化国际传播的宏观策略；三是进行汉语与中华文化海外传播载体的研究，如孔子学院、海外华校、华文传媒和文化机构等。

（三）以文化创意产品的研发与推广为牵引

中华文化的传承创新与传播需要文化创意品牌来引领带动。一方面，丰富的中华文化资源是文化创意品牌的重要支撑；另一方面，文化创意品牌又是激活中华文化资源的重要创新要素。以文化创意产品的研发与推广为牵引，充分挖掘中华文化独特的资源优势，促进高校、研究院、企业等协同体的人才、资本、信息、技术等优质资源有效汇聚，创新文化产品服务与推广模式，融入现代的商业营销元素，开辟文化创意产品进入国际市场的路径。引入市场化运作机制，多渠道筹集可持续发展资源，推动战略性新兴文化产业加快发展。

建立校研、校企、校地的战略联盟，成立孔子文化产业园，重点开发汉语国际推广和孔子学院建设急需的各种语言文化创意产品，积极推进国际汉语教育的信息化建设。建设汉语国际教育的信息资源库、教学资源库、教材库、语料库、人才库。建立针对不同类别、不同层次外国学习者的汉语基本字库、词库、句型库、文化库、中介语语料库、教材库、教学案例库、试题库等。配合国家"国际汉语教材工程"的实施，开展国别化汉语教学、教师、教材状况的调查研究，开发一批面向不同区域、国别的本土化汉语文化教材。探索国际汉语教师培训的机制体制，研制适应不同教学层次的国际汉语教师评估标准。

（四）以汉语和中华文化云教育公共服务平台的建设为支撑

挖掘传统文化和现代文化的内涵，充分应用现代科技手段，创新文化资源开发模式，建立汉语和中华文化云资源库和云教育公共服务平台。

以汉语中华文化资源云数据中心建设为基础，将互联网、移动互联网和移动终端连接在一起，打造一个集教学、管理、科研、咨询为一体的"汉语和中华文化云教育公共服务平台"，为中华文化走出去提供丰富资源和可靠数据，为孔子学院建设和汉语国际推广提供更好的服务和有力的支撑。云教育公共服务平台建设主要包括：

一是建立汉语和中华文化云资源库。收录和开发多语种的汉语和中国文化的影视、动漫、图书、报刊、工具书、图片等特色资源产品。

二是建立基于云教育平台的云服务应用。包括Moapp，可以为用户提供书籍、娱乐、游戏、音乐、工具等海量的应用下载，使用户能够便捷地下载各种汉语教学资源。打造全球Clouds PAD汉语云教育终端，内置海量汉语学习相关的学术视频库及资料库。终端除了具有平板电脑的所有功能外，还可以外接上网卡和普通键盘，方便上网和输入。

三是建立全球汉语文化教学与管理平台。基于互联网和移动互联网，采用"云＋端"技术解决方案的教学与管理平台，服务于国内外汉语教师、汉语文化学习者和管理人员。

四是建立全球汉语文化推广客服中心。该客服中心可解决时差和语言差异的问题，实时解答用户在汉语文化国际传播中遇到的各类问题，为全球汉语教师和学习者提供全天候人工在线客服服务。

五是建立全球汉语文化推广办公自动化系统，解决全球孔子学院和汉语文化教育机构间联络、信息资源交流与共享、财务与会议管理等问题。

六是建立全球汉语文化推广数字产品超市。运用国际领先的 APP STORE 运营模式，基于手机、PAD、PC 等应用设备，将各类教材、课件、数字资源等制作成 APP 数字商品。该超市将为全球所有出版商的汉语和中国文化数字资源、各种教学课件、教学案例和教材提供超市的开放性上架渠道，让更多的汉语文化数字资源能传递到用户手中。

（五）广纳海内外文化传承创新和文化创意成果的经验

一是举办海峡两岸文化创意设计大赛，开展两岸同胞共同参与的中华文化传承与创新活动。以文化传承创新和文化产业为纽带，架构两岸文化合作交流平台，拉近两岸同胞民族文化认同的距离，促进两岸关系和平发展。

二是举办文化传承与传播创新国际学术研讨会，开展中外文化创意产业交流，借鉴世界各国优秀文化成果。举办全球华人和全球孔子学院文化创意设计大赛，吸纳海内外文化创意成果的经验。海外侨胞具有雄厚的经济实力、丰富的智力资源和广泛的商务网络，同时比较了解所在国的文化传统、思维方式和审美习惯，比较熟悉海外文化市场的运作模式和发展趋势，应充分发挥侨资侨智在我国文化建设中的独特优势。

第七节　汉语教学与中华文化走出去战略[①]

美国学者罗杰·皮尔逊曾把文化的传递方式分为纵向的传递和横向的传递两类，前者可以理解为文化的传承，后者可理解为文化传播。文化的传播可通过多种途径，如商贸往来、学术交流、竞技比赛、文艺演出等。目前不少教育学家、人类学家认为教育对文化的传播最为集中和专门，所起作用也最为根本，甚至教育活动就是文化传播活动。随着海外汉语热的兴起，海外汉语教育也成为中外文化交流新平台，因此，我们如何更好地让汉语教育助力中国文化走出去，推进中外文明的交流与互鉴，也是海外汉语教学所亟待解决的问题。下面我们将从海外对文化教学的理解、海外汉语教学中的文化教学现状与需求等方面分析海外汉语教学在文化教学方面面临的挑战，并在此基础上探讨如何通过提升汉语教材中的文化含量，讲好中国故事，为中华文化走出去战略服务。

[①] 本节摘自田鑫《试论汉语教学如何更好地为中华文化走出去战略服务——以提升汉语教材中的文化含量为例》，《中国文化研究》2016年夏之卷。

一、海外对于"文化教学"的阐释

目前,在海外外语教学中,语言与文化之间不可分割的关系已经成为共识。但对"文化教学"的理解却存在着差异,其内容也有差异。如,美国的国家外语课程标准核心内容为沟通(Communication)、文化(Cultures)、贯连(Connections)、比较(Comparisons)和社区(Communities),将文化分为三个部分:一是文化观念(Perspectives),包括意义、态度、价值、理念;二是文化实践(Practices),主要是社会互动的模式;三是文化产品(Products),包括书、工具、食物、法律、音乐、游戏。三者的关系可如下图所示①:

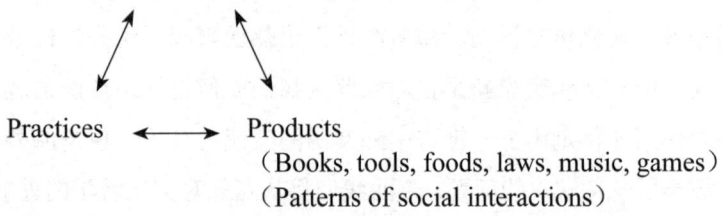

图1 美国的国家外语课程标准中的"文化框架"

这一"文化框架"有时可以称为"3PS",三者的关系可通过一个三角形表示。文化观念在顶端,文化实践与文化产品为基础;同时,文化产品与文化实践是由特定文化群体的世界观中的文化观点衍生而来。可以看到,这一框架与目前海外学术界对于

---

① Sandy Cutshall, More Than a Decade of Standards: Integrating "Cultures" in Your Language Instruction. *The Language Educator*, April 2012.

文化的分类一致，所不同的就是这个框架中每一项目所包含的内容要比所对应的学术界文化中的项目少一些。

《欧洲语言共同参考框架：学习、教学、评估》（以下简称"欧框"）非常重视语言能力中的文化因素，重视培养和发展学习者的跨文化交际能力，并将其归入社会语言能力。对于这一能力的培养，欧框中的描述具体如表1[①]。

表1

阶段	具体描述
C2	熟练掌握各类成语、短语和俗语表达法，并熟知其中的内涵意蕴。 完全理解讲本族语的人说话所涉及的社会语言和社会文化内涵，并能得体应对。 在考虑到社会文化和社会语言差异的前提下，能在他/她的本族语和目的语间有效转换。
C1	能懂得更多的成语、短语和俗语表达法及其语体变化，但有时需要认真确认某些细节，特别是在对讲话人的口音不太熟悉的情况下。 能看懂使用了大量俚语和俗语的电影。 能在社会交往中有效、灵活地使用语言，包括情感表达、影射或开玩笑。
B2	在正式或非正式的语域中，表达自如，清楚和有礼貌，语言得体，符合特定的交际情境和当事人的身份。 即使说话者语速较快,严重口语化，也能勉强理解和参与小组讨论。 能和讲本族语的人保持良好的关系，不会听起来很可笑或无理，并不需要讲本族语者因为自己是外国人而特别对待。 能根据情境得体讲话，避免使用粗俗的表达。

---

① 欧洲理事会文化合作教育委员会编《欧洲语言共同参考框架：学习、教学、评估》，刘骏、傅荣主译，北京：外语教学与研究出版社，2014年。

续表

阶段	具体描述
B1	能用最常用的表达法讲话和应对非常广泛的语言交际活动，语体中性。知晓重要的礼仪规范，行为举止得体。 知道语言对象国家和自己国家在风俗习惯、态度、价值观、信仰等方面存在的主要区别，并能从中捕捉到相关预兆。
A2	能用所学语言说话，应对基本的语言交际，如交流信息、提出要求，或者简单地表达自己的观点和想法等。 能用最简单的日常话语进行简单、有效的社会交往，行为举止基本得体。 能应付简短的社会交际，会使用日常的接待和联系用语，会发出邀请、道歉，也会回应别人的邀请和道歉。
A1	会用最基本的礼貌用语进行最简单的社会交往，如接待客人、告辞、介绍，并会说"感谢、请、对不起"等礼貌用语。

从表1可以看出，虽然欧洲人与美国人在文化教学方面的理念不同，即欧框是将语言与文化密切结合，将运用文化因素的能力视为一个人的社会语言能力，美国的外语教学却是将文化教学作为语言教学中的一个独立的部分，但无论是美国的标准或是欧框，都非常重视文化教学，重视学习者对于文化不同层面内容的学习、理解与应用。

二、海外外语教学中"文化教学"的目标与需求

虽然海外外语教育的文化教学的内涵是多样化的，但在文化教学目标方面达成了共识：第一个目标是学生的认知发展，重点提供有关目标语言使用国家的信息；第二个目标是通过外语课提升学生的外语技能，重点是帮助学生深刻理解目标语国家的文化，

以便他们在目的语的环境中更得体地进行交流;第三个目标是要拓展学习者对其他国家和文化的认识。也就是说,"文化教学"的意义不仅在于增进学习者对目的语所在国文化的认识,其也可以作用于目的语学习,增强学习者的学习动机,提升学习者跨文化能力的培养。

我们分别开展了欧洲、亚洲、北美、拉丁美洲地区的部分国家的本土汉语教师需求调研,结果显示:无论是中小学汉语教师或是大学汉语教师,他们都希望加强当代中国与中华文化以及中华才艺方面的培训,但培训的侧重点却有所不同。如白俄罗斯本土汉语教师希望进行中国文化与中国国情、汉学、中国贸易与经济等方面的培训;非洲的中小学本土汉语教师则是希望进行中国儿童文学与儿童艺术方面的培训;北美中小学本土汉语教师则是希望结合以上所提的文化三角,进行中国文化的培训,同时,要加强中国文学(诗歌、民间故事、书法、写作)方面的培训;拉丁美洲地区则是希望加强当代中国、中国社会热点问题等方面的培训;欧洲本土汉语教师则是希望加强中国传统文化与当代中国方面的培训;东南亚国家本土汉语教师,尤其是新加坡的华文教师,他们希望加强中国文学史、唐诗宋词鉴赏、明清小说赏析、中国古代史、中国古代艺术、中国古典哲学、当代中国国情、现当代文学、中国与世界等方面的培训。

从以上需求我们不难看出,不管是哪个区域,都非常重视语言教学中的文化教学。但目前在汉语教学时基本以中华才艺教学为主,不同区域在"文化产品"教学内容方面有着高度的一致性,而在"文化实践"这一层面的需求差异是比较大的,有的地区更为关注当代中国国情与社会热点,而有的地区则更为关注文学与艺术。这也体现出了不同区域对于"文化教学"内容理解的差异。

三、如何提高汉语教材中的文化含量

以孔子学院为例，目前我国已在134个国家和地区建立了500所孔子学院、1000个孔子课堂，注册学员超过190万人，初步形成了多层次、多样化、广覆盖的格局。董学峰（2016）[①]对孔子学院的文化教学现状进行了研究，认为以孔子学院进修学生为例，多数院校的课程主要以综合课、口语、听力、写作等技能课为主，书法、太极拳等文化体验课为辅，语言教学在孔子学院教学中处于绝对优势地位。同时，目前大部分孔子学院的教学大多都停留在基础阶段，教材中的文化主要是展示与介绍性的，且大多为文化产品，文化实践与文化理念比较少，因此，文化含量比较低。针对目前海外汉语教材的现状，结合海外对于"文化教学"的目标与需求，我们认为应该从以下几个方面着力，提升海外汉语教材的文化含量：

（一）制订系统的文化大纲，指导教材编写

正如前文所论述的，文化教学分为不同的层面，且文化教学的目标是学生深刻理解目标语国家的文化，拓展学习者对其他国家和文化的认识，因此，针对不同的国别，制订国别化的文化大纲是提升教材文化含量的保障。而文化大纲的制订，则必须在所在国外语教育标准框架下进行。无论是美国的外语教育标准还是

[①] 董学峰《汉语国际推广存在的问题及对策》，《东北师大学报》（哲学社会科学版）2016年第1期。

欧框，我们可以发现，他们非常重视"can do"，什么是"do"，其所指并非只是学会词汇，学会语言形式，而是应该如何通过语言教学塑造学生的世界观，如何帮助他们更好地理解自己与理解目的语文化。他们都会谈到自我介绍、打招呼、待人接物、家庭和学校等，原因就在于这些话题本身就是文化，包括姓氏文化、礼仪文化、家庭文化、教育与校园文化以及所有与这些相关的社会文化，关涉文化产品、文化实践与文化观念三个层面。因此，我们认为汉语教学大纲的制订也应该适应外国的教育理念，同时，也要注意到与其标准中所提及的话题的匹配及文化的三个层面如何更好结合。

（二）在"同而不同"的话题中，融入不同层面的文化

在汉语教材的主题选择方面，我们认为应该更着重于"同而不同"。一是在话题选择时，应该更多选择所在国外语教育大纲中所建议的话题，关注与所在国文化"同而不同"的话题。以美国新泽西州《初级高等6—12年级汉语课程大纲》为例，大纲中列举了关于我的一切、学校生活、食物、庆祝活动、动物、绿色环保及温暖的家七个话题，这些话题对于每位学习语言与文化的人来说，都是必需的，是通用的话题。因此，我们建议在话题编写时，也尽量选用"同类"话题；二是由于第二语言教学的递归性，我们也建议通过不同水平与阶段重复使用相同的话题，反映出文化的不同层面与方面，让学生能够系统地理解中国文化。比如说"食物"，初级水平的教材中可以融入饮食词汇、餐具等文化产品学习，还有座次文化、饮食禁忌、节日饮食文化等文化实践及其体现的长幼尊卑有序的观念及"和"的理念，在中高级水平的教材中则可以融入饮食类成语、俗语、诗词、文学等文化产品及

其所蕴含的文化实践与"阴阳五行""天人合一"的哲学思想、"中和为美"的文化理念等。

（三）把文化内容通过阅读材料、课文导入、课堂活动、练习等方式呈现出来

根据海外汉语教师与学生的反映，目前适合海外不同年龄、不同层次、不同学习需求的文化教材及相配套的文化教学辅助资源非常缺乏。同时，由于课堂教学时间有限，因此，也应考虑运用所在国学生的语言，编写与教材相配套的文化阅读材料与教辅资源，为汉语教学中的文化教学提供资源支持；同时，设计一些有中国特色的课堂教学活动和有趣的课外文化活动，拓展课堂教学内容，为学生创造更多与中国文化接触与交流的机会。

（四）文化产业进教材

近年来，中国文化产业发展迅速，移动多媒体、数字出版、动漫游戏等新兴产业，推动了出版发行、影视制作、工艺美术等传统产业转型升级，产出了很多传播当代中国价值观念、体现中华文化精神、反映中国人审美追求的优秀作品。如果我们能够充分发挥信息时代的技术优势与媒体优势，把文化产业的成果运用于教材，消除学生与中国文化的距离感与神秘感，那么文化教学的效果也将得到更好的提升。

综上，随着汉语热的持续升温，海外汉语教学也将成为中华文化走出去的新兴力量。因此，我们希望通过行之有效的方式提升教材的文化含量，为汉语教学中的文化教学打下坚实的基础，同时，通过这些教材的教学，增进学生对于中国文化的理解，为中华文化走出去打开新的通道。

第二章

文化教学定位与文化教学内容

第一节 文化教学定位与教学内容取向[①]

文化教学是外语教学不可缺少的组成部分。但是,正如文化的定义难以取得共识一样,教材编入哪些文化内容也往往见仁见智。本研究取广义的文化定义,即包括历史文化、地理文化、制度文化、思想意识、艺术文明、民俗文化、交际文化,等等。据我们考察,现行几十部不同时期的语言类和文化类对外汉语教材中的文化内容之丰富,几乎涵盖了上述广义文化的各个方面。然而,将无所不包的广义文化内容都纳入对外汉语教学中,是否必要、可行?目的、效果如何?都还需要探讨。

近30年来,文化教学研究取得了丰硕成果[②]。即使从国际第二语言教学视野来看,也不乏原创性成果。如张占一(1984、

[①] 本节摘自李泉《文化教学定位与文化内容取向》,《国际汉语》2011年第1期。

[②] 卢伟《对外汉语教学中的文化因素研究述评》,《世界汉语教学》1996年第2期;周思源主编《对外汉语教学与文化》,北京:北京语言文化大学出版社,1997年;李晓琪主编《对外汉语文化教学研究》,北京:商务印书馆,2006年;张英《对外汉语文化教学及研究综述》,见《汉语研究与应用》(第五辑),北京:中国社会科学出版社,2007年。

1990)[①]提出的知识文化和交际文化的区分,以及由此引发的讨论,大大丰富和深化了第二语言文化教学研究的内涵。然而,以往谈及文化教学的定性、定位大都是从课程设置的角度,从语言教学角度进行探讨的不多,专门探讨文化内容取向的文章更是少见。本节拟结合当前国际汉语教学出现的新情况,进一步探讨文化教学的定位及内容取向。

一、文化教学的定性定位

(一)文化教学地位过于凸显

近年汉语走向世界步伐加快,文化教学的地位和文化的传播功能在舆论上得到较多宣传,有"淡化""矮化"汉语教学的倾向[②]。代表观点如:通过汉语国际推广推动中华文化走向世界,使它国文化认同中华文化的价值理念[③];又有流行的说法如"汉语教学是手段,传播中华文化才是目的",等等。然而这类目标很可能只是一厢情愿。

从外语教学的角度来看,汉语教学就是我们的根本目的。海外汉语学习者首先需要的是学习汉语。即使以学习和研究中国文化(汉学)为目的,首先也要学习汉语。掌握了汉语才能更好地了解中国文化。事实上,汉语学习和传播的过程,就是了解和传

---

① 张占一《汉语个别教学及其教材》,《语言教学与研究》1984年第3期;张占一《试议知识文化与交际文化》,《语言教学与研究》1990年第3期。

② 李泉《国际汉语教学学科建设若干问题》,见《第九届国际汉语教学研讨会论文选》,北京:高等教育出版社,2010年。

③ 李枫《对汉语国际推广的几点思考》,《光明日报》2009年12月21日。引自世界汉语教学学会网站2009年。

播中国文化的过程,只不过是以"润物无声"的方式来体现的,而这在我们看来恰是文化传播的最佳方式。

(二)文化教学应摆在第二位

外语教学首先是教语言,基本目标是培养学习者的语言交际能力。但是"由于某一民族的某一文化现象在这个民族语言里有所表现"[①],因此外语教学必须诠释语言里的文化现象,否则就不能很好地理解和运用这种语言。张占一(1990)[②]将文化分为交际文化和知识文化,前者指交际时能直接影响信息准确传递的语言和非语言的文化因素,后者指不直接影响准确传递信息的语言和非语言文化因素。这种区分是很有意义的。

就汉语作为外语教学来讲,所谓交际文化是指那些跟汉语的理解和表达密切相关的文化因素,包括隐含在汉语结构系统和表达系统中反映汉民族的价值观念、道德规范、风俗习惯、审美情趣、思维方式、行为方式等方面的文化内涵,它们体现在汉语的语汇、语义、语法、语用和汉字系统中,也体现在汉语交际过程及其行为中。这些文化内涵对汉语的理解和运用有着重要的作用,是汉语教学文化取向的主要内容,如与问候、打招呼、称呼、感谢、致歉、请求、拒绝、礼尚往来、宴饮聚会等语言交际活动相关的用语和身体语言。所谓知识文化是指社会历史、思想观念、书法绘画、园林艺术、文学艺术等广义的文化,它们与汉语本身及汉语交际不是直接相关的,因而不属于汉语作为外语教学的学科研究范畴。

---

① 吕叔湘《南北朝人名与佛教》,《中国语文》1988年第4期。
② 张占一《试议知识文化与交际文化》,《语言教学与研究》1990年第3期。

进一步说,交际文化是外语教学必须教授的,知识文化虽不是必须教的,但对语言能力的提高也有裨益。然而,无论哪一种,都是为培养和提高学习者语言交际能力服务的。因此可以说,在外语教学中文化教学是第二位的。

(三)汉语教学的优先策略

在汉语教学和文化传播关系问题上,季羡林(2000)[①]曾明确指出:"我们首先要送去的就是汉语。'射人先射马,擒贼先擒王。'汉语是'王'。中华民族的优秀文化大部分保留在汉语言文字中。中华民族古代和现代的智慧,也大部分保留在汉语言文字中。中国人要想弘扬中华民族的优秀文化,外国人要想学习中华民族的优秀文化,都必须首先抓汉语。为了增强中外文化交流,为了加强中外人民的理解和友谊,我们首先必抓汉语。因此,我们要奉行送去主义,首先送出去的也必须是汉语。"季先生的话值得我们深思和重视。越是想把中华优秀文化、价值体系传播出去,越是要汉语先行,越是要加强汉语教学本身的研究和学科建设;而不宜本末倒置,文化先行,那样很可能适得其反。因此,汉语教学优先策略应成为文化传播的重要策略。

(四)汉语教学的主体地位

目前存在着借助汉语教学来推广中华文化的意图。这当然无可厚非,事实上汉语教学确实能起到传播中华文化的作用。但是,汉语教学有其自身的教学规律,其承担的文化内涵是有特定要求的,其文化传播是有自身规律的。让汉语教学承担过重的任务,

---

① 季羡林《我们要奉行"送去主义"》,见张德鑫主编《对外汉语教学:回眸与思考》,北京:外语教学与研究出版社,2000年。

给予过多的寄托，效果可能适得其反。例如，蒋向艳和陈捷(2010)[①]指出："过多的中国文化介绍占据了大量的授课时间，致使汉语教学进度极其缓慢，在一定程度上打击了中学生继续学习汉语的积极性。因为他们感到没学到什么东西，没什么进步，很容易放弃。可见汉语课上过多地介入中国文化的介绍会搅扰学生对汉语本身的学习、记忆和运用。"两位作者认为："向法国中学生教授的是'汉语'，而不是中国文化。认识到这一点，才不至于花费大量时间和精力向学生介绍中国文化方面的东西，而忽略了法国中学汉语课程的真正目的：教学生汉语。"这里反映的课堂上"大讲中国文化"的情况，在当前海外汉语教学中有一定的普遍性，其实，我们的教师应该清楚：教授汉语本身就是教授和传播中国文化。

二、文化内容的取向

（一）总体原则与具体策略

对于以语言交际能力培养为目标的教材来说，文化内容取向和选择的总原则应该是：相关的语料符合外语教学的目标和教学规律，也即必须优先选择与外语理解和交际密切相关的文化，即交际文化；而不是包罗万象的知识文化内容。属于知识文化的内容，如社会历史、思想观念、书法绘画、园林艺术、文学艺术等，虽然不是不可选择的，但要注意适合学习者的目的语水平，并且

[①] 蒋向艳、陈捷《法国巴黎中学汉语教学状况及分析》，见《第九届国际汉语教学研讨会论文选》，北京：高等教育出版社，2010年。

要以语言教学优先策略和主体地位来衡量广义文化内容的取舍,同时要对相关语料进行可学性处理。

文化内容选择和呈现的具体策略,前人有过很好的论述,例如,李铭建(1990)[①]指出:文化介绍应改变面面俱到的大杂烩和旅游手册式的方法;重点应放在对当代中国人的介绍上;对文化的介绍应当注意不同地域、民族之间的对照。赵金铭(1997)[②]指出:文化取向应先认同,后找差异;应取双向文化的态度,介绍自己,亦应旁及他人;不宜褒贬,力避说教,毋需宣传,不能强施于人;不要迎合某些外国人好古猎奇的心理,力戒渲染消极文化;教材要立足于当代文化,立足于主流文化。这些意见很有见地,可视为文化取向的具体策略。

(二)文化取向的学习者视点

教材的文化取向不仅应站在教授者的立场上来考量,还应站在学习者的角度来考量文化内容的取向和选择。所谓学习者视点,是说在课文内容、文化内容和文化点的取向和选择上,应多从学习者的视角、从跨文化的角度来抉择,而不能完全以编教者个人的视点、爱好来衡量内容的取舍。

第一,在课文内容、文化内容和文化点的取向和选择上,要充分考虑中外文化的差异,考虑学习者的感受,考虑所选内容的实际教学效果。

比如,我们有教材介绍"刮骨疗毒"的故事,意在表现关

[①] 李铭建《中国文化介绍的取向》,见《中国对外汉语教学学会第三次学术讨论会论文选》,北京:北京语言学院出版社,1990年。

[②] 赵金铭《论对外汉语教材文化取向》,见陈恩泉主编《双语双方言》(第五辑),香港:汉学出版社,1997年。

羽的大英雄气概，可是有些学生的感觉却是血淋淋的、十分恐怖的。朱瑞平（2006）①曾指出："很多外国的年轻人看了有关中国的武打电影后，有一个基本印象就是，中国武术就是打人的，暴力是中国人解决问题的唯一手段。这完全是对中国武术的误解。"2008年7月，一位华人教师跟笔者讲道：在教法国中学生青海民歌《在那遥远的地方》时，学生不能理解：为什么愿抛弃了财产，跟她去放羊？为什么愿做一只小羊，跟在她身旁？为什么愿她那只细细的皮鞭，不断每天打在我身上？他们认为这是暴力、变态，不是爱情。这正如程棠（2000）②所指出的那样："有不少课文，中国人认为是容易理解的，而外国人不明白；中国人认为寓意深刻，而外国人觉得可笑；中国人认为是天经地义合乎情理的，外国人认为不合法；中国人认为是真善美，外国人则不以为然。"但是，也有例外，郭振华（1991）③在提到教材选文时指出："社会主义真的善的美的东西是完全可以大力宣传的，也会受到外国朋友欢迎的。"郭先生举例说，一位日本留学生读了"我们的同志在困难的时候，要看到成绩，要看到光明，要提高我们的勇气。"写道："这个句子，让我特别感动了，我想毛主席的文章有鼓舞人的力量。"可见，如何才能让异文化学习者能够真正理解我们认为值得教的某些文化现象，而又不至于造成误解或曲解，是教材编写必须加以考虑的，而这其中"学习者视点"

---

① 朱瑞平《汉语国际推广中的文化问题》，《语言文字应用》2006年第S1期。
② 程棠《对外汉语教学目的、原则、方法》，北京：华语教学出版社，2000年。
③ 郭振华《中级阶段对外汉语教学的几个问题》，见国家对外汉语教学领导小组办公室教学业务部编《中高级对外汉语教学论文选》，北京：北京语言学院出版社，1991年。

的介入是必不可少的。

第二,教学内容应与语言教学的水平相适应,与学习者目的语学习的真正需要相适应,与文化因素教学和文化知识教学的服务性相适应。编写各类知识文化教材有个先决条件,或者说是一个硬性的原则,即教材的语言难度要适合学习者的汉语水平,要做到通俗易懂。

遗憾的是,目前教材的通病正是难度过大,难以阅读。比如某本1994年出版的《中国文化》,作者说这本书"适合二年级外国留学生使用。一年级第二学期亦可视情况试用"。其内容包括中国地理概况、古代神话、汉字、少数民族、四大发明、石窟艺术、古代历法、陶瓷、烹饪、古代建筑、古代诗歌、中国画、书法、中医药等专题。但据我们的教学经验,即使是三、四年级留学生也会因难度太大而无法使用该书。

周小兵等(2010)[1]运用词汇等级统计分析等量化手段,系统考察了九部汉语文化教材,结果发现:"语言太难是中国文化教材的通病之一,也是难学难教的重要原因"。这证实了我们的经验观感。我们认为,"太难"的原因可能是介绍得太专业、太深入。可是,似乎不这样介绍就失去了相关文化的"原汁原味"。而有一些专业性强的知识文化,如书法、中国画、医药学等,似乎也较难通俗化。因此,究竟要不要编写这类教材,如何增强其通俗性和可学性,编写目标、原则和策略是什么,都值得研究。

---

[1] 周小兵、罗宇、张丽《基于中外对比的汉语文化教材系统考察》,《语言教学与研究》2010年第5期。

（三）语言类教材文化内容取向

近年出版的汉语教材，文化内容的取向从总体上看已突破了以往以古为主的倾向，而是越来越贴近当代中国社会的现实问题，展示当代中国的社会风貌和人民的生活现状。当然，这类"现代化"的教材中也不乏少量的"涉古文化"和"名家名篇"，但大都选择和处理得比较好。事实上，诸如涉古文化（如端午节、古今价值观）等，当然是文化内容的一类取向，只是不要太多、不要太细，并且应涉及其发展变化，要联系当今现实状况。

事实上，包括这类整体上较好的教材在内，其中的课文也还包括诸如"国宝大熊猫""藏羚羊""可可西里""长角苗和生态博物馆""楼兰古国""沙漠里的奇怪现象""祥林嫂""武则天""张良捡鞋的故事""忠告烟民"，等等。虽然没有绝对的理由表明这类内容不能选编为课文，但它们可能给一些学习者造成的印象或带来的效果是：炫耀（如国宝大熊猫）；猎奇（如可可西里）；少见（如长角苗、沙漠里的奇怪现象，甚至永远也见不到，如楼兰古国）；离现实太遥远（如张良、武则天）；让人反感（如忠告烟民，其实这种说教对不吸烟者来说一点意义都没有，甚至还会让他们产生"烟雾缭绕"的不快联想；而对吸烟者来说，他们不会因为编教者的忠告而戒烟，甚至会认为吸烟也是吸烟者的权利）。可见，文化内容的选择不仅要贴近现实，还要考量所选内容可能带来的实际效果。

（四）文化类教材内容取向

文化类教材的内容取向应采取柔性策略，即以当代文化和主流文化为主，但不宜绝对化①。这是因为，文化是一种历史积淀，有延续性和发展性，许多情况下古代文化跟当代文化不容易截然分开，如"敬老"的传统，"家乡"观念。而主流和非主流有时也不是泾渭分明的。即使能分出主流与非主流，也不能说所谓非主流文化就不是教材的选择对象。例如，相对于儒家文化来说，老庄哲学所代表的道家文化影响没有那么大。但无论从老子和庄子的思想本身，还是从中国文化史的角度看，道家文化都应成为教材内容的选择取向。

因此，"纯文化"类教材，文化内容的取向不宜绝对化，既可以是古代的，也可以是现代的；既可以是主流的（如儒家文化），也可以是非主流的（如风水、面子）。只要学习者有需求、有兴趣，就可以编入教材。

三、小结

针对近年来出现的过于强调汉语教学中的"文化教学"和"文化传播功能"的新情况，本研究强调在国际汉语教学中，应坚持汉语教学的优先策略和主体地位；应遵循汉语作为外语教学的基本原理；应明确文化教学为语言教学服务的性质。

在此基础上，讨论了文化内容取向的原则。总的观点是，文化内容取向应该符合外语教学的目标和教学规律，必须选择与外语理解和交际密切相关的文化，而不是包罗万象的文化内容。语

---

① 李泉《文化教学的刚性原则和柔性策略》，见李坤珊主编《留学生在华汉语教育初探——汉语作为第二语言习得研究》，北京：北京大学出版社，2008年。

言类教材应该重今薄古,主要教授交际文化,展示当代中国社会风貌;文化类教材对古今文化、主流与非主流文化,宜采取有倾向性但不绝对化的柔性策略。

第二节 对外汉语教学的文化学思考①

对外汉语教学不仅仅是纯粹的语言教学,它应该与文化教学紧密联系起来。这似乎已在对外汉语教学界形成了共识;新版的对外汉语教材也在这方面做了大量的工作。但事实上,我们在理论探讨、教学实践,甚至教材编写中,对这个问题的认识还有不少模糊之处。

一

在对外汉语教学界,20世纪八九十年代曾有过语言与文化、语言教学与文化教学关系的热烈论争。论争虽无明确的定论,但多数学者认为,语言教学不能脱离文化教学,对外汉语教学应包含文化因素的教学,课程体系中还应该有一定比例的文化知识课;同时,也强调了汉语的语言"基础教育"性质,认为本科高年级仍然属于基础阶段②。这一主流观点有效地遏制了以文化教

---

① 本节摘自邓时忠《对外汉语教学的文化学思考》,《云南师范大学学报》(对外汉语教学与研究版)2006第4期。

② 刘珣《对外汉语教育学引论》,北京:北京语言文化大学出版社,2000年。

学代替语言教学,把对外汉语教学定性为"对外汉语文化教学学科"等偏向。但是,主流舆论也忽视了这样一个问题:在基础阶段的教学中,既然文化因素的"有"已经是学界的共识,那么我们要关注的就不再是其文化因素的"有"与"无"问题,而应该把注意力集中在"如何有"的问题上。由于对这个问题的重视不够,研究不深,因此在目前的对外汉语教学中,仍然存在教师文化自觉意识不够和教学方法不当等问题,教材编写也多多少少存在这方面的缺陷。

从课堂教学看,不少学校专门开设了文化知识课、中国国情课或者中国文化讲座,但这类课程多半是以介绍中国文化背景常识为主,而且往往用英语或留学生的母语讲授。这一类知识对学生的实际语言交际能力训练作用不太大。至于涉及语言交际本身的文化知识,只能在语言课教材中体现出来。先不说教材编排的问题,就是教材中特别给出的交际文化知识内容,有的教师也未能有意识地突出其交际文化意义。还有,教材中的生词和课文注释,因为篇幅所限,不可能把其包含或涉及的文化含义一一说清楚,这就要求教师充分吃透教材内容,再向学生讲解。但有的教师讲生词,教材给多少自己讲多少,没有利用教材留出的空间充分发挥自己的作用。据一组调查显示,对外汉语一年级本科留学生中,只有46%的人说其文化知识来自汉语课本,42%来自和中国人的交往和看电视,10%来自看母语的书,而没有人说来自文化课[①]。可见,我们的对外汉语教

[①] 吕俞辉《论本科教学初级阶段文化教学的必要性和相关问题》,《语言学与应用语言学研究》(第一辑),北京:中国社会科学出版社,2005年。

学的课堂教学和教材对目的语文化的重视是不够的，而且这个现象还十分普遍。

在教材方面，不少新版教材在处理语言材料与文化内容的关系上，在引入文化因素的手段和方法上都做了很大的努力，例如北京语言大学出版社2005年出版的《发展汉语》、北京大学出版社出版的短期教材《新概念汉语》等，以及一些老教材的修订本，都增加了中国人日常生活中语言交际素材的分量，让学生通过学习，了解其文化内涵，并能运用于自己的交际实践。但是，也应该看到，即使一些编排不错的、比较受欢迎的教材，也往往有削足适履的地方，如有些对外汉语教材注意从西方人的视角来编写，把活生生的语料加以裁减，以适合留学生学习；有的教材以留学生在中国的生活与学习为线索，用留学生口吻讲述在中国的所见所闻，人物和范围都很有限，而且往往按照外国人容易理解接受的方式来描述，似乎成了一套游离于中国人真实生活的"中介汉语"。流行的对外汉语初级教材普遍的打招呼和见面用语都是"你好""认识你很高兴"一类的翻译腔，而非地道的汉语。甚至有人把西方文化作为标准，撰文说若不按照西方人习惯，就是不尊重别人；说中国人常用的"吃了吗？""上哪儿去？"等招呼语反映了经济和文化的落后等等。

由上简单的叙述，我们已经可以发现对外汉语教学领域的从业者在文化教学方面存在的问题。事实上，对外汉语教学应该蕴涵有比母语汉语教学更深的文化学内容。这应该引起我们足够的重视。

二

对外汉语教学蕴涵有比母语汉语教学更深的文化学内容,首先是由学习者的文化背景差异所决定的。

各国各民族的语言文字,由于人们大脑的生理结构、心理功能、思维活动,以及社会文化生活的一些基本需求的近似,在语音、语法、词汇、修辞,以及词类的区分和对语言功能的认识等方面都存在着大量同质化的东西。这是人类可以通过习得和学习掌握其他民族的语言文字的客观基础,也正是对外汉语教学得以顺利进行的前提条件。然而,各民族语言还有许多不同于其他语言的独特的东西存在,正如当代德国语言学家魏斯格贝尔所言,从群体来说,语言是一个群体的文化财富和精神力量,这种力量决定了人类历史的发展。从个体来说,一个孩子从出生之日起,就进入了民族语言流,他的母语决定了他一生的精神格局和语言行为。因此,对于一个民族来说,语言绝不是简单的交际手段。语言的这种精神与文化的内涵,使语言与语言之间在结构上的差异具有巨大的哲学、文化学、美学甚至法学的意义。我们可以把每一种语言都视为人类观察世界、认识世界的一条途径。人类可以从不同的角度、使用不同的方法去观察世界、认识世界。如果说语言仅仅是工具,仅仅是可以做技术分析的形式,看不到语言形式的文化规定性,看不到语言与民族精神的结构通约,我们就无法深刻地把握语言的本质,我们就失去了一条通向民族文化心理结构、通向民族心灵深处的重要途径[①]。

[①] 申小龙《汉语与中国文化》,上海:复旦大学出版社,2003年。

外国留学生一般都是成年人，他们是带着其母语文化的深刻烙印来学习汉语的，必然有一个排除母语文化所决定的"精神格局和语言行为"干扰或"负迁移"的过程。在此过程之中，他们所接触到的每一个语言问题都可能转化为文化问题。因此，与母语教学相比，对外汉语教学的文化学内容的突出是显而易见的。

其次，对外汉语教学蕴涵有比母语汉语教学更深的文化学内容，是由汉语的人文特征所决定的。

汉语是一种具有人文特性的语言，其特征主要在于其语言结构和文化结构之间存在着同构关系。如申小龙所言："汉民族从不把语言仅仅看作一个客观、静止、孤立、在形式上自足的形象。而把语言看作一个人参与其中、与人文环境互为观照、动态的、内容上自足的表达与阐释过程。正因为如此，在汉语的分析和理解中，人的主体意识有更多的积极参与。"[1] 汉语的人文特性，主要体现在汉语的哲学基础、汉语表意的文化特征、独立的汉字体系及其所承载的文化信息等，都是其他语言所没有的非同质化因素。仅以汉字为例，其意象结构体现了汉民族文化的丰富内涵，是历史文化长期积累的产物，每个字都有音、形、义，不仅词义丰富，而且表达精练，书写优美，在民族文化的发展与阐释中发挥着其他文字无法起到的作用。

对外汉语教学课堂是中外语言文化接触和碰撞的一个典型场域，汉语的人文化特征会在这个场域里集中地表现出来。这势必对留学生提出了汉语学习与文化学习同步进行的要求。如果我们的对外汉语教师缺乏文化学意识，就可能在教学中忽视汉语独特

---

[1] 申小龙《汉语与中国文化》，上海：复旦大学出版社，2003年。

的人文特征和价值,不能让学生在语言学习过程中真正理解汉语的文化内涵,以至于使学生不能在跨文化交际中得心应手。比如,讲"青睐"一词,在最近的对外汉语高级教材《发展汉语·高级汉语听力(上)学生册》第76页里的解释是:比喻喜爱,看得上,重视。但什么是"青",什么是"睐",需要教师结合汉语的文化内涵解释其原义,否则即使知道了比喻义,学生还是搞不太懂的。类似的词语,其汉语文化色彩十分突出,教师必须突破教材的限制,注意到其中的文化学内容。

第三,对外汉语教学蕴涵有比母语汉语教学更深的文化学内容,是由留学生学习目的所决定的。

俗话说,兴趣是最好的老师;教育心理学也认为,持久的学习动力往往来自于浓厚的学习兴趣。留学生很多是怀着了解中国文化的强烈愿望来中国学习汉语的,中国文化是他们的兴趣所在。他们有的是对中国人的服装感兴趣,有的是对中国的民俗好奇,有的则想了解中国的京剧,有的是被中国的美食所吸引。有一个法国学生告诉我,他就是因为在中国留学生家里吃过一次川菜,一直对之心向往之,所以慕名来成都学习汉语。据我对所教的近百名留学生的调查,90%以上是冲着神秘的中国文化而来,即使光为学习语言而来的学生,汉语汉字所蕴藏的文化因素也是吸引他们的重要原因。一般来说,语言学习是枯燥乏味的,汉语尤甚。留学生之所以能忍受那些翻来覆去的语音语调练习、艰难的词汇记忆和汉字训练,就是因为汉语承载了丰富的中国文化内容,要了解中国文化就得首先学习汉语,他们都期盼某一天能掌握汉语,用这把钥匙打开中国文化神秘的大门。

由于上述原因,我们应特别强调对外汉语教学的文化学意识。

留学生母语文化背景的影响和汉语的诸多人文因素的隔膜,似乎为他们的汉语学习形成了一道天然的屏障。对很多把汉语作为母语的中国人来说可能习焉不察的语言现象,对留学生而言都是一个个的文化障碍。对外汉语教学的重要任务之一,就是要打通文化隔膜,清除学习障碍。汉语的文化学意识是我们的教师和学生都须臾不能丢失的。不然,对外汉语教学的教师就只能成为一个单纯的语言技能传授者,学生也只能停留在浅层次的语言交流上,不能走进中国人活的语言文化环境之中,成功地进行文化交际。因此,我们所谓的"对外"汉语教学,不是仅把那些同质化的东西通过翻译一一对应地教给学生。当然,不可否认,运用有效的手段把可以对等翻译的语言知识教给学生,并使学生尽快地运用到交流实践中去是很有必要的。但我们更应该有意识地注意那些非同质化内容的教授,千万不能满足于制造一套便于学生学习的类似中介语的"对外"汉语来应付一时之需,而要把文化教学贯穿于对外汉语教学过程的各个环节。

三

我们在强调对外汉语的文化学意识的同时,也不能不注意到汉语的文化学价值正在丢失这样一个事实。

一个多世纪以来,随着西方语言观的渗透,汉语不断在向工具化、符号化和科学化发展。20世纪初,钱玄同主张废除汉字,胡适也喊出过"汉字不废,中国必亡"的口号。后来,汉字改革一直是中国文字改革的主流:1935年南京国民政府公布第一批简体字表,第二年废除;1955年中国文改会公布《简化汉字方案草稿》，次年审议通过。两年后发表的《简化汉字表》，成为我们今天大陆书写汉字的基础。1977年又公布了《第二批汉字简化方案》，后来因字形过于简单被废除。

本来，汉语言文字就其使用时间之长、覆盖范围之广和使用人口之众，成为世界上首屈一指的语言文字体系，是人类共同的宝贵文化遗产。但历史上曾经普遍使用汉字的朝鲜半岛、日本、越南、东南亚部分地区，如今汉字都逐渐被取代，汉语的使用范围一再缩小，同时，汉语的人文化特征也在弱化，汉语理论出现一些脱离汉语言文化环境和交流实际的东西，汉语已大幅度地偏离中国传统的语言文化观。随着新一轮西学东渐之风的吹袭，人们越来越习惯用微机处理、记录语言，加上网络语言的简化等，汉语的人文特征又被进一步地剥离、丢失。汉语已经在向一种"中介"性的系统发展。如果我们在加强对外开发和交流的同时，不意识到这个问题，而进一步地迎合汉语西方化、"中介化"的趋势，那只能越来越减少汉语的人文化特征。其实，抛弃汉字会使社会出现知识、哲学和思想的贫困，这样的认识也许会被某些国人称为夸大其词，但在韩国，这已经成了不少学者的共识。这应当引起我们的警惕和深思。

当然，在新一轮中西文化交流碰撞到来的全球化时代，民族文化价值也在被重新认识。就汉语而言，一方面其文化个性有丧失之虞；另一方面，其民族特色和长处又备受关注。因此，要求重新认识汉语的文化价值的呼声此起彼伏，要求进一步简化汉字的声音已经减弱，在知识界甚至不时会听见恢复繁体字的呼声。不少对外汉语教师也在教学中感觉现存的语法规则受西方语言理论影响，不能满足汉语教学需要——如词性的划分，句法结构的规则等等，希望建立新的语法学体系；有留学生提出学习方言、了解地方文化的要求。诸多迹象说明，现在正是正本清源，恢复和强化汉语的文化个性的大好时机。

在对外汉语教学当中，如果认为所谓的"对外"，不过是简单地对外国人讲授汉语，训练他们的语言技能就够了，那是不行的。可我们的不少对外汉语教学工作者并没有意识到这一点，他们对对外汉语教学的理解，往往是按照现存的语言教材，把已经理论化、西方化的东西教给外国学生，让他们在听、说、读、写各方面达到相应的技能等级标准。至于学生在学习过程中遇到的文化问题，往往用"这是中国人的习惯"等话搪塞过去。

我们知道，对外汉语教学的一个核心任务，就是要培养学生的跨文化交际能力。因此，在新的历史条件下，汉语的文化学内涵不是要继续减弱，而应该是日益突出和增强。对外汉语教学专业教师和学者，都有责任思考我们如何从文化学角度建立对外汉语的文化观和语言观等问题，并在教材编写、教学实践和课题研究中把汉语文化学的思想贯穿始终。当然，我们也不是要把汉语的异质文化因素强调到不合理的程度，而是要把它们深入浅出地融入语言知识的教学过程当中，才能使学生不仅听、说、读、写等能力迅速提高，还能在文化交际能力方面得到加强，使对外汉语教学更好地起到跨文化交际的作用。

总之，我们的对外汉语教学不能成为贬损汉语人文特性的助力器，而应该是吸引外国人前来了解中国文化的窗口。鉴于此，始终保持文化学意识，是每一个对外汉语教学工作者应尽的职责。

第三节　汉语言的文化特性[①]

关于对外汉语教学中的文化内容教学，如文化因素的发掘、文化差异、知识文化与交际文化、跨文化交际、语言与文化关系、文化导入、文化教学、文化教材编写、文化教学的原则与方法，等等，学界已经展开过热烈的讨论并在许多问题上达成了共识。其中文化内容的导入又可以分为直接介绍和间接导入两类。直接介绍就是向学习者阐述比较典型的中国文化现象，比如"古代的天人观""阴阳和风水""老庄哲学""中国的园林艺术""书法与篆刻"等；间接导入一般通过涉及中国文化内容的课文或话题开展学习和讨论，使学生在学习汉语表达的同时理解中国特有的文化内容。

在语言教学中注入文化内容，是可取的办法；汉语教材中的文化内容，无论是直接介绍还是间接导入，通常都围绕着汉民族的历史演变、地理环境、价值观念、是非取向、衣食住行、风俗习惯、审美情趣、道德规范、生活方式、思维方式、交际方式等方面的文化内涵，其中不乏中国传统文化，但更多的是处在发展变化之中的当代文化。

在汉语教学中人们比较关注的是显性的文化义，比如所谓的文化词语，像"科举、端午、儒家、天坛、胡同、高考、支书、政协、离休、房奴、天人合一、独生子女……"这类词语明显含

[①] 本节摘自周健《字、词、节律中的隐性文化初探》，见《第十届国际汉语教学研讨会论文选》，沈阳：万卷出版公司，2012年。

有中国文化的印记,都属于显性文化义词语。本节关注的则是一种非显性的文化现象——隐藏在汉语字词中的文化内涵。比如汉字、词语的形、音、义和结构组合方式所蕴藏的文化内涵等。语言本身的隐性文化义指的是字与词在特定的社会文化背景下所获得的反映一个民族的生活方式、风俗习惯、文化背景、价值信仰、思维方式等诸多文化因素的隐含义。对隐性文化义的揭示能够帮助学生在更深的层面理解汉语、认识汉语,把握汉语,提高汉语运用能力。

一、汉语本身的隐性文化

课文是汉语教材中展示中国文化内容的最主要的形式,让学习者在学习语言的同时了解中国文化,是一举两得的事情,因此几乎所有的教材都很重视文化内容的课文选编。有的教材是直接介绍中国文化,如《汉语文化双向课程》中的课文:"历史文化名城——北京""中国的阴阳和风水""天坛的建筑有象征意义""古代中国人的天人观""中国的园林艺术""老庄哲学"……但更多的教材采用间接导入的手段来介绍中国文化,就是把中国文化的内容融入故事或交际话题中。此外,还有一些教材设置了"文化知识""你知道吗""小知识""文化角"等栏目,用汉语、外语或双语介绍比较典型的中国文化知识。

本研究关注的是汉语形态本身的文化,也就是隐藏在汉字、词汇、语音节律等内部的不易为人察觉的文化现象。

(一)汉字中的文化

汉字中隐含的文化现象十分丰富,目前汉字教学的内容通常局限在汉字的形、音、义以及汉字的构词方面，如果能结合汉字的形体（尤其是古代字体）进行深入的解析，我们就可以发现汉字中蕴涵着大量中国古代的文化信息。内容包括汉先民的衣食住行、意识形态、思维方式、经济活动、自然环境、婚嫁繁衍、家族宗法、人体生理、疾病健康、日月星辰、动物植物、数理艺术，等等。这里仅举数例。

好："好"字为什么由"女+子"组成？这个问题能引发学生的兴趣，他们的猜测包括了四种答案：女子即女人，女人为好；男女结合为好；女子即子女，有子有女为好；女子为母子，女人生育为好。究竟哪种解释符合造字的本义呢？甲骨文给出的是第四种答案。

册、典、删："册"就是古代的书，中间的竖线表示写了字的竹简，中间的横线是把竹简编串成册的皮绳；"典"字，甲骨文的字形是两只手捧着"册"，表示这是最重要的书或文献，如法典、经典、字典、词典等，引申为准则、制度、法则等。"删"是"册"的旁边加上一把刀，古代在竹简上写错了字，不容易擦去，就用刀刮掉，这个会意字表示删除、去掉的意思。这几个字反映了古代的书写文化。

酒、酣、醉、酗：中国古代很早就会酿酒了，甲骨文的"酒"字有多种写法，右边的酉就是一个酒罐的形状，后来左边加上三点水，表示液体。"酣"，右边一个甘甜的甘字，表示饮酒恰到好处。《说文解字》："酣，酒乐也。"醉，也是爱饮酒的古人追求的一种境界，"有饮辄醉""一醉方休"，但醉酒容易乱性，应当小心。《说文解字》推崇的是："醉，卒也。卒其度量不至于乱也。""酗"，右边一个"凶"字，表示饮酒过量，失去理智，"怒而凶虐",就是饮酒乱性了。这些字生动反映了中国古代的酒文化。

娶妻:娶妻在古代写作"取妻",如《诗经·豳风》"伐柯如何?匪斧不克。取妻如何?匪媒不得"。"取"字由左耳、右手合成,远古征战,打死敌人或野兽,割取左耳以记功。取妻就隐含着古代抢婚的遗俗。再看"妻"字,下方是一个"女"字,上边是女人的束起的头发,中间是一只右手的形状,表示伸手抓住女人的头发,被抢的女子成为妻子。"妻"的甲骨文写法是 ∦(佚一八一),手抓女人头发的形象很清楚。而"奴"字也是手抓女人的形状,说明妻与奴地位相近,生动表现了古代男尊女卑的社会地位。

汉字以形声字为主体,利用形旁(如氵、艹、钅、木、扌、辶)提示粗略的意义分类,用声旁提示准确的或相近的读音,这种造字方法可以滋生大量的汉字,同时也体现了汉民族认知世界、给万事万物进行分类的文化意识。

拆字释义可以提高汉字教学的趣味性,例如当代提倡"和谐"社会,有人分析这两个汉字:"和",拆开是"口、禾",就是人人有饭吃;"谐",拆开是"皆、言",就是人人都能讲话。大家都有饭吃,生活好,加上言论自由,那就是和谐社会。又如担任过浙江大学校长的竺可桢,见联欢会节目单上有"校长训话十分钟"一项,竺可桢在"训话"时说:"训字从言从川,信口开河也。"众人哄笑。高仕锁更名为"高士其"时曾解释道"去掉人旁不做官,去掉金旁不贪钱"。鲁迅的"且介亭文集"(半"租界")、老舍的名字"舒舍予",都用了拆字手法。在北京三里河有一家饭馆就叫"鱼羊为鲜酒店"。拆字联如"二人土上坐,一月日边明""鸿是江边鸟,蚕为天下虫"。拆字释义更多地用于占卜算命、对联、文字游戏（如字谜）等方面，训释说解虽然未必是汉字造字的本义，但利用拆字来巧妙揭示文化含义的做法，一定能引起外国学习者的浓厚兴趣。

（二）词汇中的文化

词义所揭示的文化多为显性的，如胡明扬（1993）[①]所概括的文化词语："（1）受特定的自然地理环境制约的语汇，如'梅雨、梯田'；（2）受特定的物质生活条件制约的语汇，如'馒头''旗袍'；（3）受特定的社会和经济制度制约的语汇，如'同志''支书'；（4）受特定的精神文化生活制约的语汇，如'克星''冲喜'；（5）受特定的风俗习惯和社会心态制约的表达方式，如谦辞、敬语等。"面对典型的汉文化词语，如"儒家、阴阳、端午、旗袍、五行、红娘、科举、忠孝、龙凤、外子、令郎、泰斗、阿Q、离休、高考、知青、文革、开放、民生、二奶、农民工、户口、农转非、啃老族、房奴……"一般教材都会加以说明和讲解，但对构词层面所隐含的文化内容，就很少有教材涉及。

比如，汉族先民把较高的木本植物通称为"树"，再区分为"杨树、榆树、松树、柏树、柳树、槐树、桑树、梓树、李树、桃树……"，前后字体现的是区别性修饰语和本质的关系；如果观察一棵树，我们可以分出"树干、树枝、树叶、树皮、树根、树冠、树杈……"，前后字体现的则是整体和部分的关系。如果把核心字"树"换成"鱼、牛、马、羊、狗、鸡、车、笔、书、门、山、水、花、桌、椅……"同样可以得到一大批同素（分别在前或在后）名词。这些名词如

---

① 胡明扬《对外汉语教学中的文化因素》，《语言教学与研究》1993年第4期。

果译成英文词，几乎完全没有共同的语素形态。粗略地说，语言中的一个词就是一个概念，就是一次概括。从同素词群的构成我们不难发现汉民族善于概念归类的特点，类型化认知世界就是汉民族的一种思维方式。如果教材向学生揭示了这一汉语词义网络的特点，学习汉语词汇的时候就容易做到举一反三、事半功倍。词汇的概念归类方法是跟汉字的形旁示类方法一脉相承的。

我们再来看汉语双字词的字序中所隐藏的长幼尊卑的文化观念，比如：叔侄、父母、姐妹、师生、天地、日月、龙凤、国家、夫妻、君臣、男女，等等，这些词是绝不可能倒过来说的。有些词的字序体现了积极性的在前、消极性的居后的顺序，如：文武、大小、高低、深浅、左右、优劣、好坏、强弱、贵贱、难易、主次、成败、得失。如果学生能对字序保持敏感，就能体会到汉语词汇中男尊女卑、长幼有序、等级森严的传统文化。

再如量词，一般教材只讲到汉语量词丰富，量词跟名词搭配选择比较固定，实际上量词本身就具有文化意蕴。比如不同的动物使用不同的量词：一口猪、一头牛、一匹马、一峰骆驼、一尾鱼、一羽信鸽。是因为抓住了这些动物的外部形态中最引人注目、最有代表性的部分，如猪的嘴、牛带角的头、马鬃毛光滑如丝绸、驼峰、游鱼摇曳的尾部、鸽子的光亮羽毛等来描摹动物的特征。有时同一事物可以用不同的量词，比如"一颗子弹、一粒子弹、一发子弹"。"颗、粒"做量词表现的是子弹的微小特征，而"发"做量词表现的是子弹发射的动作特征；又如"一片云、一朵云、一缕云、一抹云"。不同的量词表现了不同形状的云彩。再如"一场雨、一阵雨"。下雨既有空间特征，也有时间特征，"场"用来表现空间，"阵"用来表示时间。很多时候量词是可以换用的，如书的常用量词有"本、册、卷、部"等;墙的量词有"面、堵、道、垛、座"等,描摹船可以用一条小船、一艘小船、一只小船、一叶扁舟等。事物并没有区别,但选用不同的量词就可能带有不同的表义侧重和不同的韵味感受。不同的量词还带有褒贬色彩,比如"一群人"(中性)和"一伙人"(贬义);"一位"(褒义)和"一个"(中性)。量词具有形象功能,能增添所描摹事物的形象,如"一笔账、一轴画、一台戏、一局棋、一节课、一乘轿、一瓣蒜、一顶帽子、一尊佛像、一宗案子、一袭长裙";量词的模糊性也能给人带来许多美感,如"一泓海水、一寸光阴、一席话、十年书、三分努力、一段香、一抹微云、一丝寒意、一缕炊烟、一线希望、一簇鲜花、一团和气、一帘幽梦、十里春光、万顷波涛";"一点点雨间着一行行凄惶泪,一阵阵风对着一声声愁和气"(元代南戏·《拜月亭》);"点点滴滴在心头"……其中有的是模糊义量词,如"泓、抹、簇、团",有的是精确义量词,如"寸、年、里、顷",有的是重叠量词,但它们与抽象名词或不可数名词搭配的结果都是一种模糊的表达,恰恰是这种模糊的表达体现了汉语的审美情趣。

一些非字面义的词语,常常困惑着外国学习者,我们可以通过跟普通词语的对比来揭示其文化义,比如"踢皮球"(对比:踢足球)、"戴高帽"(对比:戴草帽)、"二百五"(对比:三百五)、"小两口"(对比:两小口)、"眼红"(对比:眼睛红)、"小白脸"(对比:脸色白)、"一点小意思"(对比:一点没意思)、"心腹"(对比:心脏)、"手足"(对比:手脚)、"开绿灯"(对比:开大灯)、"泼冷水"(对比:泼水)、一刀切(对比:切一刀)。还有兼有本义和比喻义或引申义的词语：毛毛雨、大气候、花架子、菜篮子、豆腐渣、大锅饭、剃光头、刮胡子、吹喇叭、挤牙膏、打擦边球……

有一些从字面看属于非文化词语，细察也能发现其中的汉文化积淀。比如"东北、东南"，（对比英文 northeast, southeast），就能发现汉人崇尚东方（日出方向）的意识；再如在文章中常常出现的"我们"，作者只有一人，但为什么不说"我认为"，而要说"我们认为"呢？体现的是中华文化不张扬个性、谦虚谨慎的意识。又如"知识分子、农民、喜鹊、猫头鹰、龙、狗、牛、梅花、松树、年月日……"这些一般词汇中都蕴涵着与其他文化含义不同的汉文化因素，都属于"非显性文化词"。在教材和教学中容易被忽视。

即使是普通词语，也可能存在语用文化的问题。有一次，一位韩国学生问我："老师，我想找您谈话，您下午有时间吗？"还有一位留学生赞扬我说："老师，我很欣赏你的讲课。"在听到这种表达之前，人们很难意识到像"谈话、欣赏"这样的普通词语，也隐藏着语用文化（对上？对下？）问题。

（三）语音节律中的文化

长期以来，汉语语音中的文化一直没有得到应有的重视。汉语的音节结构特点，声调、重音、停延、节律等都蕴涵着文化特点。

比如，汉语的同音字多，谐音现象的文化内涵就特别突出。赵金铭（1987）[①]曾就语言与文化的关系把谐音分为9项：（1）言谈中的谐音，（2）诙谐语中的谐音，（3）民风、民俗及绘画中的谐音，（4）地名、姓名中的谐音，（5）音译外来词中的谐音，

[①] 赵金铭《谐音与文化》，《语言教学与研究》1987年第1期。

(6) 跟汉语方言有关的谐音，(7) 诗歌、歇后语中的谐音，(8) 误听中的谐音，(9) 避忌语中的谐音。

谐音的运用，很早就开始了。《诗经·桃夭》："桃之夭夭，灼灼其华。"后来用"逃"换"桃"，"夭夭"谐"遥遥"。用"逃之夭夭"来形容仓皇逃窜。南朝民歌中更是大量运用谐音双关的手法，如"明灯照空局，油燃（谐"悠然"）未有棋（谐"期"）"，"雾露隐芙蓉（谐"夫容"），见莲（谐"怜"）未分明"。至今人们常说"连年有余（鱼）、岁岁（碎碎）平安"，喜欢数字168（一路发）、99（久久），回避分梨（分离）、送钟（送终），讽刺"向钱（前）看、攻官（公关）、宴（验）收、美丽冻（动）人"等，都是借助了谐音双关。当今网络上追求语言新异的网民更是大量创造了诸如"驴友（旅友）、杯具（悲剧）、围脖（微博）"等谐音词语。商界也大量采用同音换字的广告手段，如"四季沐（牧）歌［热水器］、胃（喂）！你好吗？［斯达舒］、骑（其）乐无穷［摩托车］、一明（鸣）惊人［眼病治疗仪］"。又如湘菜馆的店名，利用"湘"字谐音"乡、相、香"等字大做文章，意趣横生："老湘楼、同湘会、湘巴佬、家湘菜、湘土情、湘里湘亲、湘村馆、家湘好、湘里人、湘约人家、长湘聚、喜湘逢、湘食是缘、活色生湘、湘味居、湘天下、湘满楼、湘锅里辣、稻湘村……"

再如汉语的节律，由于双音节的强势，四字格的词语通常按照2+2的节奏来读，如：任重‖道远、破釜‖沉舟、异曲‖同工、水落‖石出。但是，有些词语按照语法和词义应当是1+3或3+1的切分，如：青‖出于蓝、危‖在旦夕、乐‖不思蜀、在‖水一方、一衣带‖水、三十六‖计、香格里‖拉（英文为Shangri-la）。但人们在读这些词语的时候，仍然按照2+2的节奏正如郭绍虞（1979）①所说："汉语中四言词组即使在意义上不能看作两个双音词的结合，但在念的时候，还是可以不顾意义，读作两个二音部。"五字词语呢？基本上都按 2+3 的节奏来念，这是因为汉语五言诗的节奏都是 2+3 的节律长期积淀的结果，五字词语的语义结构也都按照 2+3 的格式来组合，如"不打不相识、人生地不熟、把话说回来、无巧不成书"。又如"我也说不好"本身是个歧义结构，如无语境限制，大多数人初读时都分断为"我也／说不好"而不是"我也说／不好"。对于语义切分不明的词语，如"列支敦士登、布拉柴维尔、土默特左旗、锡林郭勒盟"，人们通常也都按 2+3 的节奏来读。对于语义切分不明的 7 个字的词语，受七言诗节律的影响，一般都按 2+2+3 的节奏来读，如"布宜诺斯艾利斯、符拉迪沃斯托克"。有时语义切分十分明显，如"为他人作嫁衣裳"，本应为"为‖他人‖作‖嫁衣裳"，但通常都按 2+2+3 的节奏读作"为他‖人作‖嫁衣裳"。这些词语的节律规律背后都能挖掘出中国文化的积淀。

二、结语

本节通过列举具体事例来说明在汉语的语音、词汇、汉字的内部都蕴涵着丰富的隐性文化因素。已出版的汉语教材和文化教材比较重视的是显性的文化，对字词语音的非显性文化缺乏研究和揭示。我们并不主张在教材和教学中大讲字词本身的隐藏文化，但在适当的阶段、适当的语境中向外国学生阐释汉语本身的文化

---

① 郭绍虞《汉语语法修辞新探》，北京：商务印书馆，1979 年。

内涵，必能使学生更深刻地感知汉语文化的博大精深，提高学生对汉语的深层认识，培养他们学习汉语汉字的浓厚兴趣。

第四节　文化教学内容呈现方式与呈现心态①

近30年来，几代汉语教师在教学和教材编写实践中，对中国文化教学进行了积极的探索②，各类教材中"琳琅满目"的中国文化就是这种努力的表现。但是，宽泛化的文化融入、文化呈现，目的为何，效果如何，理据何在等，都值得检视和讨论。在国际汉语教学快速发展对教材需求不断增多的新形势下，更加有必要从理论到实践对教材文化内容的选择、呈现和诠释加以研究和总结，以便更好地促进和拓展文化教学观念上的共识，提升教材编

---

① 本节摘自李泉《文化内容呈现方式与呈现心态》，《世界汉语教学》2011年第3期。

② 张占一《试议交际文化与知识文化》，《语言教学与研究》1990年第3期；李铭建《中国文化介绍的取向》，见《中国对外汉语教学学会第三次学术讨论会论文选》，北京：北京语言学院出版社，1990年；赵贤州《关于文化导入的再思考》，《语言教学与研究》1992年第3期；吕必松《在对外汉语教学的定性、定位、定量问题座谈会上的发言》，《世界汉语教学》1995年第1期；卢伟《对外汉语教学中的文化因素研究述评》，《世界汉语教学》1996年第2期；周思源《对外汉语教学与文化》，北京：北京语言文化大学出版社，1997年；赵金铭《论对外汉语教材文化取向》，陈恩泉主编《双语双方言》（五），香港：汉学出版社，1997年；程棠《对外汉语教学目的、原则、方法》，北京：华语教学出版社，2000年；李晓琪主编《对外汉语文化教学研究》，北京：商务印书馆，2006年；张英《对外汉语文化教学及研究综述》，《汉语研究与应用》（第五辑），北京：中国社会科学出版社，2007年。

写质量。

针对近年来国际汉语教学的新情况,我们曾对文化教学的定位和内容取向进行了初步探讨①。本研究拟讨论对外汉语教材中文化内容的呈现方式、呈现原则和呈现心态,并进一步涉及文化内容的选择问题。所说的文化是广义的,包括物质文化、精神文化、知识文化、交际文化、理论道德、风俗习惯、文学艺术等,以及当代中国国情,简言之,既包括古代传统文化,也包括当代文化乃至当今中国人的生活状况。

一、文化内容呈现方式述评

根据对几十部不同时期各类教材的考察,可以看到:自20世纪80年代初以来,对外汉语教学界就十分重视中国文化的体现、融入、介绍和揭示。下面试分别例析迄今对外汉语教材中文化内容选择与呈现的几种主要方式,并例示21世纪以来的相关变化。

(一) 单项语言技能教材中的文化体现

主要指口语、阅读或听说等语言技能训练教材中的文化体现。这类教材的课文题材及其内容都是广义的中国文化,具体课文中有的也包含与语言交际直接相关的所谓交际文化内容。例如,《话说中国》(杜荣、Helen T. Lin 等编,上册,外文出版社,1985;下册,华语教学出版社,1990)是一部中级口语教材,内容涉及中国地理、历史、政治、经济、社会、教育、哲学思想及当代中

---

① 李泉《文化教学定位与文化内容取向》,中山大学国际汉语学院主办首届国际汉语文化教材研讨会论文,2010年1月9日,广州:中山大学。

国社会生活。课文以对话为主，兼有少量叙述。上下册共20课：（1）美丽的三大流域；（2）辽阔的国土；（3）愉快的旅游（介绍北京、西安、苏州、杭州等）；（4）从炎黄子孙谈起；（5）"汉人"和"唐人"的由来；（6）话说宋元明清；（7）纪念碑前话百年；（8）你了解中国的政治制度吗；（9）谈谈中国的政府组织；（10）在李教授家里做客（谈及反右、文革等）；（11）史密斯先生来到农民家；（12）史密斯先生看到中国的工业；（13）史密斯先生谈中国商业见闻；（14）每逢佳节倍思亲（介绍春节、元宵节、端午节）；（15）左邻右舍四家人（谈论人口政策、婚姻、家庭等）；（16）轻歌曼舞话友谊（介绍少数民族及节日）；（17）教育杂谈（相声）；（18）在大学里；（19）在"五四"纪念会上的讲话——中国思想文化（一）；（20）在毛泽东思想讨论会上的发言——中国思想文化（二）。

该教材语言真实、地道，内容叙述客观、平实。课文中古今文化、物质与精神文化兼顾，既不刻意炫耀又不回避社会问题（如离婚率上升等）。基本上实现了该教材"既可以提高汉语水平，也可以增进对中国文化的了解"的编写目标。此外，由于教材主要是为美国大学生编写的，所以副课文里介绍了美国的地理、历史、政治、现代经济、社会结构、当今教育等，以便于学生用汉语谈论美国问题。

不难看出，《话说中国》的设计理念是"语言和文化并重"，采取的是"学汉语，谈文化"的实施方式。这不仅在当时开创了单项技能训练类教材编写的一种新模式，其设计理念与编写方式亦为后来的教材所承续，并成为汉语教材中文化内容呈现的一种主要模式。当然，该教材虽无"幼稚化"倾向和"说教"味道，但"正面化"和"时代印迹"则不难得见。不过，正面化是教材内容呈现的一种方式，时代印迹是教材编写的必然特征。《话说中国》既可以当口语教材使，也可以当文化教材用，是一部汉语教学与文化教学结合并处理得较好的教材，也是对外汉语教学界第一部中外合编教材，第一部真正意义上的国别化教材。

（二）综合技能训练课教材中的文化体现

通过综合传授语言知识、综合训练语言技能的综合课教材来融入和呈现中国文化，是文化介绍和诠释的重要途径和常规方式。其中20世纪80年代初至90年代末，综合课教材主要是通过选择文学作品来教语言，其文化主要是文学作品中体现的传统文化、思想观念、价值观念、生活习俗等，其中只有少部分是反映当时社会生活的文学作品。如一套当年广泛使用的《中级汉语教程》（北京语言学院出版社，1987—1988），上下册共22课，基本上都是文学作品：(1) 飘来的孩子（民间故事）；(2) 草船借箭（《三国演义》）；(3) 醉人的春夜（短篇小说）；(4) 唢呐情话（李準《黄河东流去》）；(5) 香山红叶（杨朔）；(6) 篝火旁的野餐（玛拉沁夫）；(7) 一件小事（鲁迅）；(8) 觉慧与鸣凤（巴金《家》）；(9) 央金（刘克）；(10) 班车（蒋子龙）；(11) 亡人逸事（孙犁）；(12) 我的乳母（溥仪《我的前半生》）；(13) 有一个青年（张洁）；(14) 徐悲鸿与马车夫（廖静文《徐悲鸿一生》）；(15) 陕北姑娘（张贤亮《肖尔布拉克》）；(16) 孔乙己（鲁迅）；(17) 百合花（茹志鹃）；(18) 雷雨（曹禺）；(19) 我的几个先生（巴金）；(20) 傻二舅（苏叔阳）；(21) 林道静与卢嘉川（杨沫《青春之歌》）；(22) 贾宝玉奇缘识金锁（曹雪芹《红楼梦》）。

选择文学作品作为综合课教材的内容,在20世纪80—90年代是一种主流做法[①]。名家名篇语言优美、内容深刻,承载着深厚的历史文化和思想观念,也许正因此前辈们才精心挑选并编入课本中。但也应看到,绝大多数课文,无论从学习者当前还是日后对汉语的使用需求来看,实用价值都不大。实际上,即使到了汉语学习的高级阶段,也不应"完全"是文学作品、"完全"不顾及中国人的现实生活。当然,这类综合教材通过"副课文""注释""文化知识介绍"等方式,也反映了一些现实生活(如"募捐义演""北京的街道""晨练"),但主要还是文化内容(如"孔子及其私学""科举制度""重九登高的来历""天葬""明黄色"等),以正面和主体形式反映当代中国社会现实还很不够。这不符合绝大多数学习者对"实用汉语"的需要,亦不能满足他们了解当代中国社会的愿望。然而,我们不应过多指责前人,前辈们在综合教材编写方面已然做出了不懈努力,应该理解并感谢他们在特定时代做出的探索。实际上,从外语教学的历史来看,以选编文学作品为主曾是中高级教材编写的主流倾向,毫无疑问,文学作品今后也仍是外语教材内容的重要取向。

社会在进步,学科在发展,如今以名家名篇为主的教材编写时代已经过去。21世纪以来,国内编写的包括综合课教材在内的新一代教材,基本上都摆脱了以文学作品为主的做法,而是更加

---

① 不过,20世纪90年代中期出版的《桥梁——实用中级汉语教程》(上下册,陈灼主编,北京语言文化大学出版社,1996年第一版;2000年第二版)已经开始摆脱文学作品特别是名家名篇为主的选文倾向,而是更加注重反映现实生活,课文内容也更加适合语言学习和课堂操练,加之其他方面的一些优势和特色,使得该教材自问世后被广泛选用,成为90年代中后期以来一部具有代表性、经典性的中级综合教材。

贴近中国的社会现实，内容的选择和文化的取向丰富多彩，所选少数文学作品也增强了"适合语言教学"的考量和权重。例如，近年来广泛使用的《新实用汉语课本》（初中级综合课本6册，北京语言大学出版社，2002—2009年）、《发展汉语》（初中高"听说读写"系列配套教材26册，北京语言大学出版社，2004—2006年）[①]、《博雅汉语》（初中高综合课本9册，北京大学出版社，2004—2008年），等等。

（三）文化介绍类教材中的文化内容呈现

以中国文化介绍为主的文化类教材，在编写理念上，往往追求尽可能全面地介绍中国文化，尽可能呈现中国特有的文化内涵和文化现象。如《中国文化面面观》（华语教学出版社，1993年），内容如下：（1）中华民族；（2）中国人的姓名；（3）中国饭菜；（4）北京的名菜馆和名菜；（5）茶叶；（6）四大发明；（7）古代著名医药学家；（8）传统节日（一）；（9）传统节日（二）；（10）婚俗；（11）工艺美术；（12）丝绸；（13）陶瓷；（14）古代绘画及著名画家；（15）汉字的书法艺术；（16）京剧；（17）相声；（18）古代诗歌和著名诗人；（19）宋词、元杂剧及其代表作家；（20）谈谈古典诗词；（21）古代小说概要及四大文学名著；（22）黄河。

"从目录上看，主要内容是古代文化知识，对学习者了解当代中国、学习语言、与汉语母语者交际，作用不大。""历史文

---

① 《发展汉语》第二版（北京语言大学出版社，2011年），除保持教材内容古今兼顾，以今为主，突出实用性等特点外，整套教材在反映社会生活的广度、体现国情民生的深度，以及文化领域的拓展、文化呈现的视角等方面，做出了新的探索和努力。

化内容太多是中国文化教材的通病。"① 这一结论符合 20 世纪 80 年代以来乃至今天，文化类教材的实际情况。

可喜的是，近年来文化类教材的内容取向和选择正在发生变化，以往那种"大而全"（面面俱到）、"深而细"（专业化笔法）、"不涉今"（以古为主）的内容取向和单纯介绍的呈现方式已经逐步有所改变。表现为内容古今兼顾、突出针对性，并注意到了中外文化的双向交流；在"笔法"上也更加趋向通俗化和可读性。例如，王海龙著《文化中国·中国文化阅读教程Ⅰ》《解读中国·中国文化阅读教程Ⅱ》（北京大学出版社，2002 年）：

文化中国：（1）中国人的文化传统；（2）请客吃饭与面子问题；（3）美国人走不走后门；（4）中国礼俗；（5）中国人的送礼习俗；（6）太聪明的杨修；（7）寒食节；（8）谁是最勇敢的人：文官还是武将？（9）空城计的故事；（10）中国的皇帝制度；（11）刚烈的皇后和愚蠢的皇帝；（12）溥仪皇帝登基；（13）从皇帝到战犯到公民；（14）传统的中国家庭；（15）家；（16）传统·女儿经；（17）宋代·沈园故事；（18）中国的"小皇帝"；（19）"抢孙子"的风波；（20）读书做官：中国的科举考试制度；（21）范进中举；（22）给爸爸的信；（23）父亲的信；（24）丁龙先生的梦；（25）伍老师；（26）我最爱的老师和最恨的老师。

解读中国：（1）中国人的节日；（2）过年·祝福；（3）苗族人的过年习俗；（4）纽约鬼节游行记趣；（5）圣诞节前夜的

---

① 周小兵、罗宇、张丽《基于中外对比的汉语文化教材系统考察》，《语言教学与研究》2010 年第 5 期。

凡卡；(6) 卖火柴的小女孩；(7) 中国人的宗教和信仰；(8) 中国人的姓是从哪儿来的？(9) 中国人的避讳；(10) 关于寺庙；(11) 狂泉的故事；(12) 千里姻缘一线牵；(13) 史湘云说阴阳；(14) 中国农民；(15) 中国历史上的农民起义；(16) 陈涉世家；(17) 湖南的农民运动；(18) 刘姥姥和巧姐儿；(19) 桂珍姐；(20) 中国的现代化；(21) 马可·波罗；(22) 巴黎的"中国公主"的故事；(23) 中国人与世界大事；(24) 香港回归的那一天；(25) 当美国人认为世界上只需要一种语言时。

这两本中国文化阅读教程很有特色，表现在：单元主题着眼于中国文化的大处和理解中国文化较内在的命题；文化内容取向以古为主、古今兼顾，以中为主、中外兼顾；内容呈现方式，叙述和解释相结合，历史和当今相对照，文化陈述和用故事反映文化相结合。其中，与中国历史、中国人和中国文化有关的涉外选题，如《巴黎的"中国公主"的故事》《丁龙先生的梦》(百年前一位华工，捐献一生积蓄创建哥伦比亚大学汉学系的故事)、《马可·波罗》，都非常有代表性。诸如很能体现中国人智慧的"空城计"，很能体现中国人生死之恋的"沈园故事"(间接反映了中国封建家长制对人性的摧残)，很能反映当今中国人现实生活的"中国人与世界大事"等，都是很好的文化点。

作者对教材的编写怀有高度的责任感，编写态度极其严肃，看不出教材有"溢美"或"贬损"中国文化的意图，倒是能看出作者"力图以小见大，透过现象看本质，帮助其他文化持有者尽可能客观地体悟中国文化"的努力。相信学习者读懂了这两本书，将会对中国历史、传统文化和习俗、中国人的价值观念和情感世界以及当今中国社会现实的某些方面，有一个比较准确、生动和深刻的理解。这比某些文化教材"热情夸赞"或"平铺直叙"中国文化的做法的效果要好得多。

当然,正如编者在两本书的"前言"中强调的那样:"写一本教外国人领悟中国文化的教材殊非易事","比学术著作难写"。的确如此,一方面对文化内容的取向和具体内容的选择,常常见仁见智;另一方面,文化本身是个复杂现象,对文化的呈现(内涵的揭示、解说和表述)更是殊非易事,并且同样会见仁见智。比如,适当地中外兼顾是可取的,但是"外"不能太多,尤其要"外"得合适,如前文所述选"丁龙"和"马可·波罗"就很合适,而选择俄国的"圣诞节前夜的凡卡"和丹麦的"卖火柴的小女孩",就看不出跟"阅读中国文化"有什么关系。此外,教材还存在其他一些可商榷之处:有些课文可能由于话题所致,生词偏多偏难,如《读书做官:中国的科举考试制度》;有的内容陈述和观点表达还需斟酌,例如:(1)"中国人很实惠,不愿意走极端,他们的宗教信仰也不那么坚定和偏执。"(2)"道教是中国人自己的宗教,中国人几乎都信仰它。"(《解读中国》,第64—65页)这两句话说得可能都过于绝对。前一句话的中国人即使是指汉族人,也有些绝对,如果包括少数民族(如藏族、回族)就更成问题;后一句话说"中国人几乎都信仰道教",即使"中国人"指的是汉族人也不符合事实。这似乎有些吹毛求疵,可是,如果考虑到使用教材的外国人读了这样的句子可能产生的认知效果的话,还真得咬文嚼字。这也正是编文化教材"难"的重要原因。

二、当代文化内容的呈现问题

许多教师和教材编写者感到：除了坚信"中国人的生活就是中国文化"这种广义文化的信念，寻找当代的代表性文化点似乎很困难。的确，中国文化和中华文明主要是几千年来积淀下来的，所以难免一提中国文化就言必称古代。正因此，文化类教材在内容取向上大都厚古薄今。有人甚至认为"当代就没有文化，文化都是古代的"（2009年8月在桂林召开的一次国际汉语教学研讨会上，一位学者就持这样的观点）。这种观点有一定的代表性，值得思考，也值得商量。显然，说当代中国没文化是不可接受的，也是不符合逻辑的。当今的中国人既不可能只生活在古代文化中，更不可能生活在没文化的状态中。中华文化从来没有过断层，一直是国内各民族文化相互交融，中华文化与外来文化相互交流。今天的中国必定延续着、发展着中国的传统文化，也必然不断吸收外来文化，并同时创造着新的物质文明和精神文化。这无论从逻辑上还是从事实上说，都应该是成立的。

因此，需要研究和探讨如何从当代中国的社会现实，从中国人的生活中去寻找延续至今的古代文化，去发现当代中国吸收的外来文化，去概括当代中国发展的新文化，并予以恰当地呈现。这其中包含着如何看待和分析当代中国十几亿人生活的文化状态，如何理解和认定当代中国文化的问题。这里不避浅陋，举例探讨相关问题，意在引玉。

可否认为，古代文化流传至今的，便也是当代中国文化？比如，对当代中国人思想观念、道德伦理、行为规范等仍有着重要影响的儒家文化，具体如"己所不欲，勿施于人"等，虽然是典型的传统文化观念，但流传并影响至今，那么，从汉语教学"中国文化呈现"的角度看，是否也可以看作当代中国文化？因为这样一些文化内涵确确实实影响着当代中国人的观念和行为。"活"在当代的古代文化便也是当代文化。

可否认为，当代社会生活中体现出的传统文化，亦应看作中国当代文化？比如，每年的春运，上亿人东西南北大流动：即使一票难求、花钱受罪、忍饥挨饿、代价沉重，也要回家。最典型的例子是：2008年南方雪灾，几十万，甚至上百万人滞留在广州站，有人手举"我要回家"的纸牌告示天下，站前广场人头攒动，拥挤不堪，出不来进不去，吃不上喝不上，妻儿走散了，孩子挤丢了，有人休克了……这一切让无数人揪心，而这种"回家过年"的信念也感动了无数中国人。这是当代中国人的现实生活，也是中国传统文化在当代的体现。"家""年"的团圆观念，"家乡""老屋"的乡土观念，看看"俺爹俺娘"、让爷爷奶奶"亲亲孩子"的亲情观念，这些由古至今的观念不就是中国当代文化吗？对外国人来说，如果不从文化角度来解读，他们可能难以理解当代中国的春运现象。

可否认为，外来文化被中国接受并影响至今的，即是中国当代文化的一部分？例如，在宗教信仰和思想观念方面，远的如"佛教"，近的如"科学社会主义"。事实上，改革开放30年来，中国向西方学习了许多先进的科学和技术，也接受了不少西方的文化观念和生活方式，如法制观念、隐私的观念、时间就是金钱、女士优先、过洋节（圣诞节等）、用感谢回答对方的称赞、采用西式婚礼、AA制、肯德基、麦当劳，等等。这些都是中国人自觉自愿的选择，并已成为我们观念和生活方式的一部分，因而也应看作当代中国文化。教材理应反映这种"西化"的现实,展示一个开放的中国形象,而不必一味寻求中国特有的文化现象。事实上,愿意吸收外来文化并不断吸收外来文化,这本身就是值得向外国人介绍的中国文化特色。比如,中国传统上回答对方赞美和表扬用"哪里,哪里,您过奖了""不敢当,不敢当""哪里呀,还差得远呢""您这样说,我真不好意思"等。而今天越来越多的中国人愿意采用西式回答法:"谢谢,谢谢""谢谢您的表扬""谢谢您的夸奖",这不就是中国人吸收的外来交际文化吗?

我们还认为,诸如当今中国在处理国家关系上秉持的原则,如早年提出的"和平共处五项原则",近年提出的处理与周边国家关系的"以邻为伴、与邻为善、睦邻友好、和睦相处"原则,以及对内构建"和谐社会"的国家理念、对外构建"和谐世界"的国际主张,等等,都应该视为当代中国文化。实际上,"睦邻友好""和平相处"的和谐理念,就是中国古代"以和为贵""和而不同"价值观念在当今中国社会的体现和发展。

事实上,当今中国人的生活和文化比以往任何时候都丰富多彩。今昔生活的变化,中西文化的交融;眼界视野的开拓,思想观念的解放;日子好过了,生活压力也大了;富裕的人多了,贫穷的人还是不少,而且贫富差距越来越大;开车的人多了,乱停车的也多了,等等,这些不都值得我们在教材中恰当地加以呈现吗?当然一个好的选题和呈现方式并非信手拈来,需要我们有眼光、有创意。比如,电影《刮痧》就是一个极好的例子,它反映出的中美文化冲突,就是中国家庭亲情关系的自然联结,与美国家庭契约关系的法律保障之间的冲突,这是价值观念的文化冲突。

《刮痧》还反映出移民文化休克和文化适应问题[①]。又如，电视连续剧《家有儿女》是一部情景喜剧，风靡中国，深受观众喜爱。世界图书出版公司北京公司精选购买了其中的12集，改编成一套（三册）《家有儿女》中高级汉语视听说教材（2009年出版），并配有与剧情相关的"文化点滴"，介绍代表中国文化特质的观念、行为和事物。可以相信，学了这套教材不仅学到了鲜活的生活口语，更能很好地了解中国的家庭、教育和社会生活，而谁又能说没感受到当代中国文化呢？

三、文化呈现原则与呈现方式例析

（一）文化内容的呈现原则

文化内容和文化点的选择不容易，选好了内容如何呈现更不容易，需下功夫斟酌和推敲。因为汉语教材用于跨文化教学，文化的介绍和解说要避免无意间伤害了持另一种文化的汉语学习者，比如教材中介绍"东坡肉"的做法、"东坡肘子"的来历，就可能"伤害"了穆斯林学习者，而且面对穆斯林学生，教师也会感到不好教。同时也要避免误导学习者，比如有的教材存在文化内容选择不当或者解说不当的现象[②]。我们建议，文化内容特别是文化点的选择和呈现应遵循如下几个原则：即多角度、有限

[①] 毕继万《跨文化交际与第二语言教学》，北京：北京语言大学出版社，2009年。

[②] 李泉《对外汉语教材中文化偏误分析》，见袁博平编 Theoretical and Empirical Approach to Applied Chinese Language Studies, Cypress Book Co.London: UK Ltd. 2007。

定、中外对比、古今联系、不炫不贬。(1) 多角度,意味着不是单一的取向,而是尽可能多地介绍多元的观点;(2) 有限定,就是尽可能避免周遍性的表述,少用"中国人……""中华民族……""总是……"等说法;(3) 中外对比,要求不仅要说明中外在相关文化上的差异,还要尽可能说明差异的原因;(4) 古今联系,要求对当代文化的阐释要尽可能联系历史,对传统文化和习俗的介绍要与时俱进,联系现实;(5) 不炫不贬,要求对己方文化不炫耀、不溢美,对他方文化不贬损、不排斥,以中性的立场进行客观描述[①]。

(二)文化内容呈现方式例析

文化内容的呈现方式,包括文化内容的选择、表述和解说,这其中是很有讲究的。因为对文化内容的阐释和表述是否准确和恰当,不仅直接影响学习者的认知和理解,也影响教学效果和学习效果,乃至学习者的情感态度。因此,文化内容的呈现除了要参酌前文所主张的原则外,也还要讲究方式方法,以便于课堂操作和增强文化教学的效果。

例一:情景设计既自然又恰当,内容呈现也就显得真实自然。前文提到的《话说中国》中许多课文就是这样。比如《纪念碑前话百年》的情景设计是,由导游向几位游客介绍人民英雄纪念碑的浮雕内容(虎门销烟、太平天国、武昌起义、"五四"运动、八一起义、游击战争、胜利渡江),通过一幅幅浮雕的讲解来介绍近百年的中国历史。又如,《轻歌曼舞话友谊》的情景设计是,

---

① 李泉《文化教学的刚性原则和柔性策略》,见李坤珊主编《留学生在华汉语教育初探——汉语作为第二语言习得研究》,北京:北京大学出版社,2008年。

琳达、约翰等几位留学生到中央民族大学艺术系,通过跟舞蹈班同学座谈,来了解中国各主要少数民族及其民族节日和习俗等。再如,《在毛泽东思想讨论会上的发言》的情景设计是,通过一位学者的发言,来介绍毛泽东思想的含义和丰富的内容,并主要说明了毛泽东思想的三个特点:实事求是、群众路线、独立自主,以此来达到介绍当代中国思想文化的目的。

例二:内容呈现视角新颖,呈现方式独到而有创意。例如,在几十部不同类型的教材中,有十余篇以"孔子"为题的课文,但大都章法相仿:先是孔子的出生地、生卒年、生平简介,然后是一条条介绍孔子的代表性观点;或者通过师生对话来解释孔子的主张。其中,《博雅汉语(准中级,加速篇Ⅱ)》(北京大学出版社,2005)第十四课《采访孔子》就显得别具一格。课文首先对孔子的成就做了简单的概括,接着写道:为了让大家更好地了解孔子,我们的记者跨越了两千多年的历史,对孔子进行了"采访"。下面请听记者和孔子的"对话"。

记者:孔先生,非常高兴今天有机会能和您聊一聊。能不能请您先简单介绍一下自己的情况,特别是您从小的生活和学习经历。

孔子:好,我是鲁国人,老家在泰山南边的曲阜。……

其实,整个课文的内容跟别的教材的"孔子"课文都差不多,但别的课文或是平铺直叙,或者是"隔墙对话"(师生问答),显得呆板、俗套。《采访孔子》让记者穿越时空隧道,亲自跟孔大圣人"对话",这就显得生动有趣、亲切自然,课堂教学也会有真切感。

例三:要考虑教材跨文化教学的属性,要注意从学习者的视角来衡量内容取舍和表述方式①。在这方面,有的课文就值得商讨。例如,2005年出版的一本综合教材中,有篇课文选自一位著名学者的文章《三十年河东,三十年河西》,课文中有这样的话:

"事实上,在今天,西方文化已经呈现出强弩之末的样子。具体表现就是以西方文化为主导的世界,出现了很多威胁人类生存的弊端,比如生态平衡遭到破坏、全球气温变暖、淡水资源匮乏、森林被过度砍伐、江河湖海受到污染、动物物种不断灭绝、新疾病频繁出现等等,所有这些都威胁着人类的发展甚至生存。"

"21世纪应该是东方文化的世纪,东方文化将取代西方文化在世界上的主导地位。当然取代并不意味着消灭,准确地说,应该是在过去几百年来西方文化所达到的高度上,用东方'天人合一'的综合思维方式,把人类文化的发展推向一个更高的阶段,也可以称为'东西文化互补论'。"

前后两段话中诸如"西方文化已经呈现出强弩之末""东方文化将取代西方文化在世界上的主导地位"等内容,可能是个重要的预言或构想,也可能揭示或预示了某些事实。可是,作为对外汉语教材的内容就可能不太合适,因为两段话不符合"不炫不贬"的文化选择和表述原则。前一段话贬损、指责的味道太浓,后一段话炫耀、自美的色彩鲜明,两段话的观点可能都过于绝对。文中还赞美中国"天人合一"的东方思维模式和中医的整体观念,排斥西方的"分析型"思维模式和西医"头痛医头,脚痛医脚"

---

① 李泉《文化教学定位与文化内容取向》,中山大学国际汉语学院主办首届国际汉语文化教材研讨会论文,2010年1月9日,广州:中山大学。

的做法。这种好恶鲜明的对比呈现法,也不符合跨文化教学的要求。我们甚至担心如果遇到一些个性强的西方学生,课堂上不仅很难"跨文化",反而可能造成文化的"对立"和"冲突",或是师生之间、生生之间的尴尬与不和谐。汤一介(2010)[①]指出"当今的世界是个文化多元化的世界,过去'西方中心论'已经错误了,现在'东方中心论',不是重复过去的错误吗?所以我不大想用实力、崛起等词汇来讲文化问题。大家都在平等互助中发展,不是更好吗?"

四、文化内容的呈现心态

(一)文化内容呈现心态回顾

以往我们对文化内容的呈现,虽然不少教材前言中都表示"尽可能全面、客观地介绍中国文化",但从内容选择和表述来看,从字里行间流露出的"神情"来看,实际上存在着"展示"和"弘扬"中国文化两种心态[②]。

1. 展示心态。内容的选择和呈现意在向学习者展示中国特有的文明,独特的文化。所以,许多教材中文化内容的选取角度和目标是找中国特色、找代表性的元素。于是,茶文化、酒文化、八大菜系、烤鸭、京剧、故宫、汉字、书法、瓷器、端午、春节、

[①] 汤一介《中国学问不能解决一切问题》,《报刊文摘》2010年4月28日,第2版。

[②] 这两种心态只是角度有所不同,呈现的方式和具体表述或有不同而已,实质上不但没有什么区别,而且往往相互关联;"展示"的根本目的也是为了弘扬,"弘扬"也需要展示实例或事实。本研究区别这两种心态,主要是为了从不同角度来说明问题,换言之,也是为了行文便利。

礼俗、龙、熊猫、孔子、屈原、诸葛亮……都出现了。应该说，这种展示心态并没有什么错，这些内容确实是中国文化的代表性符号。但是，仅仅津津乐道于此，一味追求和寻找中国特有、中国特色、独有文明、独有文化的做法，并不一定就好。从语言教学的角度看，可能造成生词过多过偏，课文过难，对学习者语言技能的训练和掌握效果欠佳。从文化传播的角度看，可能造成中国"奇特、神秘"甚至"陈旧、落后"的印象。此外，这种展示心态，很容易导致教材内容选择走向好古、猎奇之路，如介绍"明黄色""景泰蓝""天葬""楼兰古国"等，从而无论从语言教学还是文化介绍的角度看都可能造成"跑偏"。

2. 弘扬心态。内容的选择和呈现意在向世界宣传中国悠久的历史、灿烂的文明、独特的文化，乃至秀美的山川。于是，不少语言和文化教材便选择介绍：黄帝炎帝、四大发明、四大名著、兵马俑、都江堰、长江长城、黄山黄河、中医中药、气功武术、道家文化、儒家文化，等等。从中国人的立场看，这样做不但没有错，还是很爱国、很自豪，也很自然的事情。因为这些确实是中华文化和文明的代表，有许多也确实是中国对世界文明和文化进步的贡献。但是，从跨文化教学的角度看，这种强烈的弘扬色彩就不一定合适，至少效果未必尽如人愿。因此，不是说不能介绍这些内容，而是强调要注意介绍的"心态"和"笔法"。过于强烈的宣传心态、过于鲜明的弘扬笔调，也许会适得其反。

展示和弘扬两种心态，本质上说无可厚非，向外国学生、向世界介绍和宣传中国文化并没有错，特别是站在中国人的立场上。但是，从跨文化语言教学的角度看，这两种文化呈现心态都不是最佳，"展示"的背后多少有些炫耀的成分，这恰是不够自信的表现;"弘扬"的意图多少会让人产生抵触的情绪,因而不够策略。

(二)文化能否被接受决定于是否需要

一种文化(观念、现象、行为等),不大可能一宣传就被理解,一介绍就被接受,更不可能轻而易举就被认同。某种文化是否被理解和认同,取决于异文化族群是否需要。西方传教士没少向明清皇帝介绍西方先进的学科、技术和观念,我们的皇帝们接受了吗?如康熙这样的明君,也不过自己认认真真学习了一些几何学等西学,并允许翻译了一些西方的自然科学著作,却没有在大清国推广洋人这一套。一种文化是否被认同取决于对方是否需要,是否是对方所无而又是对方所需,当然也还有时机、机遇等其他条件。中国共产党人接受"马克思主义"和"共产党宣言","五四"时期中国接受西方"科学"与"民主"的观念,那不是马克思、恩格斯的推荐和德国人、法国人的大力传播,而是中国社会变革发展的需要,是我们中国人自己的选择。

近些年来汉语之所以有些"热",那也是外国人自身有需求,是他们认识到了汉语在当今和未来的价值(求职就业、观光旅游、了解中国、研究中国文化,等等)。说白了,是外国人自己想学汉语(当然也包括中国文化),所以我们才可能教汉语传播中国文化。假如外国人不想学汉语,不用说展示和弘扬中国文化了,连汉语也教不成。因此,我们当然要抓住"外国人想学汉语"这个千载难逢的机遇,积极促进汉语教学及其学科建设的发展,更好地满足各国汉语学习者的需要。而在汉语传播的同时,中国文化自然就得到了传播,人家觉得有用、有意思、有价值,自然就接受了。比如,就像我们接受"女士优先"这种观念一样,他们也会接受我们的"和而不同"的理念。

（三）文化内容的呈现心态思考

在全球政治多极化、经济一体化、文化多元化的背景下，我们应该进一步明确不同文明、不同文化、不同价值观多样并存是文化发展的规律，是人类共生共存的必要条件；不可能也不应该用一种文化统一世界，或要求所有国家都接受一种价值体系。因此，我们主张在汉语教学过程中，对中国文化内容、中国文化元素的选择和介绍，应取"平和的心态""务实的心态""超然的心态"。（1）平和的心态，即把文化呈现的心态放平和些，平视人家的文化，也平视自己的文化，而切不可居高临下，亦无需仰视他种文化。（2）务实的心态，即明确语言课和语言教材中文化介绍和阐释的目的，主要是为了学习者更好地理解和运用汉语，是为汉语教学服务的；文化课和文化教材中的文化介绍和阐释的目的，是为了学习者较系统地了解和认知中国文化，便于学习者更好地学习语言和了解中国。（3）超然的心态，即把文化介绍的目的定位在使学习者了解进而能理解中国文化，而不是一定让人家认同和接受中国文化；人家认同与否宜顺其自然，不可强求；当然外国学习者喜欢、认同和愿意接受中国文化，那也是我们"固所愿也"；同时不必把汉语教学的文化传播功能看得太重，不必寄予过多和过高的期望，因为外语教学的文化传播功能是客观存在的，但是也是受限和有限的。

五、余言

从本研究对现有语言和文化教材的考察来看，进入 21 世纪，教材文化内容的呈现总体上已经摆脱了厚古薄今的做法，而是古今兼顾，以今为主，特别是语言类教材；文化类教材也开始逐步摆脱以古为主，面面俱到的做法，而是采取古今兼顾、以古为主，或是古今兼顾、以今为主。文化内容的遴选更加关注体现中国文化某一方面较为内在的主题。

　　古今兼顾、以今为主的文化取向，面临着如何认定当代中国文化这一新的课题。本研究呼吁应从中国人的现实生活中去寻找延续至今的古代文化，去发现当代中国吸收的外来文化，去概括当代中国发展的新文化，并予以恰当地呈现。我们认为，从对外汉语教学的角度看，流传并影响至今的古代文化、当代社会生活中体现出的传统文化、被中国接受并影响至今的外来文化（包括改革开放以来吸收的外来文化），都应视作当代中国文化。此外诸如构建"和谐社会""和谐世界"等理念，亦应视为当代中国文化。对当代中国人生活没有影响或不被认可的传统文化，则不宜视为当代中国文化，如男尊女卑、旧时婚俗、纳妾、守丧，等等。

　　本研究在以往研究的基础上进一步强调，文化内容特别是文化点的呈现和诠释应遵循多角度、有限定、中外对比、古今联系、不炫不贬等原则。文章分析了若干教材文化内容呈现方式，强调情景设计要真实自然、呈现方式力求新颖别致，以增强文化教学的效果。要考虑教材跨文化教学的属性，注意从学习者的视角来衡量内容取舍和表述方式。本研究认为，以往某些教材的文化内容呈现存在"展示"和"弘扬"的心态。这两种心态，本质上无可指责，特别是站在中国人的立场上，中国文化无论是物质的还是精神的，值得国人骄傲和自豪的，实在太多太多。但是，从跨文化语言教学的角度看,展示和弘扬的意图多少会让人产生抵触和防范的心理,因而都不够策略。实际上,一种文化是否被认同取决于对方是否需要,而不取决于展示得是否巧妙,弘扬得是否够力度。因此,在国际汉语教学中,文化呈现应取平和、务实、超然的心态。

作为余言,我们还想强调,汉语教学和教材编写,不应一味寻找中华文化的代表性符号,不应一味强调中华文化的独特。因为当今世界对中国的了解还很不够,对许多国家和民族来说,中国仍然是个很神秘、很落后的国家,许多人对中国或者完全不了解,或者停留在百年前、三十年前的状态。所以,我们不应有意无意地进一步自我神秘、自我怀旧。应加强当代中国及其文化的介绍,加强具有普遍价值的文化观念的介绍,加强中外文化交流的介绍,加强中国吸收外来文化的介绍;应宣传中国文化的开放性和包容性,宣传中国的对外开放政策。让世界知道中国并不神秘,中国人民是跟他们一样的人民。因为无论是人民、国家还是文化,过于独特、神秘、不食人间烟火,那么也就难以让人接近,对汉语和中国文化的传播并不见得有利。因此,在教材编写,特别是对外宣传中应以恰当的方式,让外国人了解诸如中国政府"积极鼓励、提倡本国人民,特别是广大青少年学习和使用世界其他民族的语言。比如,目前中国学习英语的人数超过 3 亿,高校开设的各国语言专业已有 60 多种"①。这样一种外语学习的规模和力度,在世界上恐怕也是不多见的,如此等等,从而树立一个开

---

① 刘延东《在外国汉语教师奖学金生开学典礼上的致词》,北京:北京外国语大学,2009 年 11 月 10 日。

放的中国形象,一个尊重世界各民族文化,愿意与世界各民族平等相待的中国形象。这样才更有利于国际汉语教学事业和中外文化交流事业的发展。

即使如此,也还要恰当地评估汉语教学的文化传播功能。汉语教学跟其他外语教学一样,是一门学科,有其自身的教学规律。外语教学中的文化教学有其特定的内涵和功能,文化教学不宜喧宾夺主。过于强调汉语教学的文化传播功能,是对汉语作为外语教学是一门学科的误解,也是对汉语教学文化传播功能的扩大化、理想化、超负荷化。

第五节 非汉语环境下文化教学内容的分类与选择[①]

文化教学与语言教学密不可分,可以说是外语教学界的共识。自 20 世纪 80 年代以来,在中国对外汉语教学学科的建设与发展中,关于文化问题的讨论和研究引起很大的关注,许多学者对文化教学进行了有益的探索。随着海外汉语教学的发展,非汉语环境下的文化教学也引起了学术界的重视。

与目的语环境中的文化教学相比,在非汉语环境下,文化教学具有自身的特点,在不同的国家、地区,文化教学的实践呈现

[①] 本节摘自赵宏勃、朱志平《非汉语环境下文化教学内容的分类与选择——以〈泰国中学汉语课程大纲〉为例》,《国际汉语教学研究》2015 年第 4 期。

多元化的特点，也在不同理论基础上形成了风格各异的文化教学模式。本研究围绕《泰国中学汉语课程大纲》的制定展开研究，聚焦于非汉语环境下文化内容的分类与选择这一领域。本研究的出发点——泰国中学的汉语课程中应该设计这样一些文化内容，它们看似微观，却映射一些基本理论思考，如语言教学的目标、语言教学与文化教学的关系等。本研究将在总结学术界研究成果的基础上，思考非汉语环境下语言教学的目标、实现的途径、文化教学与语言教学的关系等问题。

一、对外汉语教学中的文化教学研究现状

语言是文化的载体，它无法脱离文化而独立存在，因此外语语言教学与文化教学也必须是相互交融的。从20世纪90年代开始，外语教学中的"文化教学"开始成为一些学者关注的内容。学者们从学科建设角度出发对文化问题展开了热烈的讨论，在一定程度上引起了对语言教学中的文化教学的重视，对融合于语言技能教学中的"文化因素教学"与专门的文化课教学进行了概念梳理，对文化教学的实践起到了重要的理论指导意义。此外，还有一个重要的研究方向是对文化大纲的研究[1]。其中张英（2009）[2]关注文化大纲的研究进展，对学术界比较有影响力的观点进行了梳理，并提出了自己的观点：

"结构—功能—文化"相结合中的"文化"，包括"文化因

---

[1] 刘珣《关于对外汉语教学法的进一步探索》，《世界汉语教学》1989年第3期。

[2] 张英《"对外汉语文化大纲"基础研究》，《汉语学习》2009年第5期。

素"和"文化知识"两个方面,"文化因素"存在于语言形式之中,属于语言的文化要素,是语言技能教学的一部分。由于"文化因素"隐含于语言形式之中,是语言要素的有机组成部分,其教学应该融于语言教学之中,次第等级的安排应该以语言为本。"文化知识"指的是跨文化交际涉及的文化,其内容应以观念、规约等为次第等级,此类的"文化"可分项列目,因而可以制定出独立的大纲。

尽管学术界普遍认为对外汉语文化教学大纲及等级大纲"担负着框范文化教学并使之科学化、规范化和系统化的任务,但由于文化的复杂性和人们对'文化因素'及'文化知识'在认识上仍存有差异",虽然有着迫切的理论期待与现实需求,然而到目前为止,对文化大纲的研制并没有取得太大的进展[①]。2008年出版的《国际汉语教学通用课程大纲》(以下简称《大纲》)是为了顺应进入新世纪以来世界各地汉语教学迅速发展的趋势,满足各国对汉语教学内容规范化的需要,参照《国际汉语能力标准》及《欧洲语言共同参考框架》[②]等语言能力标准制定的一个重要的文件,对文化教学有了一定的重视,提出"语言综合运用能力由语言知识、语言技能、策略、文化意识四方面内容组成",认为"文化意识是培养学习者具备国际视野和多元文化意识,更得体地运用语言的必备元素",在分级目标中还对文化意识在文化知识、文化理解、跨文化意识和国际视野四方面要达到的要求进行了描述。《大纲》的附录以举例的方式规定了一到五级不同级

---

① 李修斌、臧胜楠《近三十年对外汉语教学中文化教学研究述评》,《教育与教学研究》2013年第7期。

② 《国际汉语能力标准》与《欧洲语言共同参考框架》所针对的学习对象有一定的不同,但均重视培养学习者的交际能力。

别学习者应该学习的"中国文化题材、学习任务、跨文化交际思考问题"。毋庸置疑,《大纲》对国际汉语教学非常实用,为语言教材中文化内容的编写提供了一个框架,对"中国文化题材"按照级别分类具有重要的意义,实现了一定的突破。不过《大纲》中的文化内容,主要以"题材"和"任务"的方式呈现,在具体的教学实施中,这些文化题材或任务如何与语言教学结合起来,涉及哪些具体的文化内容,《大纲》并没有解决,这正是我们的研究着力关注的内容。

二、非汉语环境下文化内容的分类及选择

(一)语言教学中的文化及其分类

古今中外对"文化"的定义有数百种,在不同学科的视野中,对文化的定义具有一定的差别。除了定义不统一,学者们还从各自的角度出发对文化进行分类,有"二分法""三分法""四分法"之说[①]。

有研究者指出,文化教学与语言教学难以融合是因为"文化"难以定义,如何对语言教学目标下的"文化"进行定义、对文化内容进行分类,本身很有研究价值,但也充满挑战。国内学术界对第二语言教学中的"文化"的定义、文化教学已有一些研究成果,尤其是对"文化因素教学"进行了较为细致的研究。很多学者指出,"文化因素"教学指的是与语言技能课结合得更为密切的文化内容(相对于专门的文化课),应该在语言技能课上对文

[①] 林坚《关于"文化"概念的梳理和解读》,《文化学刊》2013年第5期。

化教学有足够的重视,对此,林国立(1996)①、赵金铭(1998)②等学者都进行了定义及概述。关于文化因素的分类则由于关注点的不同形成了各种观点,主要观点包括张占一(1984)③提出的"知识文化"和"交际文化"。此后,学者们又对交际文化的项目进一步细化④。此外,学者们还对文化进行了多角度的思考,就文化分类进行的研究也很活跃,文化类属的划分呈现多样化的特点⑤。

关于外语教学中的文化,海外学者们的研究也很活跃,研究路径包括根据文化的内涵对其进行分层,或者不再追问文化"是什么",而是考虑在语言中文化"做什么"及文化"由什么组成"。基于关注文化"由什么组成"的视角,学者们研究可以纳入语言课程体系的所有文化内容,并在此方向下形成了四种比较成熟的模式运用于教学。虞莉、刘懿萱(2011)⑥为了评估外语教材中的文化项目,对这四种模式的关键概念进行了对比分析,该研究将教材中的文化教学分为"文化思维""行为文化""信息文化""成就文化"四个类别,颇有创新。

---

① 林国立《对外汉语教学中文化因素的定性、定位与定量问题刍议》,《语言教学与研究》1996年第1期。
② 赵金铭《论对外汉语教材评估》,《语言教学与研究》1998年第3期。
③ 张占一《汉语个别教学及其教材》,《语言教学与研究》1984年第3期。
④ 赵贤洲《文化差异与文化导入论略》,《语言教学与研究》1989年第1期;吕必松《对外汉语教学概论讲义》,《世界汉语教学》1992年第2期;孟子敏《交际文化与对外汉语教学》,《语言教学与研究》1992年第1期;魏春木、卞觉非《基础汉语教学阶段文化导入内容初探》,《世界汉语教学》1992年第1期。
⑤ 陈光磊《语言教学中的文化导入》,《语言教学与研究》1992年第3期;胡明扬《对外汉语教学中的文化因素》,《语言教学与研究》1993年第4期。
⑥ 虞莉、刘懿萱《文化在哪里:文化教学与外语教材(连载一)》,《国际汉语教育》2011年第1期。

第五节 非汉语环境下文化教学内容的分类与选择

（二）非汉语环境下文化教学内容研究的出发点及研究思路

近年来，泰国在汉语教学方面的发展尤为引人注目，在开设汉语课程的学校数量、学习汉语的人数方面都很突出，本研究就围绕《泰国中学汉语课程大纲》的制定展开。我们认为，在非汉语环境下确定文化教学的内容，必须考虑到以下几个方面的因素，一是充分考虑到语言教学环境的特点，二是充分重视该国、该地区的外语教学文化目标，三是贴合学习者的特点。理由简述如下：

第一，在海外的汉语教学，课堂是学习者接触或者使用汉语的主要场所，体验中国文化的机会更是少之又少，同时，学习者母语文化与中国文化也存在着明显的差异，在确定文化教学的内容时须充分认识到这样的现实。以泰国为例，泰国文化具有自身特色，在确定文化内容时必须要尽量了解泰国的情况，大到国情概况、文化特点，小到具体的教学环境、教育文化等。例如，泰国全国95%的人口信仰佛教，境内寺庙林立，国旗中的白色即代表宗教、象征佛教的重要地位，在纪年方法上也不采用世界大多数国家通用的公元纪年，而是佛教纪年[1]。有学者指出，"从根本上说，泰国文化可以用一个词来概括，即宗教。"[2] 泰国教育部也把佛教列为必修课，因此，在对泰国中学的汉语课程进行设计时，在文化要素项目的确立方面，对泰国佛教的巨大影响力就不可视而不见。在教学内容中极有必要增设与宗教相关的词汇，以及对中国佛教情况的介绍等。

---

[1] 田禾、周方冶《泰国》，北京：社会科学文献出版社，2009年。
[2] 披耶阿努曼拉查东《泰国传统文化与民俗》，广州：中山大学出版社，1987年。

第二，各国都有自己的外语教学原则、目标，包括汉语教学的目标。要进行非汉语环境下的文化教学研究，必须对该国的外语教学相关文件进行细致的研读。进入21世纪后各国的外语教学理念、目标具有一致性，而且，《泰国中学英语课程标准》[①]与美国的《全美中小学汉语学习目标》颇有共性特点。[②]

如前所述，泰国的语言教学目标既有个性，又体现着世界各国语言教学目标的共性特点，而国内的对外汉语教学，也有着大略一致的教学目标，即培养学习者的目的语交际能力。具体到语言教学实践中，不论是在国内还是在海外，都需要把教学中的具体因素与交际能力的培养联系起来。文化教学中的内容要有利于培养交际能力，这是我们进行本研究的重要参照系。

第三，在《泰国中学汉语课程大纲》的研制中，我们依据泰国中学汉语教学的不同水平需求，设计了"汉语体验课程""汉语标准课程""汉语强化课程"，并根据不同水平学习者所必须掌握的语言能力，按水平进行切分，列举了不同水平课程的学习者需要了解的文化要素内容[③]，即在文化内容的分层上，以语言为依据，相对而言更具可操作性。

综上所述，选择文化要素时重视中泰文化对比的角度，以培养目的语交际能力为教学目标，按照学习者的语言能力对其所应掌握的文化内容分层就是我们研究时应充分重视的方面。

---

① 《泰国中学英语课程标准》既是对泰国中学英语教学的总体要求，也是对包括汉语在内的其他外语的要求。

② 朱志平《海外中小学教学课程大纲的设计——以泰国中学汉语课程为例》，《国际汉语教学研究》2015年第2期。

③ 同②。

第五节　非汉语环境下文化教学内容的分类与选择

目前国内的文化教学在理论层面获得了地位的承认，学术界认可文化教学与语言教学密不可分，强调既教"语言形式"，又教"文化内涵"。然而"文化因素教学"在教学技术层面重视的是文化内容的"导入"，强调文化作为背景知识。专门的文化课教学虽然在理论层面的讨论中，关注到跨文化交际这一选择标准，并对教学中文化内容的次第顺序有所考虑，实则基本上以文化知识的讲授为主，较少训练语言技能。本研究关注的是前者，并主张语言教学和文化教学的有机融合，文化就在语言中[①]。

目前国内学术界努力的方向是研制文化大纲，并开展文化教学模式研究，进行文化教学系统化、科学化、规范化方面的努力。同时，也开始重视教材中的文化内容，如在编写本土化教材时强调"适应本土学习者需求，以交际功能为目的，兼顾中外文化"[②]。

本研究根据三种课程（"汉语体验课程""汉语标准课程""汉语强化课程"）确立语法项目，选择与这些语法项目关联最为紧密的文化内容，尝试将文化内容与语言教学有机融合起来。新意在于，不是把对文化的研究与语言教学分立，而是力图将

[①] 国内的文化教学主要分两类，文化因素教学和文化知识教学。前者视文化因素为语言教学中语言知识的一部分，在教学总体设计中文化导入是一个不可缺少的部分。随着越来越多的志愿者赴不同国家从事汉语教学工作，也将这种教学理念实践于海外的汉语课堂中。但学术界也存在对"文化导入说"的批评，认为这种认识不能准确反映出语言教学和文化教学之间的内在联系，造成某种人为割裂又外在加入的情况。而海外的文化教学目前也存在着碎片化、边缘化的现象，学者们对文化应该"教什么"依旧议论纷纭，在实际的教学中，文化存在着被"简化"的倾向，其地位仍处于"附加品"的状态。

[②] 李雪梅《刘编写意大利本土化汉语教材的思考》，《国际汉语学报》2010年第1期。

语言置于文化情境中，尽量从非汉语环境学习者的角度，从语言出发确定进入教学视野的文化项目，并在相关理论指导下进行梳理、提炼。

《泰国中学汉语课程大纲》采用了英语教学通用的"can-do"方式描述学习者应当达到的汉语交际能力，在具体表述中，是以"交际任务"的方式呈现的。以"话题"为中心确定教学内容，在教学语法的基础上精选"句型"。通过句型，教学内容实现分层，同时句型所携带的语义功能、相应的使用语境也自然被带入到教学当中。学习者要完成相应的交际任务，首先要掌握句型，了解该句型所"携带"的交际功能，再通过教师的教学及课堂活动获得此句型使用的具体的情境，并尝试在课堂环境下完成交际任务[①]。在选择文化内容时，要紧密结合句型，在这个研究平台的基础上，提取、概括学习者要顺利完成交际任务必备的那些文化内容，并进一步分类、总结，初步构建适合不同语言水平的学习者的文化内容体系。从本质上说，这一研究思路是对"结构—功能—文化"相结合的教学理念的实践，具有独特的价值及可操作性，有利于促进语言学习与文化的有机融合。

例如，对于第二语言的初学者来说，如果需要进行"基本人际交往"，应该完成包括打招呼、道谢、祝贺等具体的交际任务。若想顺利完成"打招呼"的交际任务，除了学生学会说"你好"，教师应该重视甚至适度强化的内容还包括：指导学生了解这个语言形式所"携带"的功能——"打招呼"，以及相应的行为文化——

[①] 朱志平《海外中小学教学课程大纲的设计——以泰国中学汉语课程为例》，《国际汉语教学研究》2015年第2期。

中国人打招呼时的行为规范及具体礼节，即在正式的社交场合，中国人说"你好"的同时还要握手。教学中是从语言（"你好"）到功能（打招呼）到文化（行为活动方式、规范），学习者除了应字正腔圆地说出"你好"，也要学会正确的社交礼仪，需要了解一些对中国人来说非常重要的行为活动规范。我们所圈定的文化内容是那些可以为学习者完成交际任务打好文化基础的内容，紧扣"句型"，并置于具体的教学语法项目框架之内。我们在表1中举例说明文化要素与语言形式、功能、交际任务的关系：

表 1　文化要素与语言形式、功能、交际任务关系示例

话题	句型	功能	交际任务	文化要素
基本人际交往	你好	打招呼	用汉语打招呼	中国人在正式社交场合打招呼时，一边说"你好"，一边握手

（三）非汉语环境下文化教学内容的分类及选择

教学实践告诉我们，只进行语言操练，而对语言形式的"功能"强调不够、对相关的文化内容揭示不够，必然影响学习者交际任务的顺利完成，需要在教学中关注与特定交际任务关联的文化内容，强调语言"携带"的"功能"与"文化"，即树立"语言是文化中的语言"这样的意识。

如前所述，国内外外语教学界对文化类别的划分较为复杂。在我们的研究中，借鉴了 Hammerly（1982）提出的文化分类核心概念，即行为文化、信息文化、成就文化。Hammerly 认为"行为文化"指"日常生活的全部"，包括交际的言语行为和非言语行为。同时，出于在目的语文化中表现得体的需要，实际行为及价值观都被他囊括于"行为文化"之下。"信息文化"指的是"一

般受过教育的本族语者所掌握的关于其社会、国家的地理和历史、社会英雄和历史罪人等方面的知识"。"成就文化"指"文字、艺术和音乐成就"。这一分类是从英语作为第二语言教学的角度对文化进行的分类，其中行为文化尤被重视，文化学习的目标是使学习者在目的语文化中表现得体[①]。Hammerly 的分类法与《21世纪外语学习标准》中将文化分为"文化观念""文化实践""文化产物"的三分法在美国的外语教学界都有着较大的影响。这两种分类法有重合、交叉，对外语教学要达到的目标所起的作用，学术界的评价见仁见智。这两种分类模式，有利于教师将各种类型的文化纳入外语教学体系，已经形成了较为成熟的教学模式，对我们的分类研究很有启发意义。

在研制《泰国中学汉语课程大纲》时，因三种课程要求学习者达到的水平不同，所学习的句型[②]不同，我们分别归纳了三种课程要完成特定交际任务所需要了解的文化项目——主要是行为文化；根据泰国教育部制定的外语教学原则，鉴于在中学阶段学生还需要学习自身文化，将外国文化与泰国文化进行对比，我们也适当关注了那些中泰差别较大的文化项目。如表 2 所示：

---

① 虞莉、刘懿萱《文化在哪里：文学教学与外语教材（连载一）》，《国际汉语教育》2011 年第 1 期。

② 需要说明的是，可以与语言形式相结合的文化内容并不仅限于本研究主要讨论的"句型"，文化的内容也可以通过"对话""情境"等形式呈现。

第五节 非汉语环境下文化教学内容的分类与选择

表 2　中泰文化中差别较大项目对比示例

句型	交际任务	文化内容	文化内容的类型	中泰文化对比
你好！	用汉语打招呼	中国人在正式社交场合打招呼时，一边说"你好"，一边握手	行为文化：活动方式	中泰体态对比
您贵姓？	用汉语询问长辈姓名	中国文化倡导尊重长辈，询问长辈姓名时需用敬语"您"	行为文化：行为规范	中泰敬语对比
我家有……	用汉语询问家庭人口	中国人在介绍家人时，对家人出现的顺序有一定的讲究，一般介绍顺序是：爸爸、妈妈和我	行为文化：家庭伦理观念	中泰家庭伦理观念对比
……去哪儿？	用汉语询问出行目的地	中国的地理知识	信息文化：中国地理常识	中泰两国地形对比①
我喜欢……	用汉语表达兴趣爱好	中国的传统艺术，如京剧等	成就文化：艺术	京剧与泰戏对比

在我们提炼、总结的文化内容中，从"语言"出发可以说是一个显著的特点，需要特别说明的是：

第一，我们总结的文化要素并未涵盖文化的全部内容，而且在确定文化项目时具有一定的针对性②。例如，泰国有泰戏，我们就以中国传统戏曲的代表——京剧与之进行对比；中国的太极拳非常有代表性，则以深具泰国特色的泰拳与之对比。

第二，不同类别的文化内容与语言的结合点不同。例如，在

---

① 本句型对应的文化内容也可以是与交际有关的中泰询问出行目的地的不同风俗的对比，将在下文中进行说明。
② 在本研究中，尤为关注泰国的特色。

行为文化中，活动方式与语言的关联度最高（如中国人在正式社交场合一边说"你好"，一边握手），所以语言的学习与行为活动方式的学习是同步进行的，尤其在非汉语环境下，这类行为文化教育的重要性不容忽视。如吴伟克（2014）[①]所指出的，"我们只有把行为文化的教育与语言教育结合起来，我们的语言教育才能真正帮助学生适当地运用中文和中国人进行交流。在对外汉语教学中，这是特别重要的教学内容，但也是经常被忽视的内容"。相对而言，行为文化中的行为规范或者思想观念，可能直接表现为语言形式自身的变化，也可能会影响表达的方式，均需要结合语言教学进行适度"揭示"。

第三，信息文化和成就文化的内容为学习者提供了需要了解的文化背景知识，这种背景知识又可以分两类，即（1）影响交际的背景知识，（2）必要的信息。以表2中"……去哪儿?"这一句型为例，中国人询问"你去哪儿?"在特定的语境下属于寒暄，问话者并不对说话对象的目的地感兴趣，在中国人的交往中，可以含糊回应"我出去一下"。而同样的问题，在泰国则被视为对出行目的地的询问，在对话中被问者一般会提供自己的出行信息，因此在选择文化内容时可归为对中泰两国询问出行的风俗对比，其所属文化分类可归为行为文化[②]。同一句型，如果语境是明确询问对方的旅行计划，则可以归为信息文化——有关中国的基础地理知识，介绍中国的名山大川或者对中泰两国的重要地形加以对比。

[①] 吴伟克《美国对外汉语教学：转变期的教学法、语言文化学习及研究生培养》，《世界汉语教学学会通讯》2014年第4期。

[②] 同类的例子还有，中国人在交谈时说"欢迎你来我家玩儿!"通常是热情的客套话，而并非是一种邀请。

第四，文化内容的学习要结合学习者的情况。在语言学习的不同阶段，学习者感兴趣的文化内容有所不同。在语言学习的初级阶段，行为文化更容易引起学习者的兴趣，因其往往显性地表现出外语文化与学习者自身文化迥异的方面。

同时，学习者不同的语言水平对其所能掌握的文化内容必然有所规约。比如，在学习水果类的词语，表达自己的饮食习惯时，可以教泰国学生说具有本土特色的词语"榴梿"，还可以介绍中国的特色水果，进而扩展到对中国地理区域、物产的介绍。到了语言学习的中高级阶段，对不同水果所具有的文化含义进行揭示就更加顺理成章了。

此外，交际任务的复杂程度也是一个重要的影响因素。举例来说，对文化内容教学的深度把握由交际任务的复杂程度决定。不同水平的学习者需掌握的交际任务不同。在完成简单的交际任务时，需要的文化知识也相对简单；当学习者面临复杂或复合型的交际任务时，对其文化知识的深度也将提出更高的要求。比如，在购物的活动中，首先必要的是了解中国文化中的度量衡单位，随着学习的深入，从了解中国人"讨价还价"的购物习惯到学习完成在市场采购、讨价还价的过程，就是一种自然的文化习得，除了可以询问商品价格，还能模仿运用挑剔的语气、讲价的策略……文化内容的选择既已关联语言形式，也必然使得对文化的阐释和教学方法呈现不同的特点，本研究限于篇幅，暂不讨论这两个方面的问题。

通过研制《泰国中学汉语课程大纲》，我们尝试进行针对特定国家、地区文化教学的"个性化定制"研究。虽针对的是泰国中学汉语教学，但可以结合具体国情、文化特征进行调整，以适应不同国家、地区的文化教学情况。

三、结语

本研究的内容似乎是老生常谈,即文化"是什么",文化如何"融合"语言教学。在确定文化内容时关注其与语言的联系,是我们研究的出发点。我们期待,在细致研究泰国的个案的基础之上对文化的"审视",除了可以具体指导泰国中学的汉语教学,也可以让我们对语言教学中的文化分类的理解多一个维度。如同周思源(1997)[①]指出的,对外汉语教学"宜建立一种比较宽泛的文化观念,以适应对文化的多方面需求"。

第六节 文化教学内容的错位与反思[②]

大约从20世纪80年代开始,对外汉语教学界开始普遍认识到文化教学在对外汉语教学中的重要性。此后20多年间,我们在教材编写、课程设置和讲课过程中都比较注重文化知识的传授。文化课的门类也越来越丰富,如"中国概况""中国文化史""中国书法""中国文化地理""中国文学"以及武术、影视、历史

[①] 周思源主编《对外汉语教学与文化》,北京:北京语言文化大学出版社,1997年。

[②] 本节摘自韩秀梅《昆曲作了黄梅声——对外汉语教学中文化教学内容错位问题初探》,《云南师范大学学报》(对外汉语教学与研究版)2006年第6期。

等等。这些知识对留学生了解中国、学习汉语起到了积极的促进作用。但笔者在对外汉语文化课的教学中,却感到有一个重要问题被长期忽视,那就是教材所设计的文化内容与教学对象的文化背景错位;与此同时,文化课教材中涉及的某些文化内容与中国当代社会生活的文化氛围相脱离,要么已经过时,要么不具有广泛性;文化教学模式也有待于进一步丰富等。所有这些都会影响学生学习的效率和效果。

一、教材所设计的文化内容与教学对象的文化背景错位,造成了文化课教学效果的事倍功半

教材是完成教学过程、实现教育目的的重要中介,教育的基本规律决定了任何教材都有其特定的教学对象。对外汉语中的文化知识教学,目前主要体现于两类教材:一类是语言教材;一类是专门的文化教材。前一类在学习语言的同时,通过课文、注释、阅读文章等向留学生间接介绍中国文化,主要以交际性文化知识为主,其主要目的是为更好地掌握语言服务的。其包罗万象,但分布零散、就事论事、不系统、不全面。后一类教材包括《中国概况》《中国文化面面观》《中国文化史》及诸如此类的专门为留学生设计的文学、历史、哲学等方面的著作,主要目的是较为系统地传授中国文化知识,使留学生较全面、深入地了解中国。以上教材,在留学生学习汉语、了解中国的过程中都起到了很好的中介作用,但遗憾的是:在文化内容的设计上,忽略了教学对象的文化针对性。换句话说就是:在来华留学生绝大多数是亚洲学生的背景下,文化教学的内容却以欧美文化为主要参照,是否合适?

对外汉语文化课的教学对象笼统地说是"外国留学生",但留学生的组成成分又比较复杂,他们来自于不同国家,有不同的文化背景。某些专业课如"中医"专业,在编写教材时大致可以忽略这种文化差异,因为这不会严重影响学生对这门技术的掌握。而文化课教材却应该在设计内容之前,首先考虑教学对象的文化差异,因为文化课教学的目的,就是通过中国文化和留学生母语文化的差别认知,使留学生在文化比较的背景下明晰汉语的交际和文化内涵,减少误会、误读、误用,更好地用汉语交际。当然,现在我国的留学生来自170多个国家和地区,我们不可能也没必要针对每一国留学生的文化差异编写不同的教材,目前的做法是选择一种"主流文化"作为与中国文化的对比参照。如果我们选择的"主流文化"与来我国留学的"主流学生"(或者说大多数学生)文化背景一致或接近,这将是非常理想的。但就目前文化课教材的情况看,绝大多数都选择了把中国与欧美文化的差异突出出来说事儿。也就是说,教材假设的教学对象是来自欧美国家,围绕他们在中国遇到的文化与交际的困惑为中心,这种困惑主要来自于他们的母语文化与中国文化的不同,通过老师或中国朋友对这种文化差异的解释,学习中国文化某方面的知识。这类教材的典型例子是《说汉语 谈文化》。这是一本文化口语教材,作者在"前言"中指明编写目的有两个:"一是在文化方面向学习者系统地介绍汉民族日常交际中表层的文化习俗和与其相关的深层的文化知识;二是在语言方面对学习者进行循序渐进的口语成段表达训练。"[①] 如第一课《客套和礼节》就是中国学生王大伟

[①] 吴晓露主编《说汉语 谈文化》,北京:北京语言学院出版社,1994年。

向美国学生麦克尔介绍在中国待人接物的礼节：请客人喝茶或吃东西要邀请好几次；应该怎么理解类似"有空去我那儿玩"这样的邀请；如果客人来访，主人正好有事，应怎么处理，等等，以此体现中美文化的不同。编者通过这样的方式共介绍了20个专题，在同类教材中是比较全面的。其他教材也多有相似之处。拿笔者曾经使用过的北京语言文化大学出版社1999年出版的对外汉语本科系列教材《汉语阅读教程》第一册来说，第二十九课的课文如下：

玛丽：马丁，你的声调真不错。

马丁：是，我的汉字写得也很好。

玛丽：你课文念得怎么样？

马丁：念得太流利了，听力就更没问题了。

玛丽：我看你汉语学得不好。

马丁：为什么？我什么地方说得不对？

玛丽：说得都很好。可是，中国人不这样说。

马丁：是吗？那我应该怎么说？

玛丽：我说"你的声调真不错"，你应该说"哪里，哪里，还差得远呢"。

马丁：为什么要这么说？我觉得我的声调不错。

玛丽：对，你的声调很好，可是不能自己说自己好。

马丁：是吗？

这段课文包含的文化因素是中国人对待夸奖的态度，所设定的文化背景也是中西文化对比，马丁和玛丽显然是来自欧美国家。不仅如此，在很多阅读材料中与欧美国家相关的内容也占有突出的分量。如笔者正在使用的北京大学出版社2002年出版的《初级汉语阅读教程Ⅱ》，所选文章包括课文和阅读练习共约142篇，内容除了纯中国的事情以外，涉及外国情况的约有19篇，其中涉及美国情况的9篇，英国的1篇，加拿大的1篇，意大利的2篇，日本的3篇，韩国的2篇，印度尼西亚的1篇。从数据可以看出，针对欧美文化的文章超过了涉外文章的三分之二（13篇），尤以美国最多。纵览各类文化课教材可以发现，有意无意之间，我们将欧美文化当作了文化参照的主体内容，但我们留学生的主体，却根本不是欧美学生。实际情况是，来中国留学的学生中，亚洲国家一直占绝大多数。以2003年为例，当年的统计数据显示，"2003年我国共接受了来自175个国家的各类来华留学人员77715人次。"① "从国别统计看，来华留学生人数位居前列的是韩国35353人、日本12765人、美国3693人。"② 以下是按国别统计的来华留学生人数情况③。

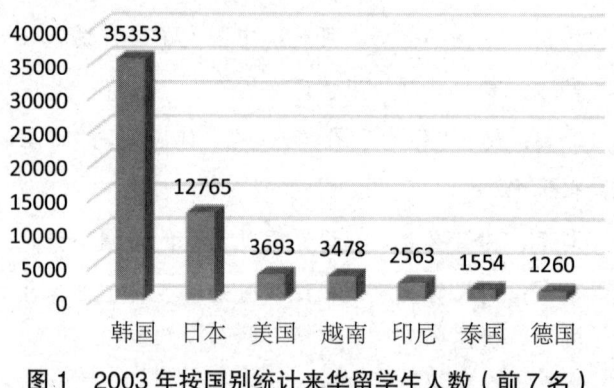

图1　2003年按国别统计来华留学生人数（前7名）

---

① 参见《中国网》2004年3月18日 http://www.china.org.cn/chinese/2004/mar/ 519256htm。

② 同①。

③ 同①。

从图 1 统计表前 7 名的情况看，亚洲学生有 55713 人，超过总人数的三分之二，他们是我们教学的主体，是我们的"主流学生"。这些国家大都位于中国的周边地区，在历史上都曾受中国文化影响，与中国文化有深刻的历史渊源。但他们学习汉语，却不能直接通过了解自己的母语文化与汉语文化的差异来掌握汉语的文化内涵，而是必须先到欧美文化那里绕几个弯儿。这就好比一个学英语的中国学生要了解英国文化的内涵，却先要被迫听一通古埃及文化一样别扭，明显是一种教学思维与教材内容设计的双重错位。这种欧美文化"一头沉"的内容设计，使得教师在讲课时不但要介绍中国的风俗，还要介绍欧美文化，好让亚洲学生明白迈克尔、马丁们为什么会有这样的误会。其实欧美文化与中国文化的不同跟他们又有什么关系！他们需要了解的是自己的文化习俗跟中国文化习俗有什么不同。平时我们谈到中日、中韩、中越以及中国同其他亚洲国家之间的文化问题时，常常以"差不多"来概括，但实际上中国同这些国家在文化传统、民族特点、人生礼俗、待人接物等方面存在许多差异，更不用说国家制度层面的不同。一个韩国学生曾给笔者讲过这样一件事：她的一个中国朋友生病住院，她去医院看他，跟朋友开玩笑说，他看上去半死不活的。朋友听了这话，脸色一下子变了。这位学生不明白为什么。因为在韩国，如果病人是好朋友，常常开这样的玩笑；而在中国，如果对一个生有重病的人这么说，就让对方觉得不吉利。这只是一个小例子，却提示我们应该从对外汉语教学的角度对中国与周边国家的不同文化做更多的研究，并把对亚洲文化的关注体现在教材中，使教学更有的放矢。否则，在当今世界文明冲突日益复杂、欧美文化的价值观念在很多地区遭到质疑的背景下，

"言必称欧美"很可能会对非欧美国家留学生的学习情绪起到消极影响。笔者在讲授上面提到的《初级汉语阅读教程II》时遇到的另一件事更坚定了这种想法。由于该教材涉及美国方面的文章较多,教师在讲课过程中也不自觉地常常拿中美文化做比较。如果教学对象是美国人,也许会效果不错,但笔者班上的留学生主要来自于越南、韩国和非洲国家,于是一个苏丹学生对我说:"老师不要总是说美国,那是一个特别的国家,他们的文化习惯跟很多国家都不一样。我们跟它也不一样。"这位苏丹学生的意见代表了相当一部分亚洲学生的感受。这就是教材假设的教学对象与实际的教学对象错位,教师花很大精力介绍的是一些跟他们无关的情况;跟他们有关系的事,我们的研究或者说在教材中的体现却很少。这就好比让戏校的孩子跟着黄梅戏的唱腔学昆曲,教学效果事倍功半。笔者认为,联系来华留学生生源的实际情况,在文化课教材的内容设计上打破欧美文化"一头沉"的现象,加强亚洲相关国家的文化内容,应该成为今后对外汉语教材修订和编写中必须注意的问题。

二、关于"嵌入式"文化教学模式的尝试

目前我们经常采用的文化教学模式大概有以下几种:

(一)开设专门的文化课或专题文化讲座。这是一种最为常见,也是最为方便高效的教学模式,学生可以在较短时间内学习到大量系统完整的知识,缺点是学生比较被动。

(二)文化讨论。学生就某个问题发表自己的看法,在提问和讨论中学到知识。学生具有了一定的主动性,但这种方法的成

功与否,受很多因素限制,如话题的选择是否合适,学生的性格外向还是内向、语言表达能力如何、准备是否充分等。

(三)文化参观。这是不少学校常用的方式,具有课堂教学不具备的娱乐性和趣味性,有利于调动学生的积极性。但由于受时间、经费等的限制以及教学效果难以预测,注定了它只能是一种辅助性的教学模式,一般是就近选择,一学期一到两次,因而教学内容相当狭窄。

这些文化教学模式各有特点,但有一点是共同的,那就是学习者都是站在中国文化的外围,以旁观者的角度去了解这种文化。他们虽能身临中国文化之境,却无身行中国人之事所唤起的主体意识的深刻共鸣。这样,学习者对中国文化的理解就难免带有肤浅性和不准确性。如何弥补这种不足,寻找更为丰富的教学模式作为补充,是文化教学中值得探讨的一个话题。在这个问题上,笔者从自己的一次经历中得到一点启示。为了让孩子了解和感受多样的文化,一次,圣诞节快要到来时,我给自己的孩子介绍了什么是圣诞节,告诉他每个孩子在圣诞节都可以得到圣诞老人的礼物,并建议他把自己的愿望写在纸上,放在袜子里挂起来。"真的会有圣诞老人吗?"孩子将信将疑地写好愿望,我一看他要的礼物都比较贵,而且并不是我赞成的东西,便动员他改一改,但孩子很固执,说不要别的,就要这个。这真让我感到矛盾,不满足他吧,会打破自己刚刚构建起来的神话,满足他吧,自己又不太情愿。怎么办?刹那间,我突然深刻理解了以前一篇英语课文里描写的那种情感。这篇课文的大意是:圣诞节快到了,爸爸问我要什么礼物,我说要一匹小马,爸爸说不行,要我换别的,我坚决不换。结果,圣诞节那天兄弟姐妹们都得到了礼物,唯独我没有，我感到非常痛苦和绝望，一个人坐在门外伤心。就在这时一个人骑着一匹马走来，我又经历着希望与痛苦的折磨，当我得知这匹马真的是我的，我由极度绝望陷入了极度狂喜，明白了这是父亲的一次极具匠心的安排。以前学习这篇课文时，我自以为懂得了课文的意思，但这次自己真的身经其事之后，才发现以前的理解是多么肤浅。由此想到对外汉语的文化教学，除了上面以"旁观"为主的教学模式以外，是否还应充分利用可能的条件，把学生作为当事人"嵌入"一些真实的情景，如让他们在学校里真实地处理一次问题、真正按中国的标准过一次春节、当一次中国的父母和孩子、按中国方式招待客人，等等。学生通过这种身经其事的"嵌入式"方式获得的文化体验会更为深刻，这些体验还能起到举一反三的作用。其实这种活动学校和教师并非没有组织过，但其目的却不都是为了传授中国文化。在此提出，只是想是否可将此类活动变成一种文化教学模式，通过研究和试验使之更系统、更科学。

　　以上从两个方面谈了自己对文化教学的一些体会和感想，说到底还是一种教什么和怎么教的问题，目的是希望我们的文化教学能日益成熟。

第三章

文化教学原则与教学方法

第一节 文化教学的刚性原则与柔性策略①

本研究探讨对外汉语教学中文化教学的原则、策略和意识兼及教师的文化心态等问题。所说的文化是广义的，包括中国人的生活方式、价值观念、处世哲学、思想文化、习俗文化，以及中国历史、当代国情，乃至汉语教学界学者提出的知识文化、交际文化，等等。

以往的研究中，有些成果与本节讨论的问题相关相近，代表性的意见如：（1）赵贤州（1992）②提出，文化导入必须遵循"阶段性、适度性、规范性和科学性"的原则，即文化的导入要适合学生语言水平、适应语言教学需要、要传授目的语国家的通用文化。（2）赵金铭（1999）③认为，文化取向应先认同，后找差异；应取双向文化的态度，介绍自己，亦应旁及他人；内容切忌幼稚，力避说教，等等。（3）程棠（2000）④指出，要坚持"正确而客

---

① 本节摘自李泉《文化教学的刚性原则和柔性策略》，《海外华文教育》2007年第4期。
② 赵贤州《关于文化导入的再思考》，《语言教学与研究》1992年第3期。
③ 赵金铭《论汉语作为外语教学中的文化取向》，见陈恩泉主编《双语双方言与现代中国》，北京：北京语言文化大学出版社，1999年。
④ 程棠《对外汉语教学目的、原则、方法》，北京：华语教学出版社，2000年。

观地介绍中国的现状和中国文化",反对民族文化虚无主义和文化沙文主义;强调要从文化差异的角度来考虑文化教学内容的可接受性。(4)李红(1998)[①]强调,教师在文化教学中"应时刻保持清醒的多元共生意识,平等对话意识和求同存异意识"。(5)周健(2004)[②]主张教师应具备汉外"双文化意识"。如此等等,这样一些观点和意见都很有指导意义和参考价值。

本研究在前人研究的基础上,把汉语作为外语或第二语言教学过程中,教师在汉语课或文化课上应把握的文化教学的原则、策略以及所应具有的文化教学的意识和心态,概括为文化教学的刚性原则和柔性策略两大类别,并在"刚性"和"柔性"的视野下,举例探讨了有关问题。

一、文化教学的刚性原则

文化教学的刚性原则,是基于外语教学的性质、特点、目的及文化内容本身的特点而提出的,要求教师在教学过程中应掌握并予以执行。就是说,这类原则不可不遵守、不可不照办,否则,就将偏离外语教学的规律。因此,我们把这类文化教学原则看作是刚性的。

文化教学有哪些刚性原则,乃至于有没有刚性原则,都是可以探讨的。下面试举若干我们认定的刚性文化教学原则,来进一

[①] 李红《试论对外汉语教学中的跨文化交际意识》,《陕西师范大学学报》(哲学社会科学版)1998年第6期。

[②] 周健《论汉语教学中的文化教学及教师的双文化意识》,《语言与翻译》2004年第1期。

步讨论有关问题。

（一）语言教学的同时要进行文化教学。这是外语教学中总的文化教学原则，它是由外语教学的性质决定的。任何民族的语言都凝聚着该民族的历史和文化，民族语言区域化或国际化的过程，也是该民族历史和文化区域化或国际化的过程，简言之，外语教学的过程，在很大程度上，也是介绍这个民族历史和文化的过程。因此，语言教学理所应当要跟文化教学相结合。

（二）语言教学必须教授的是与语言交际密切相关的交际文化因素[①]。这是外语教学中文化教学的基本原则，它是由外语教学的目的决定的。例如，教授问候语、称谓词、自谦等词语或语言表达方式时，必须介绍相关的文化内涵，否则就可能影响交际的有效进行。

（三）与语言交际相关的文化因素的教学要与语言教学的阶段性相适应，即文化因素教学的适时性原则；要与文化教学的服务性相适应，即文化因素教学的适度性原则；要与学习者的真正需要相适应，即文化因素教学的针对性原则[②]。这些原则是由一般教学规律和外语教学规律共同决定的。在教材编写和课堂教学中应切实得到贯彻，否则就不符合外语教学的规律，也就达不到应有的教学效果。

（四）外语教师应持有开放的文化心态。这一原则是由文化的多样性决定的。世界文化和文明的多样性是一种客观现实，外语

[①] 所谓交际文化，指的是两个文化背景不同的人进行交际时，直接影响信息准确传递的语言和非语言的文化因素。张占一《试议知识文化与交际文化》，《语言教学与研究》1990年第3期。

[②] 李泉《对外汉语教学理论思考》，北京：教育科学出版社，2005年。

教师应持有开放、包容、和谐共生的文化心态。对母语国的文化不炫耀、不自轻、不溢美、不自贱，客观平实地加以解说；对他文化亦应采取类似的态度，不炫美、不贬损、不歧视、不排斥，不卑不亢地加以介绍。教师在持有开放的文化心态和树立多元文化意识的同时，还应增强文化沟通和互动的意识，并在教学中付诸行动。

（五）外语教学应增强对文化差异的敏感性和包容性。这一原则是由外语教学的跨文化教学属性决定的。在外语教学和学习过程中，师生双方都应增强对文化差异的敏感性和包容性。因为不同文化之间存在情况不同、程度不等的差异性，这是客观事实，不了解差异所在就不可能很好地理解有关的文化现象，就可能造成交际障碍，因此必须首先增强对差异的敏感，而了解差异正是为了跨越差异，跨越差异则需要对异文化给予应有的尊重和包容。

进一步来说，"文化差异的敏感性"警示师生双方，不要以为自己的文化都是对方了解并认同了的文化；"文化差异的包容性"提醒师生双方，不要用自己的文化观念去评判对方文化的是非优劣。跨文化教学要求师生双方既要注意文化的差异，更要注意对差异的理解和尊重、包容和适应；力戒进行"优劣"比较，否则就失去了对文化差异敏感的意义，不仅不能很好地跨越差异可能带来的理解和交际上的障碍，很可能无意间设置了"障碍"，甚至制造了"冲突"。

（六）具有不可更改性的文化内容应采用刚性教学原则。有些文化内容，无论是属于交际文化还是属于知识文化[①]，本身都

---

① 所谓知识文化，指的是两个文化背景不同的人进行交际时，不直接影响信息准确传递（即引起偏差或误解）的语言和非语言的文化因素。张占一《试议知识文化与交际文化》，《语言教学与研究》1990年第3期。

是"刚性"的,具有不可更改性。对这类文化因素,如果需要介绍,就应该拷贝性地说明,周遍性地表述。如中国人的姓名表述都是"姓"在前,"名"在后,所有中国人姓名的表述顺序都是如此。又如,汉语地名、单位名称、时间顺序的表述都是从大到小。再如,关于中国历史朝代、历史人物、历史事件等的介绍,都应采取刚性介绍的原则。因为上述列举的文化内容,总体上说都具有"多年一贯"乃至"千年不变"的特点。因此,教学中如果需要,都应客观地、科学地、不折不扣地加以介绍。尽管介绍的角度和方式、内容的多寡、程度的深浅等可以有所不同,但所介绍的内容本身都应是准确的,无可争议的。当然,这类"本土性""多年生"的文化内容,如果自身或受到外来文化的影响而发生了某些变化,则亦需客观地予以指出,而不能只停留在介绍该文化项目的"原始状态"。

二、文化教学的柔性策略

文化教学的柔性策略是针对文化教学的内容取向、文化内涵的概括、文化内容的解说以及文化教学的意识和态度而言的。有关这类问题的教学原则,应根据具体情况灵活处理而不宜绝对化。换言之,文化内容的取向和取舍、文化内涵的概括和阐释、文化特征的理解和应用、文化教学的观念和意识等都不应过于单一、过于执着、过于绝对,而应增强多元、弹性、相对的意识,与此相关的原则我们称之为文化教学的柔性策略。

柔性策略是基于文化是对社会历史、风俗习惯、思想观念、伦理道德等遗产的概括,以及民族文化具有多元性和变化性特点而提出的。"概括"就意味着取舍，就难免有片面性，视之便不宜绝对化。"多元性和变化性"是说，某一民族的文化既包括主流文化也包括多种亚文化，并且这些文化都是发展变化着的，在信息交流多样化和传播手段现代化的今天，不同民族之间文化的交流、影响和渗透更是前所未有的。这就要求在跨文化教学活动中，对文化的取舍、概括和解说等都应采取多元的、变化的、弹性的观念，而不能一概而论，不能绝对化。

文化教学有哪些柔性策略，乃至于是否存在和需要柔性策略，都是值得探讨的。下面试举若干我们认为可以看作是柔性的文化教学策略，来进一步讨论有关问题。

（一）文化内容的取向应采取柔性策略。一般来说，外语教学的文化应以当代文化、主流文化、与语言交际密切相关的文化为主，这无疑是正确的。但在教学实践中，对这样的内容取向原则不宜绝对化。一方面，许多情况下当代文化跟古代文化往往是不容易截然分开的，主流和次主流、非主流也不是泾渭分明的，有着五千年历史的中国文化尤其如此；另一方面，古代的、非主流的文化，与语言交际关系并不十分密切的文化，如果需要或相关内容所及，也可以作为文化教学内容的选取对象。这是文化教学内容取向应采取柔性策略的缘由和理据。例如，相对于儒家文化，老庄哲学所代表的道家文化不能算作是主流文化，至少不如儒家文化在中国的影响那么大。但是，无论从老子和庄子的思想本身，还是从中国文化史的角度来看，老庄思想都应该或可以作为文化教学的内容。因此，虽然不能一提文化就是中国传统文化，但是对传统文化，无论是主流的，还是次主流的、非主流的，都应采取柔性的教学策略，不能一概加以排斥。例如，我们在《汉语文化双向教程》（1999）[①]中，第四课借助参观明十三陵，师生通过课文"对话"讨论了中国人的"阴阳和风水"观念；第九课借助参观北京白云观，师生通过课文"对话"讨论了"中国土生土长的宗教道教"，内容涉及道教和道家的核心思想以及五行相生相克，"短文"介绍了"老庄哲学"，短文和练习分别讲述了庄周梦蝶的故事和庄子与惠子在水边关于"鱼乐"的辩论。学生在语言学习的同时初步了解了这类"非主流"文化。教学实践表明，这样的教学内容取向很受师生的欢迎[②]。

（二）文化内涵的概括应采取柔性策略。外语教学实践表明，教师为了说明文化差异或介绍某种文化内涵，有时不得不进行文化概括或借助于某种定了型的文化概念，来标注或指称相关的文化内容，如"中庸思想""和为贵""重义轻利""重男轻女""含蓄内向""热情浪漫"等，然而这种"文化定型"或"文化概括"往往容易被标签化、绝对化，进而导致学习者"思维定式"，造成理解和交流上的偏差。这就是说，对文化不定型、不概括，就难以说明和解释某种现象，就难以进行文化教学，但是，一定型、一概括，就可能造成"僵固化"或"过分概括"[③]。学习者就会对相关的文化做绝对化和机械化的理解，不仅不能准确地理解和把握有关的文化，反而可能形成某些框框或"成见"。

解决文化教学这种两难状况的办法，首先还是尽量避免进行

[①] 杨瑞、李泉编著《汉语文化双向教程》（准中级），北京：北京语言文化大学出版社，1999年。

[②] 辛平《一部好用、实用、有趣的教材——介绍〈汉语文化双向教程〉》，《世界汉语教学》2000年第4期。

[③] 高一虹《"文化定型"与"跨文化交际悖论"》，《外语教学与研究》1995第2期。

定型化的概括，如果可能就"力求用故事来说明文化，用实例来反映观念"①，这样既给学习者留下思考的余地，也有利于通过具体的实例和语境来体会和感知相关的文化内涵，更重要的是有利于避免因定型带来的绝对化、标签化和片面化理解。其次，如果需要对相关的文化进行定型概括，那么应尽量采取柔性的概括策略，即力避泛指化、力求确指化、内涵限制化。例如，"儒家推崇中庸思想，中庸思想对许多中国人都有影响"，就比"中国人都推崇中庸思想"的表述要柔性；"在情感的表达上，中国传统的观念是讲究含蓄，不太赞赏直白和外露"比"中国人都喜欢含蓄"的表述要准确。

（三）文化现象的阐释应采取柔性策略。文化介绍和阐释应尽量避免简单化、标签化、本民族中心化等倾向，应采取多角度、有限定、中外对比、古今联系、不炫不贬的柔性策略。多角度意味着不是单一的取向，而是尽可能多地介绍多元的观点；有限定就是尽可能避免周遍性的表述；中外对比要求不仅要说明中外在相关文化上的差异，还要尽可能说明差异的原因；古今联系要求对当代文化的阐释要尽可能联系历史，对传统文化和习俗的介绍要与时俱进，联系现实说明变化；不炫不贬，要求对己方文化不炫耀、不溢美，对他方文化不贬损、不排斥，尽力以中性的立场进行客观性的描述。

例如，不能不加限制地说"中国人都没有隐私的观念"，更不能说"中国人不在乎个人的隐私，也不在乎别人的隐私"。诸

---

① 李泉、杨瑞《〈汉语文化双向教程〉的设计与实施》，见《中国对外汉语教学学会第六次学术讨论会论文选》，北京：华语教学出版社，1999年。

如工资、年龄、婚变、宗教、职业、家庭财产等在西方人看来是属于个人隐私范畴的东西，在一些中国人那里确实不把它们看作是不可触犯的个人隐私。但是，绝不是所有的中国人在任何场合都问及或自我表白这类问题。就是那些不把"年龄、收入、婚变"等当作个人隐私的中国人，未必没有隐私观念，很可能是他们的隐私内容与西方有所不同而已。比如，中国人生活中的禁忌大都跟隐私相关，生活中常说的"哪壶不开提哪壶"或许就是隐私观念的体现。因此，就隐私问题，是否可以从以下角度去考虑：（1）说明中西方隐私范畴不尽相同，尽可能说明原因。（2）比较中西方对待隐私的态度和重视程度，尽可能挖掘其中的原因。（3）指出随着中国人生活方式、生活观念的变迁，以及中外交流机会和渠道的增多，越来越多的中国人之间，特别是在中国人跟外国人交往中，对西方人观念中的隐私的概念越加清晰，特别是高学历的"文化人"，隐私的所指范围也越来越西化，尽可能不触及个人隐私已逐渐成为越来越多的人的观念。

又如，有的教材在解说文化现象时往往缺乏柔性观念，造成文化介绍偏误现象[①]。比如，"中国人听到别人赞美，总是说'哪里，哪里'，'一点也不行'或'一点也不好'，等等。"[②]这一解说可能存在以下几个不足：（1）没有"多角度"，显然对别人的赞美并不是只有这一种回答模式。（2）没有"有限定"，这里的"中国人"是周遍性词语、"总是"是周遍性修饰语，"一点也不"是全量否定方式。不仅不加限制，反而使用"周遍""全

[①] 李泉《对外汉语教材中的文化偏误分析》，英国汉语教学研究会年会论文，2006年9月，剑桥大学。

[②] 吴晓露主编《说汉语　谈文化》，北京：北京语言学院出版社，1994年。

量"的言语形式来加以强调,这样的解说太过于刚性,不符合实际。(3)没有"中外对比",对赞美的回应,中外有着明显的差别,一则体现为自谦,一则为致谢,并且应进一步阐释差异的成因。"中外对比"应是这个文化点的核心,理应好好"说一说,谈一谈"。(4)没有"古今联系",因而显得绝对化。事实上,这种说法与当今中国社会的实际是不尽相符的,接受并感谢对方的赞美已为越来越多的中国人所习惯。

(四)文化特征的理解应采取柔性策略。文化的概括和定型,实际上是对某种文化现象原型特征的概括。原型范畴是认知语言学的基本观念,它强调实体的范畴化是建立在好的、清楚的样本(Exemplar)之上,其他实体根据它们与这些好的、清楚的样本在某一种或一组属性上的相似性而归入该范畴。这些好的、清楚的样本就是典型(Prototype)(或称原型),它是范畴中最具原型性(Prototypicality)的成员,与较差、最差的成员之间可有等级之分。"原型"除了被用来指范畴中的最佳成员以外,其更确切的意思是指作为范畴核心的图式化的心理表征(Mental Representation),或者说一种认知参照点。在这个意义上,最佳成员也并不就是原型,只是原型的例示(Instantiate)[1]。"原型的例示"是说通过最有代表性的实例来展示原型的样子、特征,人们以此为参照来辨别范畴中成员的原型性程度。我们在这里试着把范畴化的原型理论、原型特征观念引入第二语言教学,用来说明文化特征的概括是一种原型效应。教师应引导学习者采用原

---

[1] 廖秋忠《〈语言的范畴化:语言学理论中的典型〉评价》,见《廖秋忠文集》,北京:北京语言学院出版社,1992年;张敏《认知语言学与汉语名词短语》,北京:中国社会科学出版社,1998年。

型效应的方式来理解和认知有关的文化特征。让学习者清楚,某种定了型、取得普遍性共识的文化特征,只是例示了该民族某种文化的典型特征,而典型的文化特征对于该民族的群体来说也只是一种总体倾向性,一种集体性典型特征。因此,学习者在理解有关的文化定型及其内涵时,不能机械化地理解、绝对化地套用。比如,说"法国人浪漫""英国人保守",就想当然地认为每个法国人都很浪漫,每个英国人都很保守。"浪漫"和"保守"分别是对法国人和英国人群体性的原型特征的概括,个体的法国人和英国人所分别具有的"浪漫"和"保守"特征的程度是有差别的。

文化概括和特征定型的弊端是,夸大了不同民族的"群体差异",忽略了同一民族文化体现的"个体差异"[①]。因此,既要有文化特征的群体普遍性意识,也要有文化特征的个体差异性意识。说"中国人崇尚谦虚",是对中国人群体特性的概括,它是一种原型性特征,不同的人具有这种原型特征的程度不同,同一个人在不同时期、不同场合具有这种原型性特征的程度也可能不同。不能对群体的典型特征做泛化理解,即"德国人严谨古板","他是德国人",所以"他严谨古板";不能用这种对群体的典型特征的概括代替对个体的具体观察和分析。普遍性和特殊性的原理对文化现象的解释和理解同样适用。

(五)此外,还有一些问题应该采取柔性的教学策略。例如,(1)知识文化的教学应采取柔性策略,即语言课上对那些不直接影响信息准确传递的文化因素是否要介绍,有无必要单独开设

---

① 高一虹《"文化定型"与"跨文化交际悖论"》,《外语教学与研究》1995年第2期。

文化课,都不能简单地采取"教"或"不教","开"或"不开"这样的刚性原则来处理,而要根据学习者的具体需求和具体问题来决定,即采取柔性策略。(2)涉及政治和国家关系等敏感问题,应该采取柔性的教学策略。汉语教师应具有包容心态、自信心态、开放心态以及应有的国家意识。教学中如果涉及诸如政治、民主、人权、人口问题以及国家关系、国家间的历史问题等,不应一味回避,不要有"难言之隐",不必"课下私聊";但也无须借此做场政治报告,不要"慷慨激昂",不必"力求说服";如确有必要,教师本人又具备相关的理论、知识和材料,应表明个人的看法,但不强作解释,更不强加于人,意在"交换看法"。

三、结语

以上从宏观的角度提纲挈领地讨论了汉语作为外语教学中文化教学的原则、策略和方法等问题,主要涉及语言课上的文化教学问题,但其中所提到的某些原则、策略、观念和方法等也适用于单独(不管是用目的语还是用学习者的母语)开设的文化课教学。本研究旨在建议在文化教学中树立刚性原则和柔性策略(也可以称为"柔性原则")的观念,并根据具体问题分别采取"刚性实施"和"柔性实施",以提高文化教学的质量和效益。以往的教学实践表明,我们在该使用柔性策略来处理的文化问题上,如文化的取向和取舍、阐释和表述、理解和认知等,往往采用单一化、绝对化、机械化的刚性原则,致使文化教学不仅效果不够理想,甚至误教、误导了学习者,学习者误解、误用了相关文化。因此,教师尤其要增强文化教学的柔性观念,加强对文化教学柔性策略的研究，引导学习者树立文化理解和认知的柔性观念，以减少因刚性理解而带来的文化认知偏误及可能产生的"文化不适应症"。

第二节 文化教学的服务性原则[①]

从20世纪80年代开始，文化教学就逐渐成为对外汉语教学界关注的研究对象，到90年代中期，关于文化教学的研究与讨论一度非常活跃，后来逐渐趋于平稳[②]。虽然对外汉语文化教学研究成果卓著，但目前文化教学在理论研究与实际应用之间还存在诸多障碍，很多重要的理论观点在实际应用中存在着多样化的分歧。

从理论层面看，外语教学中的文化教学主要受两种理论的指导。"第一种是语言文化二元论，即语言与文化是可分的，语言是文化思维的载体，是交际的工具；第二种是语言文化一元论，语言即文化，语言中蕴含着整个文化的世界观、思维模式。"[③]依托不同的理论，将产生完全不同的文化教学观点与模式。但是作为一种学科体系，对外汉语教学中的文化教学在应用原则上应

---

① 本文摘自李鑫《对外汉语教学学科体系中的文化教学原则与策略研究》，《汉语应用语言学研究》2013年第1期。

② 亓华《中国对外汉语教学界文化研究20年述评》，《北京师范大学学报》（社会科学版）2003年第6期。

③ 胡文仲、高一虹《外语教学与文化》，长沙：湖南教育出版社，1997年。

具有普适性。目前来看,学界对于汉语教学学科体系中文化教学原则的探讨尚显薄弱,而明确的文化教学原则将有助于学科内多样化分歧的整合。在对外汉语教学学科体系中,学界普遍认为文化教学毫无疑问处于从属性地位,以此为基础,文化教学在原则上应服务于对外汉语教学。

一、对外汉语教学学科体系中文化教学的服务性原则阐释

李泉(2005)[①]曾就文化教学的根本原则做过如下界定:"语言教学的同时必须教授的是所谓的交际文化;知识文化的教学则要根据学习者的需求和具体的培养目标来决定。"并对这一原则进行了补充,认为即使是交际文化因素教学也要考虑其适时性、适度性、针对性、对文化差异的敏感性和宽容性等方面。

这一界定受"交际文化"说影响十分明显。关于这一阐释所涉及的交际文化与知识文化的分类问题留待后文探讨。语言与文化之间的关系错综复杂,但是其紧密性却是共识。"只要语言一被人们使用,一被赋予意义,它总是要与一种文化发生关系。""无论我们采用什么语言教学方法,都会自然而然地导致文化教学。"[②]仅就语言教学本身来说,并不存在必须教授的和不必教授的文化内容。从教学原则的层面,用交际文化和知识文化来区分文化教学的内容显然并不具有较强的可操作性。其实在李泉的阐释中已经包含了一点,即服务性。语言教学中的文化教

[①] 李泉《对外汉语教学理论思考》,北京:教育科学出版社,2005年。
[②] 陈申《语言文化教学策略研究》,北京:北京语言文化大学出版社,2001年。

学事实上只需遵循服务性原则即可。凡是有利于语言学习和应用的文化教学都可以被纳入语言教学体系中来。

在现阶段，语言教学与文化教学还很难完美地融合。综合来看，在汉语教学课堂中，教师对文化教学的应用一般会出现三种情况：一是主动且适度引入文化教学为语言教学服务，学生既学习了语言又掌握了相关文化；二是无意识或者被动引入文化教学为语言教学服务，学生只学习了语言，未意识到相关文化内容；三是过度引入文化教学，导致喧宾夺主，学生对文化的掌握影响了语言学习。

如何来评判对文化教学服务性原则的应用，最根本的就是要考虑到语言教学的效用问题。如果一个汉语学习者在学习了相关的文化内容后，促进了语言学习和应用，那么这一文化教学即是遵循了服务性原则；如果在掌握了相关的文化内容之后，并没有对学习者的语言学习和应用起到促进作用，那么这一文化教学即是违背了服务性原则。在汉语教学课堂中，教师对文化教学应用的优劣可以据此得以评判。语言教学与文化教学是如此紧密相关，与其无意识或被动应用，不如主动且适度地应用相关的文化教学，以便更好地服务于语言教学。

对外汉语教学中的文化教学应遵循服务性原则，不过文化教学在内容和教学模式上有其固有特色，要较好地融入汉语教学中，必须采取相应的策略。关于语言教学中文化教学的策略问题，学者多有论述，陈申（2001）[①]就国内外语言文化教学模式进行了

[①] 陈申《语言文化教学策略研究》，北京：北京语言文化大学出版社，2001年。

综合研究。具体的教学策略背后都有其相应的理论背景支撑，仅就对外汉语文化教学来看，目前对文化教学理论中的文化分类问题尚有诸多分歧。

二、文化教学与文化分类解析

文化分类是文化教学与理论研究的基础。在文化教学中，内容的选择是促进语言学习和应用的核心。仅就与汉语教学紧密相关的中国文化来说，上下五千年涉及的文化内容广博繁杂，如果不进行相应的文化分类处理，那么文化教学不仅不会对语言教学起到促进作用，相反还可能影响到语言教学的效果。

当前对外汉语文化教学中的中国文化分类研究主要还是一种在理论层面进行的探究，其目的基本是整理出与对外汉语教学直接相关的那部分文化内容，其分类原则大致分两种，一种是结构分类，一种是因素分类。

结构分类是对文化的宏观把握，涉及文化学、跨文化交际学等多种学科。从跨文化交际的角度看，国外学者对文化的分层比较成熟，如霍夫斯泰德（2010）[1]就把文化理解为一种心理程序或者心理软件，存在着不同深度层次的文化表现，由最深层到最浅层分别为：价值观、仪式、英雄、符号。从文化学的角度入手，刘珣（2000）[2]最早把文化学纳入对外汉语教学学科理论基础中，

---

[1] 吉尔特·霍夫斯泰德、格特·扬·霍夫斯泰德《文化与组织：心理软件的力量》（第二版），李原、孙建敏译，北京：中国人民大学出版社，2010年。

[2] 刘珣《对外汉语教育学引论》，北京：北京语言文化大学出版社，2000年。

他把文化教学内容分为三个层次：物质文化（表层文化）、制度文化与行为文化（习俗文化）（中层文化）、观念文化。许嘉璐（2012）[①]将文化分为表层文化（物质文化）、中层文化（工具文化）、底层文化（精神文化）。这些观点大同小异，此种分类在文化学界颇为普遍，文化分层在文化教学中有助于对文化内容的宏观把握。

因素分类则是对文化的微观把握，这种分类因角度不同，差异很大。从语言交际的角度入手，影响较大的当属交际文化与知识文化的分类[②]，学界对这一文化分类模式褒贬不一[③]。正如有学者指出，交际文化主要涉及的是跨文化交际中的差异内容，"它不能从根本上解决汉语言本身所包含的和语言运用中可能遇到的全部文化问题，尤其是难于将这些问题融会贯通，让学生举一反三，真正获得分析问题、解决问题的能力"[④]。因此这种分类对对外汉语教学来说弊大于利，用它来阐释文化教学的根本原则也不太合适。

相关的因素分类还有"文化行为项目与文化心理项目""语言文化与超语言文化""语构文化、语义文化、语用文化"等[⑤]。最近也有学者列举了与对外汉语教学有密切关系的八种典型文化现象：俗语文化、骈偶文化、谐音文化、姓名文化、称谓

[①] 许嘉璐《未央三集——许嘉璐文化论说》，北京：中国社会科学出版社，2012年。
[②] 张占一《试议知识文化与交际文化》，《语言教学与研究》1990年第3期。
[③] 亓华《中国对外汉语教学界文化研究20年述评》，《北京师范大学学报》（社会科学版）2003年第6期。
[④] 欧阳祯人《对外汉语教学的文化透视》，北京：北京大学出版社，2009年。
[⑤] 同③。

文化、菜名文化、谜语文化、书信文化[①]。

1988年，国家汉语国际推广领导小组办公室正式提倡"结构—功能—文化"相结合的教学原则，张英（2009）[②]认为其中的"文化"，"包括'文化因素'和'文化知识'两个方面，'文化因素'存在于语言形式之中，属于语言的文化要素，是语言技能教学的一部分。由于隐含于语言形式之中，是语言要素的有机部分，其教学应该融于语言教学之中，次第等级应该以语言为本。'文化知识'指的是跨文化交际涉及的文化，其内容应以观念、规约等为次第等级，此类的'文化'可分项列目，因而可以制订出独立的'大纲'"。但以语言形式为分界点，似乎也很难严格区分文化因素与文化知识。

综上所述，宏观的结构分类对于文化教学只能起到间接的作用，而微观的因素分类则因分类角度的不同与文化因素的博杂而呈现多样化分歧，各种分类不是过窄就是过宽，对文化教学中文化内容的筛选尚存在较大争议。

其实如果从文化教学的服务性原则出发，上述分类均可作为文化教学内容筛选的一种参考，不管是结构分类还是因素分类，只要有利于相关的语言教学，即可作为文化内容选择的一个标准。在实际教学中，教师和学生均可根据自己的情况以某种分类标准为主，这样，文化分类在理论上的多样化分歧将在实际教学中得到整合，文化教学内容的筛选应采用"拿来主义"，以服务语言

[①] 谭汝为《对外汉语教学与中华文化》，见陈强、孙宜学主编《汉语国际传播研究论丛——2012中外学者同济大学演讲录》，上海：上海三联书店，2012年。

[②] 张英《"对外汉语文化大纲"基础研究》，《汉语学习》2009年第5期。

教学为根本原则。

但是，从文化教学策略的角度看，对外汉语教学中文化教学内容的筛选不仅仅涉及文化分类的多样化分歧问题，主观立场的不同将造成文化教学内容的选择者选择完全不同的文化内容。如刘珣（2000）[①]就提出要选择"有代表性的文化：中国人的主流文化，当代活的文化，有一定的文化教养的人身上反映的文化"。在各类型的语言教材和文化类教材中都体现了编写者对文化教学的主观立场。要解决上述多样化分歧，文化教学应从根本上遵循服务语言教学的原则。语言教学对象、教学环境与教学目标的不同将造成完全不同的文化教学内容的选择。

综合现有的文化教学理论研究，语言教学中不可避免涉及的核心文化内容即是文化价值取向。文化价值取向的主动把握与应用对语言教学会起到较强的促进作用。

三、文化教学中的价值取向应用辨析

王建勤（1995）[②]从跨文化交际的角度提出了一种很有创意的文化系统——中介文化行为系统，他认为"一个初学者初次接触目的语文化，唯一可依靠的认知手段就是他的母语文化系统。他唯一所能做的就是用既有的母语文化系统为自己搭一个跳板，试图达到目的语文化的彼岸"，中介文化"反映了学习者在文化

[①] 刘珣《对外汉语教育学引论》，北京：北京语言文化大学出版社，2000年。
[②] 王建勤《跨文化研究的新维度——学习者的中介文化行为系统》，《世界汉语教学》1995年第3期。

习得过程中普遍运用的一种交际策略"。其实在语言学习者的整个学习过程中都存在着母语文化价值与目的语文化价值的交互与碰撞。文化价值取向的应用可以帮助学习者更有效地搭建这一跳板。

在文化的众多表现形式中,价值观无疑是受文化研究者最为重视的。霍夫斯泰德(2010)[1]就认为价值观是文化的最深层表现形式,是一种文化的核心组成部分,其他外在的表现形式基本都是由较为稳定的价值观来构成的。比如中国的节日饮食文化,过年时北方吃饺子,南方则吃汤圆,其外在的表现形式不同,但内在反映出的则是共同的价值观——对家庭与血缘的重视。

"了解一个文化的价值取向,是积累文化知识的主要方法之一"[2],可以直接推动和促进语言的学习和应用。因此价值取向是文化教学的中心因子,授人以鱼不如授人以渔。但是面对纷繁复杂的文化现象,对价值取向的把握需注意尽量保持客观,避免较强的主观色彩与简单化。

在对外汉语教学课堂中,不可避免要遇到的就是中华文化价值取向问题,而对这一问题的把握也是仁者见仁,智者见智。中华文化博大精深,源远流长,对其价值取向的提炼也是多元化的,许嘉璐(2012)[3]认为中华文化的特点是"重家庭;重稳定;重传承;重和谐;重道德;重现世,轻来世"。显然,这一价值取

---

[1] 吉尔特·霍夫斯泰德、格特·扬·霍夫斯泰德《文化与组织:心理软件的力量》(第二版),李原、孙健敏译,北京:中国人民大学出版社,2010年。

[2] 陈国明《跨文化交际学》(第二版),上海:华东师范大学出版社,2011年。

[3] 许嘉璐《未央三集——许嘉璐文化论说》,北京:中国社会科学出版社,2012年。

向的提炼是其文化三层次中的底层文化,或者说是精神文化的高度概括,可见许先生对文化价值观念的高度重视。

对外汉语教学更多碰到的是两种文化价值取向的差异问题。有学者曾就中美文化的价值取向差异做研究,得出如下结论[①]:
表1:

表1 中美文化的价值取向差异

中国人	重团体	重传统	重和谐	重谦虚	重仲裁	重正式	重命运	重圆滑	重理想	重过去	重老年	重精神	重多神	重天人合一	不重时间
美国人	重个人	重变化	重竞争	重表现	重自助	重随性	重征服	重直接	重实际	重现在	重青年	重物质	重有神	重人定胜天	重时间

表1中美两种文化价值取向泾渭分明,学习者在学习了上述价值取向的不同后,必然会对中国人形成一种简单印象,对于初学者无疑提供了一个较为明确的价值界限,但这一文化定型则更多地抹杀了中华文化价值取向的多元化特色。当碰到另外一种文化时,这一文化定型不仅不会起到促进沟通与理解的作用,相反可能带来更大的误解。

其实在西方人眼里,中国人在价值取向上充满了矛盾(表2):

---

① 陈国明《文化价值取向与语言》,见《第二届华语语文教学研讨会论文集:教学与应用篇》(上册),台北:世界华文教育协进会,1990年。

表 2　中国人的性格特征

耿直	坦诚	多疑	古板	讲实惠	尚礼仪	主中庸	重节俭	守古法	知足常乐	烧香算命	爱抱团	爱挑刺	不爱管闲事	懂得"只争朝夕"的道理
圆滑	世故	轻信	灵活	重义气	少公德	走极端	喜排场	赶时髦	梦想爆发	无宗教感	好窝里斗	会打圆场	爱说闲话	主张"慢慢来"

虽然表 2 中中国人的性格特征是一种感性认识的综合，但相信每一个中国人都能从中找到自己的影子。这一双重的价值取向模式反映了中国式的"阴阳思想"，而"阴阳思想"也是中国文化中的核心价值观之一。因此，在文化教学中对中外文化价值取向的比较应尽量避免简单化，而应体现中华文化的独有特色。

在对外汉语教材中，大部分教材第一课都是讲"你好"，但事实上中国人在日常生活中，用"你好"的频率很低。"在汉语文化情境中，'你好'是在特定情境中和熟人打招呼时用的。"[1] 面对陌生人，打招呼的方式不同；面对特殊身份的人，打招呼的方式不同；在不同的地方，打招呼的方式也不同。其背后反映了一套称谓文化。"小姐""姑娘""姐姐""先生""同志""大哥""叔叔""老板""老师""吃了吗？"，诸如此类的日常称谓与问候语如果没有特殊的语境相对应，往往会造成交际障碍。这一表层的称谓文化其实反映的是中国人对"关系"的重视，一种称谓往往代表着交际双方背后的关系。更深一层则包含了中国

---

[1] 吴伟克主编《体演文化教学法》，武汉：湖北教育出版社，2010 年。

人长幼尊卑、亲疏远近的伦理秩序。对于一个外国人来说，学会了"你好"，基本可以完成日常打招呼的交际任务。但通过对价值取向的应用，使他进而能理解他身边的中国人多样化的称呼方式，则会有效地促进其语言应用与表达水平。这也是对外汉语教学中文化教学服务性原则的恰当体现。

在实际教学中，价值取向的应用主要受三种因素制约：语言教学对象、教学环境与教学目的。单一文化背景的学习群体与多元文化背景的学习群体在价值取向的应用上各有侧重；国内的教学环境与海外的教学环境在价值取向的应用上也有较大差异；不同学习目的的学习者对价值取向教学的需求也各不相同。在文化教学中，如果能够因人、因地、因时地应用价值取向教学模式，则会对学习者的语言学习与应用起到很好的促进作用。下面以吴伟克等（2010）[1]创立的"体演文化"教学法为例，进一步分析价值取向教学中的文化因子应用问题。

四、体演文化教学模式中的文化因子分析

体演文化（Performed Culture）教学中所涉及的文化因素主要是行为文化，创立者认为行为文化是外语学习的重点，因为"外语学习的目标就是要反复灌输语言和社会中的那些默认的、符合文化规范的行为方式"，"文化不是一个仅供观赏或思索的对象，而是一种通过体演和实践所获得的经验"[2]。

---

[1] 吴伟克主编《体演文化教学法》，武汉：湖北教育出版社，2010年。
[2] 同①。

本研究所要分析的不是体演文化教学模式的具体实施方式，而是这一模式中文化内容的选择。创立者将整个模式称作游戏，即"具有协定的规则（有着公认的参考标准并且限制着特定的活动）和共同目标的文化表演"。这一模式主要涉及的是与人际交往有关的文化游戏，其中的游戏规则采用的就是一套独特的价值取向系统。

游戏规则被分为了三类："津津乐道"的规则、"视而不见"的规则、"家丑不可外扬"的规则。分类标准主要依据本族语者对相关文化现象的态度，具体涉及的规则见表3：

表3

"津津乐道"的规则	"视而不见"的规则	"家丑不可外扬"的规则
（1）面子是万事的底线	（6）客随主便	（12）对陌生人不必礼貌
（2）关系是关键	（7）谈论明摆着的事	（13）没有明确的言语道歉
（3）含蓄是行事方式	（8）第三方调解	（14）善意（人情）是一种资本，可以被投资和交易
（4）互惠是必需的	（9）声东击西	（15）越白越好
（5）迷信禁忌扮演了重要角色	（10）在公共场合发生的事是公事	
	（11）称赞别人和回应称赞远比看上去的要复杂	

表3中对这一规则的统计尚不完全，不过主要的文化因子都已包含其中。创立者认为："在中国，通过关注人际关系来教授

语言尤其有用，因为中国传统文化强调的就是人际关系，而且中国人普遍倾向于在评价一段工作或私人关系时首先对'诚意'和'人情'进行评估，其次才是有效性。"① 毫无疑问，在中国人的行为文化中，"面子"和"关系"是处于核心地位的价值取向因素，在表3的15条规则中大部分都与这两条规则有关，是其价值取向的多元表现。三类游戏规则的划分不仅揭示了中国社会中人际关系的核心价值取向，同时也展现了中美两种价值取向的差异，这种差异不是简单的是非对错，而是一种多元化的表现，并且综合来看也具有较强的可操作性。

这一模式的实施有明确的教学对象，相应的教学环境和清晰的教学目标，与语言教学形成了紧密的契合关系，是文化教学与语言教学的较好融合。可见，在语言教学对象、教学环境与教学目标明确的情况下，结合文化价值取向教学，可以设计出更好的语言教学模式。

五、结论

作为一种学科体系，对外汉语教学中的文化教学应遵循服务性原则，这一原则有利于当前文化教学中多样化分歧的整合，从而使文化教学在理论研究与实际应用上进一步融合。在这一大原则之下，文化教学应采取相应的策略以更好地契合语言教学，从而促进学习者的语言学习与应用。在语言教学对象、教学环境与教学目的既定的情况下，适度地应用相关的文化价值取向教学可

---

① 吴伟克主编《体演文化教学法》，武汉：湖北教育出版社，2010年。

以对语言学习起到直接的推动作用。文化价值取向教学可以有效地促进学习者在母语文化与目的语文化之间的沟通与理解,为语言学习和应用提供一套有效的价值工具。

第三节　汉语国际教育背景下
　　　　文化教学策略的思考[①]

语言是文化的载体,文化是语言的内涵。在学习语言的过程中,学习者始终伴随着目的语文化学习。在当今国际大背景下,越来越多的汉语学习者不仅通过学习语言进行交际,更重要的是接触到一种不同于自己母语的文化,不断了解人们的文化心理与价值观念。"在学习汉语的过程中,不断接触到的汉语词汇、语法结构及表达所隐含的文化内容,以及体现在汉语运用过程中的民族思维模式,独特的文化视角,乃至人们的文化心理和价值观念,这些都为学习者打开一扇窗口……从而扩大视野,包容差异,接受文化多元性。"[②] 在海外汉语教学中,如何进行文化教学,这始终是汉语教师面临的一个问题。

自从2006年美国的一些高中正式开设了"AP汉语与文化(AP

---

① 本文摘自吴方敏《汉语国际教育背景下文化教学策略的思考——以美国AP汉语与文化课为例》,《云南师范大学学报》(对外汉语教学与研究版)2015年第4期。

② 赵金铭《国际汉语教育中的跨文化思考》,《语言教学与研究》2014年第6期。

Chinese Language and Culture)"课程(以下简称 AP 中文)以来,课程内容与教学模式日益成熟。AP 中文课程体现了美国外语教学标准。在《美国 21 世纪外语学习标准》中,明确提出沟通、文化、贯连、比较、社区,这就是著名的"5C"要求,文化在其中占有极其重要的位置。

AP 中文课程中与文化紧密相关的内容是教学中极其重要的环节,可以说贯穿始终。教师在文化教学中所运用的教学策略对当今的汉语教学具有一定的启示作用。

在海外汉语教学中,与文化有关的教学主要有两种模式,一种是在语言课程之外开设专门的文化知识课;另一种是在语言课程中加入文化因素的教学,前者被称为兼并模式,后者被称为融合模式。不同的教学模式各有所长。一般在大学开设专门的文化知识课,学生的知识接受能力与思辨能力达到了一定水平,这种专门的文化知识课便于向学生清楚地展示文化脉络,使学生全面了解文化内容。在一般的中小学中,采用语言与文化相结合的方式,文化成为教学的有机组成部分,学生在学习语言的同时了解文化,对文化的好奇极大地激发了学生学习语言的兴趣。

在海外调研过程中,我们了解到,除了少数中学开设专门的文化知识课,大部分学校均采取语言与文化相融合的方式。在此基础上,现在兴起一种新的文化教学模式,即综合互动的文化教学模式。美国大学理事会发布的《AP 汉语与文化课程概述》提出:AP 汉语课程对学生汉语熟练度的认定标准是 3 种交际模式与 5 个目标。3 种交际模式是指互动交际模式(Interpersonal Communicative Mode)、理解诠释模式(Interpretative Communicative Mode)、表达演示模式(Presentational Communicative Mode)。在课堂中体现出3种交际模式的要求。

在美国的汉语教学中，以"5C"为标准的汉语课堂不仅强调对文化内容的了解，同时也注重学生交际能力的培养，在教学模式上体现出综合性的特点。这种综合互动的模式培养了学生的文化交际能力，增强了他们学习语言和文化的兴趣，当然这也对教师提出了更高的要求。在具体的教学实践中，教师需根据学生情况对教学内容进行灵活处理和合理的运用。

本研究将以美国一所中学的AP汉语课为例，展示在课堂教学中，教师是如何运用互动交际、理解诠释、表达演示3种模式进行文化内容的教学，并试图分析海外汉语教学中文化教学的策略，思考文化教学与3种交际模式的关系。

一、课堂导入环节中注重互动交流，渗入文化情感因素

在这节中文课上，从一上课，教师就让学生处于中华文化氛围之中，在上课之前，教师学生互致问候，学生起立，教师说："同学们早。"学生集体回答："老师早。"教师先给学生读了一封学生的来信。内容如下：

"常老师，您好。过去的十四年你怎么样？高中2001年毕业之后，我2006年从UC DAVIS毕业，现在是土木工程师，有自己的建筑公司。所有工作都是在湾区。我现在住在San Francisco，住了十年。我结婚了，太太是中国人，是注册护士。她为我生了一个儿子和女儿。我儿子今年四岁，很瘦，像妈妈，喜欢问问题。女儿今年两岁，像我，喜欢弹钢琴。我有空的时候喜欢投资房地产，我已经买了四间（栋）房子，我觉得我已经人

生目标成功了。"

"分享的原因是你自己要对自己有信心,学中文对今后的生活工作学习都会有帮助。他在生活和事业方面都很成功。希望大家像他一样成功。"

教师的这一导入方式,可以说是成功地将中华文化融入其中。中国讲究尊师重教,古代就有"一日为师,终身为父"的说法,师生之间是一种深厚的情谊。这封信是一个美国学生写的,一方面表达了对老师的感谢之情;另一方面,也是一个终身学习的成功案例,虽然离开校园,依然坚持学习汉语。教师读这封信的目的是向学生展示汉语教学的成果,同时,文化情感因素的渗入也是对学生的一种极大的鼓励。

在此过程中,教师注重与学生的交流与互动,如"什么是土木工程师?""什么是建筑公司?"对信件中不规范的语言也及时指出,并提醒学生注意,让学生加以改正。如:"是瘦,中文有问题。谁来改这句话?0.5分哦。"互动交际模式是一种双向交际模式,是指人与人之间面对面的互动交流,也包括笔头或网上的信件交流。从某种程度上说,教师成功地将信件主人,也就是以前的学生与教师的交流引入课堂,又与现在的学生及时进行交流,以此帮助学生准确运用汉语。这种语言文化的输入是成功有效的。

二、教学过程中保持师生对话的互动教学策略

在教学过程中,教师引导学生阅读书面材料。对于学生来说,理解诠释模式是指对书面材料在内容意义上的接受、理解和解释。

同时，师生之间，又形成一种互动交际模式。首先，在阅读材料之前，以简明清晰的教学指令对学生提出明确要求：请把"天坛"的讲义拿出来，用两分钟的时间看一看，一会儿把上星期的内容用中文、用自己的话说出来。想一想怎样用中文表达清楚。不认识的字看能不能用不同的词表示出来。叫到你的时候，请用中文说一句，前面已经说过的你不能再重复，你也不能看你的讲义。把你的讲义翻过来。其次，在教学过程中，教师通过提问的方式，引导学生理解与复习所学内容：

教师：你看到这张图片的时候，你会说什么？这个名胜古迹叫什么？它在哪里？是用来做什么的？它有什么特点？

学生：这个名胜古迹叫天坛。

学生：它的外面是方的。

教师：外面什么是方的？

学生：外面的地是方的，台阶是方的。

教师：为什么是方的？

学生：因为人们相信地是平的，地是方的。

学生：天坛是用木头建的。

学生：天坛有好几层。

学生：他们觉得天是圆的。

教师：这个建筑叫什么？

学生：祈年殿。

学生：祈年殿是圆的。

教师：为什么祈年殿是圆的？

学生：因为以前的中国人认为天是圆的，所以祈年殿是圆的。

　　教师：祈年殿的形状是圆的，因为古代的中国人认为天是圆的，地是方的。

　　在这个过程中，学生通过文本的阅读，了解天坛的基本情况，并能够用简明的语言表达出天圆地方的文化内涵。天圆地方是中国古代先哲们认识世界的思维方式，是一种宇宙观的注解。从建筑哲学的角度看，天坛集中反映了这种天圆地方的思想。教师并没有对这种深奥的哲学思想加以解释，而只是对其中的重要信息不断重复，通过这种重点信息的重复输入，强化了教学中的文化内涵。在教学中，教师通过引导学生理解阅读材料的内涵，帮助学生提高阅读效率，培养了学生学习归纳要点的能力，培养了有效的学习方法。

　　教师：还有什么可说的？天坛的外面。
　　学生：屋顶是蓝的，因为它代表天。
　　教师：三层屋顶都是蓝色的，代表天是蓝色的。还有吗？是用来做什么的？
　　学生：是古时候皇帝用来祭天的。
　　教师：什么时候去祭天？
　　学生：春天。
　　教师：春天皇帝到祈年殿去祭天。下面我们进到祈年殿里面，你们有什么可以说说的？
　　学生：后面还有12个柱子，12代表十二个月。
　　学生：28根柱子代表28个星宿。
　　教师：12根柱子加12根柱子是24，代表什么？

学生：时节。

教师：不是时节。冬至啊，春分啊，这些叫什么？有这个节在里面。节是第一个字。

学生：节气。

教师：24代表二十四个节气。天坛的里面还有什么可以说的？

学生：有牡丹花。

教师：你知道牡丹花是什么意思？

学生：富贵。

教师：牡丹花代表了富贵。什么是富贵？Prosperity。还有什么可以讲的？

学生：里面有龙和凤。

教师：龙和凤代表什么？

学生：皇帝和皇后。代表他们的权力。

学生：有红色和黄色。颜色有特殊的意义。黄色是皇帝才可以用的，故宫基本都是这样的颜色。

学生：门上的那些钉都是九个。九的倍数。

教师：为什么是九？

学生：因为九是最大的数字。

教师：对，就是最大的数字，还有，九跟什么有联系？

学生：长久。

教师：对，九是有一定意义的。

在教学过程中，教师与学生始终处于双向互动交流之中。在互动过程中，学生通过对文本的阅读与理解，能够比较充分地理解文化内涵。制定5C标准的专家认为语言教学不能仅局限于词汇、语法的教学或语言技能的提高，而是要让学生进行创造性的语言运用和体认目的语文化。学生对天坛建筑的描述中包含了丰富的文化信息，从古代皇帝祭天，到颜色包含的文化意蕴、数字所代表的意义，以及对龙、凤、牡丹这些文化意象的理解，在语言运用过程中，达成了对目的语文化的认知。

三、文化教学内容测试方式与表达演示模式

在对教学内容全面展开之后教师及时进行了总结，并布置作业，以检查学生对知识的掌握和对问题的思考。教师是这样进行总结的：

  天坛里面有很多有象征意义的文化内涵，如果要选择一个文物古迹介绍一下，天坛就是一个很好的选择，因为里面有很多对于中国人特殊的理念、信念。建筑本身包含了这些。请你回去再看一看，我要让你做一个文化演讲，"天坛"。

在美国调研期间，我们了解到很多学校关于文化教学内容的考察与评价是以演讲报告的形式进行。这与美国的《21世纪外语学习标准》所提出的表达演示模式是一致的。表达演示模式是指成形的演讲、报告、文章等。在波特兰的一所中学，由于该校与中国的一所中学是姐妹学校，两校定期进行交流活动。学生在学习了一定的文化基础知识之后，有机会到中国进行文化考察，回国后需要就考察期间进行的调查做一个报告，内容广泛涉及当代中国生活的各个方面。学生在此过程中，不仅用汉语进行调查、

访谈，回国后还需要撰写小论文，并进行演讲。一个学生就中国人、美国人喜欢与不喜欢糖为题，做了一篇小论文，有表格，有统计，可以看出学生初步具备进行研究的能力。

文化教学的内容广泛，教师在进行测试时不以知识考查为目的，而是以语言运用为媒介，文化体认为目的，采取灵活多样的测试方式，从而培养了学生的思辨能力与初步的学术研究能力。从某种意义上说，AP 课程和 AP 考试是美国教育体系中的一种精英教育，它是优秀高中生学能的体现，也是大学选择学生的重要参考项目。美国大学理事会执行理事特雷弗·帕克曾指出："AP 课程很可能是学生们在接受高等教育之前，体验大学严格学术课程的唯一途径。"[1]文化教学的这种测试方式有利于培养学生进行独立研究的能力。在此过程中，当然教师也会对语言方面提出一些要求，比如要求学生至少用若干个本课所学的新词语，至少要运用所学到的新句式，等等。

四、语言技能与交际模式

在传统的对外汉语教学中，听、说、读、写 4 种技能在教学中占有重要位置。在 AP 汉语与文化课程中，不按技能分类，而从交际模式的角度进行分类。3 种交际模式所涵盖的内容是生动的、丰富的。4 种技能在交际模式下也是多项交错，而不是独立分解的[2]。在课堂上，教师将文化内容与语言教学有机结合，以

---

[1] 王若江《关于美国 AP 汉语与文化课程中三种交际模式的思考》，《语言文字应用》2006 年第 S1 期。

[2] 同①。

下练习方式既包含了文化信息,也考察了学生的语言运用能力。传统的翻译法如果能够灵活运用,仍然在汉语课堂上发挥重要作用。例如:

> 下面,看讲义,看有哪些生词。再看看哪些生词还有问题。用中文能不能把它说出来。下面我说英文,请你说中文。
> 教师:Why does Tian Tan has three roofs?用中文怎么讲?
> 学生:为什么天坛有三层?
> 教师:They symbolize sky, the earth, and everything.
> 学生:他们代表天、地和万物。
> 教师:Why the emperor called *tianzi* in the past?
> 学生:中国的皇帝为什么叫天子?
> 教师:I don't know why I feel so small.
> 学生:我不知道为什么在天坛觉得我很小。

传统听说技能的训练在任何语言课堂中都能起到积极的作用。现代教育技术的发展,可以让我们充分运用各种多媒体设备、影像资料。与此同时,即使在没有任何媒介辅助的条件下,传统的听与说的训练同样可以有效地完成教学目标。在此教学过程中,理解是交际的前提。只有充分理解语言以及语言背后所包含的文化意蕴,才能在今后的交际过程中运用自如。

五、教学内容与实际生活的紧密结合

在AP汉语与文化课程中,教学内容紧密联系当代社会生活,绝不限于传统知识的讲授,看重的是培养学生运用汉语解决实际问题、完成具体任务的能力。

在这一堂汉语课上,教师通过教学,帮助学生理解并学会用中文填写签证申请表,可以说是提高学生成功交际的能力。

　　教师:你决定要去北京看一下天坛,在你走之前,你要做一些准备,你需要做什么准备?你想从三藩市去中国,做的第一个准备是什么?

　　学生:签证。

　　教师:办签证要去领事馆。下面我们来试一下,你去领事馆办签证,他会让你填一个表,我们试一试,能不能把这个表看懂,把这个表填出来。

(教师给学生发放表格。)

　　教师:为了检查你的中文,我把英文擦掉了。你可能有的地方看不懂。还有,你可以写在上面。看一下后面的注意事项。我们一块儿来看一下,上面的最大的标题怎么念?中华人民共和国签证申请表。申请表,什么是申请表?中华人民共和国,就是中国。完整的名字叫作中华人民共和国,简称就是中国。在大的题目下面,马上看到的一个小的括号,里面写的,"此表不适用于香港签证申请"。谁来说一下,什么是"此表"?

　　学生:此就是这。

　　教师:下面,外文姓,你的 last name。后面是外文名。

　　教师:第三是什么?

　　学生:性别。

　　教师:第四项,曾用名。什么是曾用名?是不是

nickname？

（学生用英文解释。）

教师：曾经用过的名字。好像我们大部分同学都没有，除非你改名字了，以前你的名字是什么。下面有中文名字。出生年月日。

教师：第七个。（太小，看不见）

学生：国something 有一个bamboo，and 一个音，音乐。

教师：不是音，（板书）什么字？籍。什么叫国籍？

学生：Nationality.

教师：刚才讲到曾用名，我们大部分人都没有。请你看一下第9项。猜一猜是什么意思？Past nationality. 有没有过去是什么国籍？像我自己，过去是中国国籍，现在是美国国籍。第10是什么？

学生：职业。

教师：你应该怎么填？你是什么职业？

学生：学生。

教师：下面，第十五项，这两个字应该认识。怎么念？

学生：护照种类。

教师：有几种？普通，什么是普通？

学生：Standard.

教师：还有一种，外交。什么是外交？

学生：Diplomatic.

教师：公务和官员是用这个。公务还不是business，是指代表国家去办事。国家公务员、政府的工作人员。

选择 AP 汉语与文化课程的学生"不但对中国传统文化感兴趣，而且对当代中国的政治、经济、时事、文化现象感兴趣"①，因此介绍文化时应尽量结合现实生活，选用新鲜的材料。在此教学过程中，教师选用的是与学生生活有关的语言材料，办签证是很多人都会遇到的问题，如何用中文填写表格，这样的教学内容对学生来说，是实用的，同时也是具有挑战性的。与当代中国有关的文化知识使得语言成为一种有意义的学习。

许多人对古代中国尚有所知，对当代中国知之甚少。汉语课上将汉语学习与当代中国联系起来，可以帮助学习者更好地使用语言，理解文化。一位教师曾经谈到，一个美国学生问："上海是一片玉米地吗？"教师哭笑不得，说"我们伊利诺伊才是玉米地"。

为了不再让外国人对当代中国的印象仍然停留在古代，停留在黄土地上，在语言教学中选用那些鲜活的语言材料、注重题材与体裁的多样性，将语言与文化有机结合，这应该是一种切实可行且行之有效的方法。

综上所述，在当今汉语国际教育背景下，汉语教学的教学内容绝不限于语言知识的传授，而应注重交际技能的培养，"把单纯的语言课变为语言与文化相结合、浸泡在浓郁的文化氛围中的语言课"②。在这节汉语课上，第一阶段的导入部分，教师通过一封书信，向学生输入有效的文化信息，自然渗入师生情感因素，

---

① 王若江《关于美国 AP 汉语与文化课程中三种交际模式的思考》，《语言文字应用》2006 年第 S1 期。

② 陈绂《对国内对外汉语教学的反思：AP 汉语与文化课及美国教学实况给我们的启发》，《语言文字应用》2006 年第 S1 期。

并积极引导学生学习语言的信心，创设文化氛围。从3种交际模式上来看，这是一种人际沟通交际模式，师生通过直接的口头交流完成交际。第二阶段的教学，主要表现为理解诠释交际模式。即通过阅读书面材料，理解有关信息。布置课外作业，对学生学习效果的测评，体现了表达演示模式。在海外汉语教学中，语言与文化相结合的教学方式能够较好地帮助学习者体会文化内容，提升学习效果。当然，这也对教师提出了更高的要求。教师本身的中华文化素养，教师的文化自觉与包容开放的心态，以及灵活多变、适应语言教学标准的教学方法都是决定海外文化教学能否成功的重要因素。

第四节　文化因素处理的阶段性划分[①]

一、文化因素阶段性划分的必要性与划分依据

之所以对文化因素进行阶段性划分，是由于对外汉语教学实践中存在以下两个方面的问题。其一是文化因素导入不当，教学达不到预期目的，有时学生甚至会越听越糊涂；其二是对文化的表层和具象因素与文化的内涵和核心混淆不清，常将文化因素视为语言学习或训练之中插科打诨的调料，未能引起重

---

① 本节摘自李枫《对外汉语教学文化因素处理的阶段性划分》，《语言教学与研究》2010年第4期。

视。由此可见，要使文化因素教学真正成为语言教学的重要组成部分，还必须对其性质及其在不同的语言教学阶段所应处的位置进行界定。

同时，语言、文化以及学习者的学习水平都具有层级性，廓清语言、文化与学习者这三者的层级性及其关联，是合理进行文化因素阶段性划分的前提与依据，以下对此展开讨论。

（一）语言的层级性

张公瑾（1998）[①]认为，语言的普遍特征可以划分为三个层级：在体现其本质特征的第一层级中，语言是一种文化现象，是文化总体中的一个特殊组成部分；在体现其结构特征的第二层级中，一切语言都存在语音、语法和词汇这样三大要素；第三层级是变化中的特征，或叫游动特征，即语言本身将随着社会的发展和社会生活的丰富而不断发展。

而根据以英国当代语言学家韩礼德（Michael. A. K. Halliday）为代表的系统功能语言学派的观点，系统存在于所有语言层级，诸如语义层、语法层和音系层，都有各自的系统表示本层级的语义潜势[②]。各层级之间由"体现"关系而产生的"体现"过程，"有自由变异，如一个意义在语法层可以体现为若干种形式，一个形式可以体现若干种语义，因此，语法层出现的分化反映了语义层存在着极其精密的区别"[③]。进一步分析，又可以看出：语言中的"自由变异"，其实是语言本身随着社会的发展和社会生活的不断丰富而不断发展、丰富的结果，反之，我们从语义层所存在

[①] 张公瑾《文化语言学发凡》，昆明：云南大学出版社，1998年。
[②] 胡壮麟《功能主义纵横谈》，北京：外语教学与研究出版社，2000年。
[③] 同②。

的"极其精密的区别"之中,也能够看出社会的发展变化。社会语言学与语言史的研究成果从一个重要方面证明了这一点。

综上所述,语言的层级性具有不同的层面,故其所承载的文化因素也具有层级性。

(二)文化的层级性及其与学习者语言水平的关联

文化是一个多层体系,具有物质文化、制度文化与精神文化三个层面,这三个层面彼此相关,构成了文化的有机体。因此,当两种异质文化相互接触时,"首先容易互相发现的,是物的层面或外在的层面;习之既久,渐可认识中间层面即理论、制度的层面;最后,方能体味各自的核心层面即心的层面"[①]。如中国的饮食传到西方,外国人最易接受的是色香味俱全的饭菜,而对其中所蕴含的"民以食为天"的理念,以及由此所折射的一个民族的历史文化、精神气质与思想内核,却不容易理解。同样,历史上西方传教士来华,国人最先理解和接受的也是其器物文化,即钟、表、天文仪器等实物,其后才接受了体现西方制度文化的历法与天文学说,而体现其文化之核心内容的宗教精神在传播中却费尽周折,步履维艰。这说明,处于物质层面的文化因素较为直观,容易被学习者所了解;规定着文化整体性质的理论、制度层则是最权威的因素,需要深入全面的领会;而精神思想层面是文化的灵魂,最为深奥。

我们还可以从语言与文化之间所具有的"自相似性"的角度加以分析,如"语音与物质文化同样体现人的技术能力,语法与制度文化同样体现人的管理能力,语义与精神文化同样体现人的

[①] 庞朴《文化的民族性与时代性》,北京:中国和平出版社,1988年。

思维能力……"①。将处于不同阶段的学习者的语言水平置于不同层级的语言与文化的"自相似性"之中，便可以看出，初级阶段的学习者与语音及物质文化层相互对应；语法与制度文化主要映衬着中级阶段的学习者；语义与精神文化层所映衬的则主要是高级阶段的学习者。由以上"对应"与"映衬"所形成的"三维一体"的格局，为我们提供了划分对外汉语教学文化因素阶段的依据，使我们能在同一层面上处理语言要素与文化因素的关系，从而有效地帮助学生克服因文化差异而发生的交际障碍。

二、文化因素教学阶段性划分的原则

（一）理论学习与知识传授相结合的原则

我们的教学对象，主要是已经熟练掌握其母语的成年人。母语文化根深蒂固，母语文化的负迁移是导致跨文化交际障碍产生的主要原因。研究表明这样的障碍存在于第二语言学习的全过程，这是因为受不同语言的影响而形成的思维方式之间存在差异[②]。因此，如果能将文化因素的导入与理论学习相结合，便能取得事半功倍的教学效果。

加拿大维多利亚大学的两位教师，将中西文化对比的方法运用于初级汉语的教学，为我们提供了可资借鉴的例证[③]。

[①] 张公瑾《文化语言学发凡》，昆明：云南大学出版社，1998年。
[②] 李枫《思维方式的差异与第二语言学习》，《首都师范大学学报》（社会科学版）2003年第3期。
[③] 卜皑莹、田军《中西文化对比在初级汉语教学中之应用——谈非目的语教学环境中文化教学的层次顺序》，第九届国际汉语教学研讨会论文，2008年。

两位教师在初级班的教学中，就采用中西文化对比的方法，用学生的母语，将诸如"群体取向与个体取向"（Collectivism vs.Individualism）等文化中的深层观念，作为语言学习的背景知识介绍给学生。之后，再以相关课文为例，做进一步阐释，引导学生分析中国人社交场合中的规约，分析其博大精深的文化传统中所蕴含的"群体取向"，由此体会东西方文化之不同。我们应当借鉴国外同行的教学经验，强调提纲挈领的理论学习与循序渐进的知识传授相结合的原则。

（二）文化要点的提示与以语言教学为中心并举的原则

提出此原则的依据在于，文化亦具有系统功能。表面上循序渐进的文化因素，在其内涵深处亦有着环环相扣的逻辑关联。例如"长城"一词，本义指中国古代居住在中原地区的人们用来防御外族侵扰的万里长城。初级阶段教学通常只用图片或学习者母语中相对应的词语，the Great Wall，告诉学习者"长城"是什么即可。然而，"长城"表面上只是一道景观抑或一个"器物"，但"长城"所蕴含的文化因素并不仅限于此。在"毁我长城"这一说法中，长城的含义在原来具有防御外族侵扰的保卫安全之意义上加以引申，成为"中国人民解放军"的象征；在"不到长城非好汉"中，"长城"又是实现远大理想或抱负的标志；而在"把我们的血肉，筑成我们新的长城"中，"长城"指一种极具凝聚力的民族气概与精神。可见，"长城"的本义与引申意义、象征意义之间，一方面交织着由语义的分化及潜势所构成的词语形象色彩，另一方面各义项之间存在着内在的逻辑关联，这两方面共同支撑起了文化的系统功能。

同时，我们的教学对象是掌握了其母语及文化的成年人，他们不仅具有丰富的社会阅历和生活经验,也具逻辑推理与理解能力。因此,尽管"毁我长城""不到长城非好汉",以及"把我们的血肉筑成我们新的长城"这类词句一般属于中高级阶段的教学范畴,但在学习者初次接触"长城"一词时,教师若能采用比较的方法,从介绍文化背景的角度,点到为止地说明这类词语的基本含义,适可而止地讲解词的本义和引申义及比喻义之间的关系,尽可能促成学习者的母语文化与中华文化的良性互动,那么,汉语词汇的学习便可达到事半功倍的效果。

(三)满足学习者"以学汉语求发展"的基本愿望的原则

汉语所承载的中华文化是汉语的魅力之所在,也是"汉语难学"之处。我们在对文化因素教学进行阶段性划分的时候,还应该注重激发学习者深入了解汉语言文化及其与汉语母语者进一步交往的愿望与兴趣,以最大限度地满足学习者"以学汉语求发展"的基本愿望为教学原则。在贯彻此原则的过程之中,我们需要注意以下三点。

首先是关于教师自身的文化定位。汉语作为第二语言的教、学活动开始后,学习者母语文化与目的语文化的碰撞也即产生并将贯穿于整个教、学活动始终。作为教学行为主体的教师,"对于减缓这种撞击给学习者带来的痛苦和困惑负有不可推卸的责任"[1]。因此,教师的文化定位,应该从"沟通两种文化的使者"的角度来考虑。一方面,作为母语文化的代言人时应传播本民族文化,另一方面,在面临不同文化间的冲突时,应拥有宽广

---

[1] 朱志平《汉语第二语言教学理论概要》,北京:北京大学出版社,2008年。

包容的胸怀。其次，应以课堂教学为中心。由于文化的内涵与外延都十分宽泛，我们在讨论文化因素的阶段性划分的时候，应该坚持以课堂教学为出发点，主要研究与课堂教学密切相关的文化因素，就事论事，避免节外生枝。最后，应以寻求理解为出发点，谨慎对待精华、糟粕和中性文化的界定及其问题处理。如对文化理解不当会导致偏见的产生，而这种偏见是不容易纠正的。因此，我们应该以寻求理解为出发点，重点传授中华文化之精髓，同时从语言教学的需要出发，对文化的糟粕选择适当的角度批判性介绍；此外，对于大量的中性文化因素，处理时主要考虑的是"如何才能更容易地获得异文化族群的理解"[1]，使语言要素教学与文化因素教学有机结合、互相渗透，促进学习者跨文化交际能力的形成。

三、文化因素教学的阶段性策略

　　文化因素与语音、词汇、语法、汉字等语言要素相依相随，密不可分，但文化因素与语言要素又有所不同，语言要素更多的是运用，教学的重点是将语言知识的传授与交际技能的训练相结合，并在训练中将知识转化为技能。知识的传授、技能的训练都是可以"强化"的，文化因素则更多的是理解，理解很难"强化"。我们应根据不同阶段文化因素教学的不同特点，相应地提出文化因素教学的阶段性策略。

---

[1] 朱瑞平《汉语国际推广中的文化问题》，《语言文字应用》2006年第S1期。

(一)初级阶段:注意"点到为止"与"增长见识"之间的分寸

初级阶段的学习者所接触到的词语的基本意义通常是在"物质文化"这一层面的,而不同语言的词语的语义指向在"物质文化"这一层面,又多半存在简单的对应关系。因此,对于初级阶段的学习者,我们的教学策略应该是重点讲清词语的本义,对其所涉及的文化因素"点到为止"。通过举例分析让学生明白,不同语言的词语在表达其最基本的意义时,存在简单的对应关系,但若进一步观察就会发现,不同语言的词语之间在"物质文化"这一层面也同样存在差异。以表1[①]英汉两种词语之间的差异为例:

表 1

猪 pig	公猪 boar	母猪 sow	小猪 piglet
马 horse	公马 stallion	母马 mare	小马 colt
牛 ox	公牛 bull	母牛 cow	小牛 calf
羊 sheep	公羊 ram	母羊 ewe	小羊 lamb
鹿 deer	公鹿 stag	母鹿 doe	小鹿 fawn

表1中"猪马牛羊鹿"等概念英语须用23个词表达,而汉语却只用了8个字。可见,汉语以字为基本单位的构词方式与英语的构词方式大有不同。若能"点到为止"地进行汉英两种语言的对比,将有助于拉近汉语与学习者的母语之间的距离,并由此激发出学习者进一步学习汉语的兴趣,增长其见识,为中高级阶段的学习做好铺垫。又如,基本的生活会话也是学习者在初级阶段接触到的主要内容。例如,在学习"您贵姓?"这样的句型

---

① 徐通锵《汉语结构的基本原理:字本位和语言研究》,青岛:中国海洋大学出版社,2005年。

时,以英语为母语的学习者,由于受到其"重个体取向"之特征的母语文化"只称名而不道姓"之习俗的影响,常会出现"我贵姓 Smith。""我姓 John Smith。""我的姓是 Smith"等偏误,教师可尝试在进行句型练习的同时,也辅以文化对比,提纲挈领地以讲授相关理论的方式告诉学习者,汉语中初次见面时的招呼语"您贵姓?"反映了汉民族交际文化中"重视家族姓氏而可以忽略个人名字"的规约,这规约之中蕴含着汉民族"重视群体取向"的思维方式与语言表达习惯,与说英语的民族有着很大不同。教师通过如上"点到为止"的方式提醒学习者注意转换自己的思维方式,可帮助学习者开阔眼界,增长见识。

在教学过程中,教师需要把握好"点到为止"与"增长见识"之间的"度",避免节外生枝。

(二)中级阶段:在循序渐进的教学中兼收并蓄

在中级阶段,学习者对汉语的认识逐渐进入由表及里的阶段。这时汉语教学的主要任务是帮助学生扩大词汇量,扩展句型的用法,同时帮助学生进一步加深对两种语言之差异的认识。这一阶段对文化因素的教学应采取循序渐进、兼收并蓄的方式。例如,在回答"你家有几口人?"时,以英语为母语的学习者有时会回答说:"爸爸妈妈、弟弟妹妹,还有狗。"这时,句中的"狗"这一词语的语义指向是"家里人"。这是因为英语国家的"狗"被认为是善良忠实的宠物,甚至被视为家庭中的一员。因此,英语中含"dog"的词语多半是褒义词,如:"a lucky dog"("幸运儿"),"as faith as a dog"("像狗一样忠实")。此时,教师就有必要因势利导,兼收并蓄地提示在汉英两种语言中,与动物有关的词语的感情色彩往往不一样。例如,现代汉语中"狗"

的本义是"既可看家护院,又可被豢养为宠物",似乎是中性词。但由"狗"字所组成的词语却常含贬义,如"狗嘴里吐不出象牙来"等。又如"牛"在汉语里是这类动物的总称,汉语"牛脾气""钻牛角尖""对牛弹琴""多如牛毛""俯首甘为孺子牛"等均与"牛"的总称意义相关,具有特殊的文化内涵,而英语里的相关表达则有所不同。因此,以英语为母语的人读到汉语的"牛"这个词时,很难联想起汉民族赋予"牛"的那些独特的文化内涵。教师应能注意到学习者的母语与汉语之间的这些差异,依据实际情况加以引导,帮助学习者在语言学习中建立跨文化交际的意识,顺利完成从中级阶段向高级阶段的过渡。

(三)高级阶段:在潜移默化的教学中"推波助澜"

高级阶段的学习者已掌握了汉语听、说、读、写的基本技能,他们的学习目的是要更为熟练地掌握汉语的用法、更为准确地理解汉民族文化,从而使学习"内在化"。因此,高级阶段的文化因素教学应该追求"润物细无声"的境界,注重在潜移默化的教学中适当地"推波助澜",从而使学习者在掌握汉语的同时,也成为沟通不同文化的使者。

高级阶段的学习内容已经进入了精神文化的层面。例如,精读课已涉及经典文学作品,高级口语、阅读课常会涉及有关社会与人生的热点问题。由于汉语水平的提高,学习者对汉民族文化的理解在逐步深入,对汉民族的感情也在逐渐加深。与此同时,本民族与汉民族文化及思维方式的差异也日趋明显。例如,曾有学生提出澳大利亚、加拿大的树熊的价值并不低于我国的珍稀动物大熊猫;有学生不赞成中国传统的"头悬梁,锥刺股"的读书方法,认为应躺在阳光下的草地上读书,等等。对于诸如此类的问题，教师应予以特别关注，避免伤害感情，甚至产生偏见。对于施教者拥有自豪感，而学习者则不以为然、甚至有抵触情绪的话题，教师应拥有"海纳百川"的胸怀，在学生畅所欲言之后再恰如其分地加以引导，帮助学生克服情感障碍，在深入地认识不同文化间的差异后，学会"求同存异"，并最终达到和谐与共融。

总而言之，文化因素教学的阶段性划分是亟待完善的课题，也处于需不断进行理论思考与教学实践的过程。随着其日趋完善，对外汉语教学工作将朝着更为规范、科学的方向发展。

第五节　文化导入机制与方式[①]

当前，随着经济全球化进程的加剧和中国经济的迅速发展，"汉语热"在世界各地方兴未艾，据北京晚报报道，目前世界上学习汉语的外国人有3000万到4000万，每年到中国来学习的有8万多。其中，进入大学本科专门学中文的有6万多人。同时，100多个国家的2300多所大学开设有汉语课程。对外汉语教学不再仅仅满足来华留学生汉语学习的需要，还要面对走向世界的问题。为了适应这种需求，国内各大高校纷纷设立对外汉语专业，招生规模也越来越大，如何提高教学质量以培养优秀的对外汉语教学师资就成了一个核心的问题。然而，长期以来，文化教学一直是对外

[①] 本节摘自翟燕《对外汉语教学中的文化导入机制研究》，第九届国际汉语教学学术研讨会论文，2011年。

汉语专业汉语教学中的薄弱环节，教师在课堂上往往局限于语音、词汇、语法、文字等基础理论教学，不可避免地导致学生难以从更高层次上掌握和理解汉语，也不利于培养他们的学习兴趣。面对这一问题，文化导入观念近年来开始得到越来越多教师的重视，在汉语、外语甚至其他学科领域得到越来越多的应用。

所谓文化导入，是指在教学过程中广泛涉及文学、历史、哲学、地理、民俗等一切与中华文化有关的因素，以增加教学的趣味性和知识性。为了更好地加强对外汉语专业教学，我们倡导构建文化导入机制，以"掌握语言，了解文化，学以致用"为基本目标，全面树立文化教学理念，坚持语言和文化并重，理论与实践结合，借语言文化的渗透，潜移默化地使学生了解更多的中国传统文化，全面提高学生的素质，为国家培养更多更好的对外汉语教学师资。

一、对外汉语专业汉语教学中加强文化导入的背景分析

对外汉语专业汉语教学要适应中国当前经济社会发展形势，同时还要符合教育教学规律，要置身于中国文化的大背景下去分析和研究。

（一）学习汉语即是学习中华文化

马林诺夫斯基（1987）[1]认为语言是文化整体的一部分，但是它并不是一个工具的体系，而是一套发音的风俗及精神文化的一部分。也就是说，语言与文化有着密不可分的内在联系，语言是文化的载体，文化是语言的内核。千百年来，汉语的学习和传

---

[1] 〔英〕马林诺夫斯基《文化论》，费孝通等译，北京：中国民间文艺出版社，1987年。

播始终是中华文化传承的重要组成部分之一。而在汉语教学中,学生要真正理解中华文化,必须掌握作为该文化载体的汉语;而要学好汉语,必须同时学习汉语所负载的中华文化。越是深刻细致地了解中国的文学、历史、风俗习惯、生活方式乃至生活细节,就越能准确地理解和使用汉语。

(二)汉语教学与文化教学严重脱节

学习汉语的根本目的不只是掌握一种技术,而是在掌握汉语的基础上,深刻地理解和领会中华文化。文化知识和文化适应能力是语言交际能力的重要组成部分。但长期以来,文化教学一直是对外汉语专业汉语教学中的薄弱环节,汉语教学变成了仅限于传授学生字词句、说话、写作等基本应用知识的技能课,文化内涵的缺失导致了学生对汉语之美认识的严重不足,同时也一定程度上增加了学习的难度,导致学生的学习兴趣不断下降。教学实践证明,汉语教学必须也只能植根于传统文化的土壤,同时,积极倡导现代教学理念,才能重新激发其活力,展现其魅力,从根本上提高学生的学习兴趣及汉语的传播能力。

(三)汉语危机赋予对外汉语教学改革重要的历史使命

这一点对于对外汉语专业汉语教学而言尤为重要。当前,各种外来语言势力、网络语言等纷纷进入汉语表达范畴,作为中国传统文化主要组成部分之一的汉语,纯粹性日渐消解,功利性不断强化。同时,人们对传统文化的漠视,导致汉语同传统文化之间不断背离、迷失和错位。朱竞(2005)[①]提出"汉语正面临着危机,拯救汉语,是刻不容缓的事情"。这一论点已经成为当下许多学

---

① 朱竞编《汉语的危机》,北京:文化艺术出版社,2005年。

人的共识。同时，目前汉语所面临的这种危机，也给对外汉语教学提出了一个历史性的课题，我们必须勇敢地承担起汉语复兴的历史使命，在教学中让学生真正认识汉语、了解汉语、用好汉语，从而向全世界推广和传播汉语。

二、对外汉语专业汉语教学中建立文化导入机制的意义

语言与文化是不可分的。在语言教学中，发掘语言背后的文化内涵是必须而必要的。通过对教学实践过程的认真总结与分析，我们发现，文化导入对汉语教学具有普遍的意义，而在当前的对外汉语专业汉语教学过程中，应该占据更大的比重，承担更多的使命，同样，也具有更为重要的意义。

（一）通过积极的文化导入，重新挖掘和弘扬汉语中深厚的文化内涵

汉语是中华传统文化的结晶，无论语音、词汇、语法、文字还是修辞，都蕴含着丰富的文化内涵，折射出汉语发展中的不同特点。在汉语昂首走向世界的今天，汉语教学理应在弘扬传统文化方面承担更多的责任。"语言文字是物质文化、制度文化、精神文化的载体，同时，语言文字又是重要的文化事象。"[1]作为当代大学生，必须对汉语背后的文化内涵有更加深入的了解。

（二）通过全方位的文化渗透教学，全面提升学生的传统文化素养

"所谓文化素质教育，就是利用人类所创造的一切优秀成果，

---

[1] 王宁主编《中国文化概论》，长沙：湖南师范大学出版社，2000年。

特别是精神文化成果,通过具体的教育实践活动,提高受教育者的文化品位、审美情趣和品格修养。"① 用中华文化的精华对当代大学生进行素质教育具有重要的意义。素质教育的实施,核心之一就是全面提升学生的文化素养。汉语教学是素质教育过程中一项基础性的工作,既可以提高学生的语言应用和交际能力,也可以借语言文化的渗透,潜移默化地使学生了解更多的中国传统文化,增强民族自豪感,提高综合素质,为将来传播汉语打下坚实的基础。

(三)通过语言和文化的广泛联系,增加教学的趣味性和知识性,增强教学效果

兴趣是学习最好的老师,很难想象枯燥的理论能引起学生学习的浓厚兴趣。汉语本身是一种非常有意义也非常有趣味的语言。汉语教学应该在课堂上将语言与文化千丝万缕的联系和相互影响展示出来,通过文化的导入提高学生学习的兴趣。如在语音教学中适当加入古诗词格律、节奏、风格等知识,在汉字教学中讲授汉字发展史和中国书法知识等,以丰富教学内容,增强教学效果。

(四)通过文化导入赋予汉语教学崭新的活力和学习汉语的不竭动力,促进教学相长

在汉语教学中,无论是教还是学,都要与语言的文化属性紧密结合,才能保持这门课程的活力。中国数千年深厚的文化积淀,是汉语不断发展的源泉。汉语教与学的过程必须与中华文化如文学、历史、地理、民俗等知识相互融合,赋予汉语教学崭新的活

---

① 李成、张晓杰、于文海《传统文化在高校文化素质教育中的功能》,《文化学刊》2006年第2期。

力和学习汉语的不竭动力,切实提高教学和学习质量。

（五）通过文化导入和汉语教学的良性互动,实现理论与实践的有机结合,有效提高学生的实际运用能力

学以致用是我们教学的最终目的。汉语教学也是一门应用性很强的学科,尤其对于对外汉语专业的学生来讲。由于大部分学生将从事留学生教学工作,所以他们的实践能力就显得更为重要。文化的导入可以让汉语的教与学变得生动有趣,既可以让教师的教学与学生的学习真正实现良性互动,也可以使学生更多地发现汉语的实用价值,树立学汉语就是为了应用的思想,更好地实现理论和实践的结合。

三、文化导入机制的基本框架和主要内容

对外汉语专业汉语教学文化导入机制的基本思路是：以文化导入为中心,以教学内容改革为重点,以教学方法、考核方式调整为手段,以教材调整等为辅助,提高学生的语言应用能力和综合人文素质。具体如下：

（一）以文化知识的导入为中心,不断增强汉语教学的文化深度

语言作为文化的一部分,其文化属性也是与生俱来的,没有文化的语言是不存在的。因此,在对外汉语专业的汉语教学改革中,必须重视人文知识的参与。在传统的汉语教学中,我们往往只重视研究语言的内部结构和功用本身,讲述的都是一些孤立的语言知识点,而把语言和文化割裂开来,使汉语演变成了枯燥的理论专业课,失去了其原有的生动魅力,也就难以引起学生的学

习兴趣。因此，在对外汉语专业汉语教学中，必须把汉语置入博大精深的中华文化背景下去考察、学习和研究，还汉语教学以本来面目。如结合古代语料、语言趣话等，追溯汉语发展的历史；结合书法史讲授汉字构造演变；结合诗歌韵律讲授语音知识；结合文化变迁讲授语法结构推演；结合历史知识讲授词汇更替，等等。既可以以丰厚的传统文化知识激发学生学习的兴趣，增强学生对汉语的文化认同，又可以提高教学的文化高度。

（二）以教学内容的改革为重点，努力扩充汉语教学的信息量

语言教学不仅包括第一语言教学，同时也包括第二语言教学。对于对外汉语专业的学生来讲，一方面他们要接受第一语言教育，同时毕业后又要对留学生进行第二语言教育。他们在其中有个身份和思想的转变问题，既要学好，也要教好。因此，教学内容的改革成为对外汉语专业汉语教学改革的关键环节。要根据教学现状、学生的实际情况以及教材现状对教学内容进行深化和拓展。在教学实践中，我们可以借鉴西方的体验式教学，把文化行为训练纳入教学体系之中。在不改变课程目的、性质的前提下，在语音、词汇、语法、文字、修辞等教学环节中适当增加文化知识教学比重。如：汉语语音教学中可讲解汉语语音演变的历史、汉语共同语的形成及其背后的政治、经济、文化等要素；词汇教学可着重介绍汉语的词汇系统、词汇的发展演变、词汇的色彩意义等，加深学生的记忆和理解；语法教学应从新的高度认识汉语的结构规律，认识古今汉语语法的差异，介绍汉语语法研究中的新动态、新流派，同时要广泛涉及语法变化背后的文化因素；汉字教学除介绍汉字的发展、现状、信息处理、汉字与汉语的关系等知识，还要着重讲解汉字背后的文化故事；修辞教学应引入新兴的语用学研究成果,广泛涉及文学、历史、民俗、礼仪等知识,改变修辞教学的枯燥现象。教学内容的调整和文化的导入,不仅有助于学生认识汉语的过去和现状,也有助于学生思考汉语的未来,为将来从事对外汉语教学工作建立良好的知识储备。

(三) 以教学、考核方法革新为手段,切实提高学生的实践动手能力

当前对外汉语教学师资中的问题很多,许多人未经严格训练就走上了讲台。据李泉(2003)[①]分析,主要有忽视学习者的主体地位,忽视对学习者的了解,忽视教学语言的可接受性,忽视教学活动的可预知性,缺乏平等观念和包容意识等。教学的根本目的是教会学生学习和实践的能力,由于对外汉语专业的学生将来要从事教学工作,所以实践能力的锻炼显得更加重要。一定要采用多种教学方法如启发式教学、参与式教学、调研式教学、探讨式教学等灵活使用,努力建立教师为主导、学生为中心、应用为先导的教学模式。无论是教师还是学生,都要立足课堂但不局限于课堂,必须以实际应用为最高准则,从实践中来,再回到实践中去。汉语教学既要符合国家语言文字工作的方针、政策、任务,又要紧密结合对外汉语教学实际,针对留学生的实际学习需要,引导学生在实际运用中发现问题、解决问题。如可以组织学生利用周末和节假日去与留学生举行互助语言学习,举办双语晚会,等等。通过这些活动,既能锻炼学生的实际语言运用能力,加深学生对理论知识的理解和把握,同时还可增强学生学习和传播汉

---

① 李泉《对外汉语教学理论和实践的若干问题》,见赵金铭主编《对外汉语研究的跨学科探索》,北京:北京语言大学出版社,2003年。

语的神圣责任感和使命感。

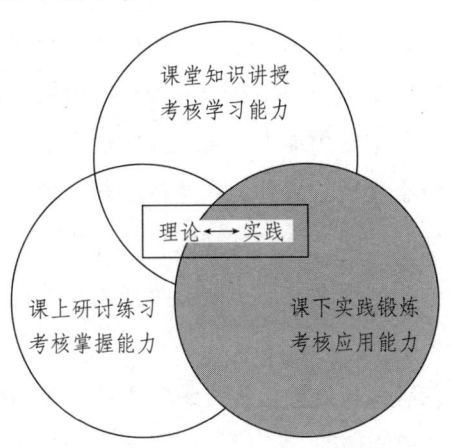

图 1　全方位的考核方式

同时,对外汉语教学要求较高,这就必须增强该专业学生的全方位能力,尤其是实际交流和教学能力。徐子亮(2008)[①]曾经说过:"对外汉语教学的基本原则之一是以学生为中心,以教师为主导。"对外汉语专业的教学成功与否,关键是能否培养出将来能够主导课堂教学的优秀师资。我国传统教学在考核模式上往往只依赖于试卷考试,靠分数判定学生的能力和教学效果。这种单纯的考核模式无疑会限制到汉语教学的开展,不利于考察学生的实践能力。因此要改变"教考分离",倡导"教考相形",变单一的考核为全方位、多层次的考核(见图1),增加对学生实践能力的考察,侧重考核学生对外汉语教学理论的掌握和进行汉语教学的能力。让这种全面性的考核贯穿教和学的全过程,以理论和实践相结合为目标,不断丰富考核形式,如课上提问、课

---

① 徐子亮《对外汉语教学心理学》,上海:华东师范大学出版社,2008年。

下练习、社会活动、专业拓展、课题研究、兴趣小组等多种方式综合运用，也可针对对外汉语教学，组织一些与留学生的互动活动等，培养学生的学习能力、掌握能力和应用能力，涵盖教学活动的三个过程，其中应用能力是重点，实现课上、课下互动，进而提高学生的综合素质。另外，在考核分数比例设置上，也要科学合理，尽量缩减期末考试和客观题目的分值，加大平时测评和主观题目的分值，主观考核环节要着重加入与语言有关的文化知识考核。

（四）以新版教材调整、现代教学手段应用为辅助，积极扩大学生的文化知识阅读面

同其他专业的汉语教学一样，对外汉语专业汉语教学中也要大胆试用新版教材，使学生能对学科最新科研成果有所了解，从而拓展知识面和研究视野。在知识爆炸的今天，单一教材无法满足教学和学习的双向需求，因此应该根据课程自身特点，紧跟研究前沿，积极引进最新研究成果。同时根据学生的不同基础、不同学习兴趣，可大量补充参考读物，给学生有针对性地推荐好的相关教材，供学生自学或参考。条件成熟时，可根据教学实践编写更具时代特点、更符合学生要求和教学实践的教材。

另外，在教学中，传统的讲台黑板已经不能满足需要，多媒体教学被引介到教学中来，它可以兼有文字、图像、声音、视频等功能，变枯燥为有趣，变死板为生动，变静止为动画，变单向为互动，使抽象的文化知识诉诸视觉效果，既可以让学生能够身临其境地去体验和感受我国传统文化的独特魅力，又可以让他们学会将来从事教学工作必需的基本技能。在此背景下，作为教师必须要与时俱进，能够综合运用现代教育技术。如语音教学中可

让学生多听标准语音示范、名家朗诵经典作品、精彩辩论赛等；词汇教学中可以开发或使用相关计算机统计软件，方便学生对比中国语言的不同特点等。

根据以上几方面的论述，对外汉语专业汉语教学文化导入机制以下图进行形象示意（见图2、图3）：

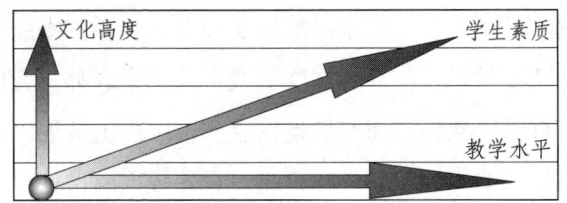

图2　文化导入机制教学效果示意图

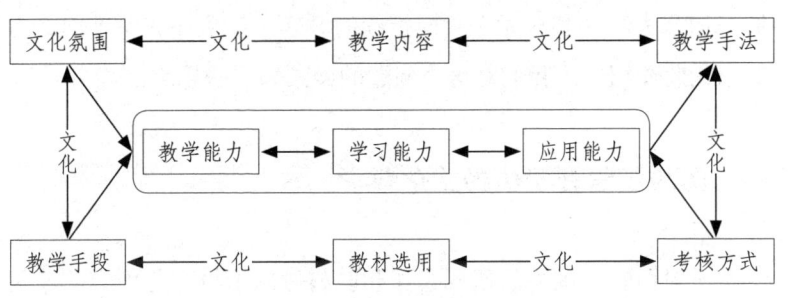

图3　文化导入机制流程示意图

综上所述，对外汉语专业汉语教学一方面要紧密结合高校中文系现有汉语课程建设体系，另一方面与其他相关学科有机结合，紧紧围绕中华文化这一核心，全面倡导汉语文化教学理念，建立对外汉语教学文化导入机制，切实提高教学质量，使学生养成在深厚的中华文化背景下学习、使用、推广汉语的良好习惯，为汉语走向世界做出更多的贡献。

第六节　文化对比在初级汉语教学中的应用[①]

20世纪80年代以来，随着对外汉语教学这门学科的发展，文化要素教学的重要性在对外汉语教学的领域中，日益受到重视。探讨文化教学模式及相应策略的论文和书籍也相继出版。作为长期在海外从事教学工作并关注文化教育的汉语老师，我们认为这是非常可喜的现象。然而我们也注意到，国内出版的论文和书籍对于文化导入的内容虽然各陈己见，有比较多的讨论，但是对于文化导入的层次顺序却大多抱持一致的态度。这种方式恰恰与我们在加拿大维多利亚大学共同推行的教学层次顺序有所不同，因此想在此介绍一下我们对这个问题的做法和一些思考。

一、国内汉语教学中的文化教学

一般而言，国内的研究著作和教材倾向于将文化内容的导入看作是一个"由简到繁，由浅入深，由具体到抽象的循序渐进的过程"[②]。英语中Collectivism通常译作集体主义，Individualism通常译作个人主义，都被认为是文化中的深层观念，是比较深奥的理论性的知识。依照循序渐进的理论，"群体和个体"的概念

[①] 本文摘自卜皑莹（加拿大）、田军《中西文化对比在初级汉语教学中之应用——谈非目的语教学环境中文化教学的层次顺序》，第九届国际汉语教学研讨会论文，2008年。

[②] 张莹《对外汉语中的文化教学模式比较和策略分析》，《合肥工业大学学报》（社会科学版）2004年第5期；张和生主编《对外汉语课堂教学技巧研究》，北京：商务印书馆，2006年。

被编排在高级阶段教学较为合理①。还有些学者主张这些观念只是有关文化的知识。文化如同语言一样，是一种能力，而不是一种知识，因此文化中深层的观念体系在文化教学中是应当受到限制的②。而我们在维多利亚大学的做法跟国内恰恰是反其道而行的。我们在初级班学生开始学习会话之初，就使用文化对比法，将"群体与个体"的概念提早介绍给学生。

二、加拿大初级汉语教学中文化教学的背景

20多年来本文第一作者一直在维多利亚大学教授一年级的中文课程。由于加拿大西部的特殊地理环境，学校中有相当多的华裔学生，因此我们采取严格的分流制度，把学生分为"母语为汉语"及"母语非汉语"两大类。本研究讨论的范围仅限于大学中"母语非汉语"初级班零起点的学习者。

因为课时有限，我们的初级班教学不得不以英语为教学语言。一般来说，我们所面临的情况是班级大：每班约25到30人；时间短：一年级一学年两个学期，每学期只有十三周，每周上课六小时、语言实习一小时；环境差：除了上课，没有其他练习机会，除了老师和助教，少有其他练习对象；课业重：中文课只是选修课，学生通常还要修习四门甚至更多的其他课程。在这样"一齐人傅之，众楚人咻之"的情况下，汉语教师所面临的最大挑战

---

① 沈振辉《探寻文化，解读文化——汉语精读教材文化内容试验性调查侧记》，见陈阿宝主编《对外汉语教学研究》，太原：山西人民出版社，2002年。
② 陶炼《"结构—功能—文化"相结合教学法试说》，见陈阿宝主编《对外汉语教学研究》，太原：山西人民出版社，2002年。

就是如何以学生为中心,设计出一套能最有效地帮助学习者的教学模式和相应策略。

在设计这套策略之前,我们首先要问的是除了上述无法改变的实际情况外,学生还面临哪些我们可以帮得上忙的挑战。根据以往经验判断,加拿大的汉语学习者一是难以摆脱英文表达法的影响;二是缺乏对中国文化知识的了解。就以最基本的"您贵姓?"为例,虽然经过不断的演练,但是学生们做对话练习时,还是几乎从来不使用这个句型。因为只问别人的姓氏,在大家都只称名而不道姓的加拿大,感觉上总是怪怪的,与他们的经验法则不合。当期末口试的时候,对于这个简单的问题,也经常在回答中出现下列失误:

例1:"我的姓是 Smith。"

例2:"我姓 John Smith。"

例3:"我贵姓 Smith。"

诸如例1中受英文表达法影响而产生的失误,可以经过不断的操练和提醒,得以改善。而例2和例3中出现的失误,虽可直观地推断为是学生不清楚"姓"和"贵姓"意义的结果,但深究原因,还是源于缺乏对中国文化知识的理解和掌握。

文化习得是外语语言习得中的一个不可分割的组成部分。对目的语的文化背景和内涵的学习会直接影响到学习者对目的语进行消化和内在化的过程。为了加快学生们对汉语消化和内在化的进程,我们有必要为学生们提供跨文化的"激素"[①],而这也就

[①] 姬建国《语法学用失误与跨文化意识——谈美国中文语法教学中一个带根本性的问题》,见《第八届国际汉语教学讨论会论文选》,北京:高等教育出版社,2007年。

是我们决定采用中西文化对比教学方法的原因。

三、我们在初级汉语教学中导入文化教学的做法

（一）"群体与个体"概念的介绍——一个最基本的提纲挈领的法则

中西文化对比的教学法，一方面可以加深学生的印象，另一方面能够让学生们理解汉文化中一些与西方人不同的思维方式和语言习惯。然而汉语的交际文化中，从介绍认识、见面打招呼到邀约、赞美，等等，都有不同的规约。如果我们只用中西文化对比的方法，一一举出许多中西双方规约不同的例子，那只是一种横向的展示。此例与彼例间，似乎毫无关联。而学生们也不可能将一个个的例子死背下来。这样的做法，绝对是事倍功半的。因此除了横向的比较，我们也应该利用大学生们乐于也较善于思考分析的优点，提供一个纵向的提纲挈领的法则，帮助他们理解问题的症结所在。

此提纲挈领的法则，也可以说是我们所能提供的最基本的跨文化的"激素"，就是在初级班一开始的时候就将"群体与个体"的概念介绍给学生。由于群体和个体这两种不同的价值取向影响了交际文化的每一个层面，一旦了解了这最深层、最基本的概念，再来解释表层的文化现象，也就是交际文化中各式各样的规约，可就要容易多了。何况我们教学的对象是大学生，对他们来说 Collectivism 及 Individualism 是原本已知的概念。如果用他们的母语——英语来介绍的话，花费不了几分钟的课堂时间，就可以说清楚了。

（二）对于介绍"群体与个体"概念适当性的思考

我们这种不但强调中西文化对比，而且直指其核心就是群体取向与个体取向之差异的教学策略，肯定会招致批判。第一种批判是我们在搞"文化定型"（Stereotype 或称刻板印象），夸大群体差异，忽视个体差异。做老师的怎么能带头乱贴标签呢？第二种批判会认为传统的对东方集体主义和西方个人主义的简单区分，暴露了西方殖民主义者潜意识中肯定西方文化、贬抑东方文化的心态[①]。做老师的又怎么能把这种负面的偏见介绍给学生呢？也许还会有第三种批判，认为"文化定型"可能会引起"民族中心主义"[②]。甚至可能还有第四种批判，认为中西文化并无不同，如有差异完全肇因于双方生活水平及生产方式的不同。现在的中国日渐工业化，经济也已经起飞，就没有必要再强调中西文化的不同了。

其实前三种批判者恐怕过虑了，因为我们的学生是加拿大多元文化教育制度所培育的青年，他们一方面对所有的文化都抱持一种尊重、包容与开放的心态，另一方面对于任何的成见、偏见都具有极强的敏感度。老师在课堂上只要显示一丁点不公的倾向，肯定要受到他们的质疑与挑战。何况我们做这种介绍是采用先点到为止，再不断深化的方法。因此即使学生们在开始的时候有些观点的偏差，经过课堂上不断的讨论，也会慢慢地纠正过来。

当然做老师的在教学时仍要特别注意导入文化的方式。我们

[①] 伍洲《海外中文课堂中如何教授文化：挑战与策略》，《加拿大中文教学学报》*Canadian TCSL Journal*（第五届中加汉语教学研讨会论文）。http://www.canadiantcslassociation.ca/jor_2008.htm, 2008/2008-10-20。

[②] 关于"民族中心主义"的定义，可参阅高一虹《"文化定型"与"跨文化交际悖论"》，《外语教学与研究》1995 年第 2 期；李晓琪主编《对外汉语文化教学研究》，北京：商务印书馆，2006 年。

在本文中特意把 Collectivism 和 Individualism 这两个词译作"群体取向和个体取向",而不按惯例称为"集体主义和个人主义";课堂上用英文解释的时候,也常使用 collective minded 或 collective consciousness 而不是 Collectivism,就是要强调我们不是在宣扬什么主义,而只是为学生提供一种理论,甚至可以称为一种工具,或一种渠道,以帮助他们分析判断和解析某些文化现象。我们也绝不会用权威的口气,向学生们宣告两种文化取向孰优孰劣,或以贴标签的心态,指出凡是中国人或是西方人就一定是如何如何的。

至于第四种批判,作为在第一线教学的老师,我们关心的不是语言未来发展的走向,而是今日正在使用的、承载着长期积淀的民族文化内涵的语言。经常分析学生们语用失误的教师,肯定会意识到许多被归类为语法错误的句子,真正的问题却出在文化障碍上[①]。其实只要经常和学生们倾心交谈,就会了解到他们在与中国人交往时所经历的种种困惑和挫折。有时连华裔子女与父母间,也会产生矛盾,而这些矛盾常常不只是代沟的问题。对于这些障碍、困惑、挫折和矛盾与文化认知间的关系,限于篇幅,无法在此详细说明,但是本研究第一作者卜皑莹在加拿大中文教学学会 2007 年的研讨会中发表过的一篇论文[②],对此有比较详细

[①] 姬建国《语法学用失误与跨文化意识——谈美国中文语法教学中一个带根本性的问题》,见《第八届国际汉语教学讨论会论文选》,北京:高等教育出版社,2007 年。

[②] 卜皑莹(Karen Tang)《群体与个体取向观念体系之对比——谈初级汉语课程文化导入之实践》Collectivism vs. Individualism: Chinese language learning through culture comparison,《加拿大中文教学学报》*Canadian TCSL Journal*(第四届中加汉语教学研讨会论文集)。http://www.canadiantcslassociation.ca/jor 2007 htm, 2007/2008-10-20。

的阐述。

（三）如何介绍"群体与个体"的概念——以《当代汉语》第一册为例

也许有的汉语老师会觉得初级班所学的内容是如此浅显，没有多少文化要素需要介绍。其实不然，就拿维多利亚大学现在所使用的《当代汉语》系列来说，主编者吴中伟老师细心地编入了许多材料，不但可以用来介绍文化要素，作中西文化对比也很方便。此处随手拈来，就以《当代汉语》第一册举几个例子：

例1：第一课里中国人白小红结识了华裔加拿大人王英，白小红使用的就是中国人最为熟悉的"您贵姓？"作开场白。而第二课中加拿大人杰克与白小红第一次相见，杰克使用的就是在西方比较常见的，先主动自我介绍，再认识对方的方式①。

例2：第三课中，两个在国外居住的中国人，互相探问对方是哪里人，家里有几口人。这是非常中国式的、初识者间的对话。我们正好借此机会让学生谈谈，加拿大人认识新朋友时，彼此间会不会进行这样的对话。

例3：第六课，澳大利亚学生马力给中国女孩白小红打电话，相约去喝咖啡。这段课文非常适于做中西文化对比的材料。对话一开始马力便直呼对方的名字小红，小红却叫他小马。已经在第一课中通过"您贵姓？"的机会，介绍过中国人"重家庭"的群体价值取向的老师，正好可以更进一步谈谈中国人普通朋友之间，

---

① Brown, P. & Levinson, S. C., *Politeness: Some Universals in Language Usage*. Cambridge: Cambridge University Press,1987. Gu. Y., Politeness phenomena in modern Chinese. *Journal of Pragmatics*, 1990.

通常怎样互相称呼①。同一段对话中，白小红努力地列举理由，向马力解释当天晚上自己为什么不能跟马力一起去喝咖啡。我们也可以问问学生，同样的情况，若是发生在两个加拿大人之间，他们的对话会是怎样的。

例4：第七课，美国人江山打算和女朋友去中国旅行，但是因为汉语不太好，有点儿担心。他的中国朋友丁汉生立刻义不容辞地说："你别担心。我在北京、上海、四川都有朋友，可以请他们帮助你。"班上的学生这时对中西文化的对比已经稍有概念，一个韩国学生说，要是同样情形发生在她和加拿大朋友之间，对方的回应可能是"Good luck！"另一个加拿大学生则表示担心也没用，所以自己会安慰朋友说："我们去喝杯啤酒吧！"

以上几个例子都反映了社交场合中的规约，也就是文化中的表层现象。如果老师分开来一个个地解释，例如中国人讲究为朋友两肋插刀，学生们可能听来很有趣，但是只知其然，听完就忘。其实所有的这些例子都呈现出中国文化中更深层的群体取向。当学生们通过一个个的例子，一次次的审视、思考，也就一步步地加深了对中国文化的了解。他们渐渐地不但"知其然"，而且"知其所以然"了。他们不再觉得中国人的行为方式有时候是奇怪不可理解的了。这种理解不但不会造成什么民族中心主义的弊端，反而会因理解而产生同理心，加强了学习者对中国文化的兴趣以及继续学习汉语的动机。同时，一次次的审视和思考也可以增强学习者对跨文化意识的培养，提高他们对语言文化差异的敏感度。对中国文化内涵的了解可以使学习者对蕴藏中国文化内涵的中国

---

① Gu. Y., Politeness phenomena in modern Chinese. *Journal of Pragmatics*, 1990.

语言有直观的感受,也可以使他们更精确地掌握汉语表达方式上的独到之处,从而避免由于缺乏对中国文化的了解而产生的失误。

(四)建立跨文化意识的正确观念

我们在课堂中还需要强调的是无论群体取向,还是个体取向,都是各具特色的,其间并无优劣、高下之分。我们更需要强调的是,深层的理论虽然可以帮助学习者通过对文化中比较普遍的行为模式和语言习惯的观察和探讨,来理解汉语背景下社会和人们的行为方式,但在实际生活中,恐怕无法找到一个人是完全具备所有这些行为模式和语言习惯的[1]。这就是理论和实际的分野。我们希望汉语学习者经由这个理论学习的过程,能够培养一种对中国社会人情的敏感度,而这种跨文化敏感度将能增强学习者运用和理解语言的能力,减少因文化障碍而带来的困惑感和挫折感。要是因此还能让他们对中国文化产生认同感,甚至增进他们个人的观察和分析能力,那当然就更为理想了。

四、结语

国内外汉语教学环境最大的不同是国内完全使用目的语,也就是汉语进行教学,而国外限于环境,多使用非目的语,也就是学生的母语教学。如果完全使用汉语教学,限于学生们的汉语能力,文化教学的导入的确是必须由简到繁、由浅入深、由具体到抽象、循序渐进,但是用母语教学就没有这层考量了。

---

[1] It must be remembered that no individual member of a group embodies all of his or her group's characterics. 原文译自 Scollon, R. & Scollon, S. W., *Intercultural Communication: A Discourse Approach*. Oxford: Basil Blackwell Ltd., 1995.

总之，对外汉语教学中文化要素的教学不能拘于同一模式。在非目的语的教学环境中，可以根据学习者的实际情况因时度势地导入"群体取向和个体取向"这种深层的理论概念。这些文化"激素"可以帮助汉语学习者了解中国文化以及中西文化间的差异，培养他们的跨文化敏感度和跨文化意识，使他们能够正确地、也更有效地掌握汉语独特的表达方式，促进他们的二语习得。

第七节　文化活动在国际汉语课堂教学中的位置 [①]

如何看待和发挥文化活动在语言教学过程中的作用，才能从根本上有利于学生对所学语言的习得和内化？如何看待和处理"语言信息"与"文化信息"在汉语作为外语的课堂习得中的关系，才有利于学生多快好省地对所学外语进行消化、吸收、掌握、运用？此类问题经常直接或间接地困扰着身处汉语国际传播第一线的中文教师。教学实践提醒我们，能否正确地看待和处理国际汉语及外语课堂习得中的"语言文化关系"，关系到能否准确地把握和应对外国学生跨文化、跨语言的认知需求，关系到能否合理地开展外语教学法运作，关系到能否有效地辅助学生对所学外语中的语言形式和文化内涵进行顺利的加工、习得、内化。因此，

[①] 本节摘自姬建国《文化活动在国际汉语课堂教学中的位置》，《国际汉语教育》2014年第1期。

培养清醒的"语言文化关系意识"应成为国际汉语师资培训过程中一个不容轻视的方面。

"外语教学中的语言文化关系意识"（简称"语言文化关系意识"）是"跨文化施教能力"的一个有机组成部分。它与"跨文化意识""跨文化教学意识""外语教学法意识"一起，构成了作为跨文化施教能力核心理念的"跨文化的语言教学意识"[①]。从跨文化语言教学意识的角度来看，我们发现：只有将国际汉语及外语课堂上的文化活动放到教学法运作过程中去检验，才能进一步认清外语教学中的语言文化关系。而这离不开从教学方案设计的整体性、施教程序编排的合理性、教学活动之间的相关性、加工过程的逻辑性等角度来审视文化活动的位置和功能[②]。只有这样，才能确保文化活动，以及任何携带文化信息的素材内容对外语教学起到支持作用。

本研究拟从"文化活动"在外语课堂习得过程中的位置和功能入手，讨论教师应具有的"语言文化关系意识"和"外语教学法意识"，以期促进考察与思索，深化实践与研究。

一、如何看待"文化信息"在课堂外语习得中的位置

文化信息在外语教学中的位置，应作为"外语教学中的语言

[①] 姬建国《美国中文教师培训与强化跨文化意识》，见程爱民等编《对美汉语教学论集》，北京：外语教学与研究出版社，2007年。

[②] Ji, J., The Transcultural Nature of L2 Chinese Education: Theoretical and Pedagogical Implications. *Journal of Chinese Teaching and Research in the U. S.*, 2011.

文化关系"研讨中的一个重要议题。这不仅是因为这一关系是个依然令许多人感到困惑的问题,而且还因为对"文化信息与语言信息相结合的教学法意义"的探讨尚未有实质性的展开[①]。

(一)文化信息与外语教学的基本关系

在一般人看来,"文化信息"主要来自以非语言形式展示的"文化现象",如课堂上或校园里开展的"文化活动"。这种"文化现象"或"文化活动",往往可划归到风俗习惯、衣食住行那一类具有显性特征的人类文化活动之中。按照与外语教学有关的文化结构层次的简明分类法(姬建国,2011[②];程裕祯,2003[③]),这涉及的往往是文化表层结构上所展现的文化现象,即"物质形态的文化"。这里指的主要是文化学概念中的"物器文化""行为文化"或"制度文化"。那些有时被用来引起学习兴趣、增加文化感受、活跃教学气氛的文化活动,如节庆民俗、歌舞戏剧、棋艺书法、绘画剪纸、民乐演奏,等等,大都也是属于这种范畴内的"文化"。

笔者认为,国际汉语及外语教师需要认清的是,非语言形式所展示的文化活动或文化现象,本身并不是严格意义上的"语言活动"。不仅如此,它也不是"语言的学习活动",更不能指望它来替代"语言的施教活动"[④]。即使在语言教学的课堂上加进了文化活动、展现了文化现象,也不一定就真正算是"文化与语

[①] 姬建国《从外语教学法运作角度审视国际汉语课堂习得过程中的语言文化关系》,《美国中文教学与研究》2013 年第 1 期。
[②] 姬建国《关于语言文化关系在国际汉语教学中的定位》,《对外汉语教学与研究》2011 年第 1 期。
[③] 程裕祯《中国文化要略》,北京.外语教学与研究出版社,2003 年。
[④] 同①。

言相结合"了。实际上，在"文化信息"未能与"语言信息"融为一体之前，未能成为语言习得过程的有机组成部分之前，这"文化"与那"语言"只不过是各唱各的戏罢了，两层皮而已。用作游离在语言教学过程"之外的""点缀性的"活动尚可，很难对外语课堂习得过程所追求的那种"水乳交融式的"语言文化关系产生根本性的积极影响。

从外语教学专业的角度来看，文化信息还有另一个更为重要的来源，那就是"外语课堂施教活动中的信息输入过程"。来自这一过程中的文化信息，才有可能成为"语言信息与文化信息的结合体"的有机组成部分，才应被作为"外语习得中语言与文化相结合"的主要研究对象。

（二）"文化活动"容易造成的错觉

本研究谈论的"文化活动"，主要是指可以在学校环境里开展的诸如节庆风俗、民间才艺展示、琴棋书画学习、民族歌舞演练等带有明显文化表层结构特征的活动。此类"文化活动"，经常作为借用力量而被引进到课堂上，在"用以引起学习兴趣、增加文化感受、活跃教学气氛"等方面，通常十分受欢迎。此类活动，在反映"物质形态的文化"那种显性的文化特征方面颇为引人注目，然而却也容易使人们产生某种错觉：以为只要添加了这样一些文化活动，课堂上的外语习得就可以达到"语言与文化相结合"的境地。遗憾的是，这种认识是远远不到位的。

外语教学中"语言"与"文化"的典型结合所期待的是"显性的语言形式与微妙的文化内涵"之间的水乳交融或"重新结

合"①，而并非是"语言学习经历"与"文化活动点缀"在同一课堂上显摆各自姿色的双拼冷盘②。那么，在外语教和学的过程中，文化活动究竟应摆在一个怎样的位置上才是恰当合理的呢？在怎样的情况下，文化活动才能对外语的教和学发挥其应有的积极作用呢？换言之，怎样才能使文化活动成为"语言形式与文化内涵重新结合"的实际体现呢？这就需要对文化活动在课堂上的长处和短处做一番认真的审视，从而对其在外语教学中的局限性和可用性都获得一个清醒的认识才行。

二、"文化活动"在外语教学中的局限性

在外语教学及国际汉语教学中，文化活动本身的局限性主要体现在四个方面：（1）它无法作为独立的技巧手段；（2）它是不完整的学习活动；（3）它缺乏与语言信息的"共时展示"；（4）它缺乏对语言信息处理过程的"同步融入"。在缺乏干预的情况下，这样的局限性会使"对文化信息的学习"与"对语言信息的学习"形成实际上的相互分离。

（一）无法独立的技巧手段，不完整的学习活动

文化活动，对于外语及国际汉语教学而言，只是一种无法单独使用的技巧手段而已。它有赖于更高级别的语言教学活动来诱

---

① Ji, J., Transcultural Consciousness for Teaching Chinese to American Leaners. *Language Association Journal*, 2006.57(1).

② 姬建国《影响海外汉语教师施教能力的政策因素——以美国教育部门的现状为例》，《国际汉语教育》2011年第1期；姬建国《从外语教学法运作角度审视国际汉语课堂习得过程中的语言文化关系》，《美国中文教学与研究》2013年第1期。

发其潜在的能量。原因是显而易见的：它本身既不是"语言活动"，也不是"语言学习活动"，更不是"语言施教活动"。

文化活动若想成为语言教和学的一个有机组成部分，就不得不依赖于或隶属于更高级别的外语学习活动。只有在设计合理、程序完整的语言教学活动框架之内，而不是在其之外，文化活动中的"文化因子"才能与语言信息处理过程中出现的"语言因子"产生互动，实现"你中有我、我中有你"，才能使"文化"与"语言"开始产生关系[①]。

只有这样，文化活动才有机会将自身携带的"文化信息"拿出来参与到"语言信息"的处理加工过程中来，才有可能实现与语言教学的接轨，才能在语言教学中发挥其作用，才会为"语言形式与文化内涵的重新结合"的美好愿景创造条件。

坦率地说，文化活动本身是无法合格地作为一种可以单独使用的外语教学活动或手段的。究其根本原因，是由于它本身不具备可以用作语言教学的健全机制[②]。当文化活动在外语课堂上单独使用时，对于外语学习者来说，它只能算是一种不完整的学习活动，而且还不能算是"语言"的学习活动。对于外语教师来说，它也只能算是一种残缺不全的施教活动，而且还不能算是"语言"的施教活动。

这一切，都是因为"文化活动"与"语言活动"之间有着本质的区别。此外，这两者展现信息所依赖的机制和方式也各不相

[①] 姬建国《从外语教学法运作角度审视国际汉语课堂习得过程中的语言文化关系》，《美国中文教学与研究》2013年第1期。

[②] 姬建国《对外语教学法实质的探索》，见姬建国主编《应用语言学》，北京：中国人民大学出版社，2007年。

同。介绍传播文化信息，并不一定需要直接使用这一文化的本族语，甚至不一定非要动用"语言"不可。以用汉语对"老外"讲解中国文化为例，在外国听众尚未掌握相应的汉语知识之前，这显然是不现实的，更难以收到应有的效果。

相比之下，通过语言去传播、介绍文化信息，展现语言形式与文化内涵的内在关联，则肯定离不开将"语言"作为不可或缺的条件和支撑，这就需要动用语言因素，如：语音媒介、文字媒介、修辞句法、篇章结构、语法规则、习惯用语，等等。于此，语言因素的使用便是必不可少的。当然，首先要培养、训练听众的外语听说读写的语言技能和跨文化的语用交流能力。

（二）缺乏关键的语言教学基因

"文化活动"并不能与"语言教学活动"画等号，这主要是因为"文化活动"本身缺乏两个最关键的基因：（1）与"语言信息"的共时展示；（2）对"语言信息加工处理过程"的同步融入。因此，即使当它被采纳安排到了语言教学的课堂之上，在期望它能起到辅助语言学习的作用的情况下，文化活动本身也仍只是一种不完整不健全的、非语言的教学活动。实践证明，只有将文化活动与课堂外语习得的语言信息处理过程"融合"为一体（而不是简单地"拼凑"到一起），将其与学生所学外语的语言信息进行共时展示、同步加工、联合学用，才能将其"招安"成为外语教学活动中名正言顺的一个有机组成部分[①]。对此，国际汉语及外语教师应有清醒而准确的认识，才能开展顺利有效的教学。

[①] 姬建国《跨文化教学意识与国际汉语师资培训》，北京：北京师范大学出版社，2011年。

1. "共时展示"基因的缺失

如前所述,任何类型的文化活动,若想真正成为语言教学活动的一部分,必须与外语的语言信息做共时展示。可能有人对此会不以为然,他们会认为:只要把文化活动拿到外语课堂上,单靠那个热闹劲儿,就已经能让人觉得教学达到了相当成功的地步。但事实并非如此。

实际上,由于缺乏"与语言信息共时展示"这一基因,任何文化活动本身都是无法自动成为合格的语言教学活动的。而无法成为"语言的教学活动",就不可能从根本上去辅佐外语的习得和内化过程。实践告诉我们,在缺乏"共时展示"的状态下,文化活动本身只能算作是一种"对文化信息的接触",而并非"对语言信息的加工"[1]。学生在这种文化活动中的经历,本质上并非"语言学习"的经历。

此外,如果缺乏"与语言信息共时展示"这一基因,文化活动就难以成为课堂上外语习得的过程、条件或内容,因而也就无法承担辅佐语言教学的使命[2]。在缺乏这一基因的状态下,文化活动即使被列入教学计划之内、被塞进施教程序之中、被拼凑到了课堂之上,也难以成为有效的外语教学法运作的一部分。

2. "融入加工"基因的缺失

若想真正成为语言教学活动的一部分,文化活动还必须融入

---

[1] 姬建国《从外语教学法运作角度审视国际汉语课堂习得过程中的语言文化关系》,《美国中文教学与研究》2013年第1期。

[2] Ji, J., The Transcultural Nature of L2 Chinese Education: Theoretical and Pedagogical Implications. *Journal of Chinese Teaching and Research in the U. S.*, 2011.

对外语语言信息的加工处理过程中去，与"语言"信息加工的程序步骤紧密地结合为一体。简言之，它必须共时地、同步地参与到对语言信息进行输入、加工、输出的那一整套过程中去。可能有人对此也会感到不以为然，他们觉得：只要是在外语课堂上搞的文化活动，不管怎么搞，不管安排在什么时候搞，都不能不算是"文化与语言相结合"吧？也都能促进外语的习得和内化吧？事实上，情况也并非如此。

和缺乏"与语言信息共时展示"的情形相同，如果缺乏"同步融入对语言信息的加工处理过程"这一基因，文化活动本身同样无法自动成为语言的教学活动，同样无法从根本上辅佐外语的习得和内化过程[①]。实践告诉我们，"融入加工"基因的缺乏，同样会导致一系列不良的结果。比如，当外语课堂教学的时间被未融入语言加工过程的文化活动所占据、蚕食、瓜分时，就会在相当程度上致使"第二语言教学"异化为"第二文化教学"，致使外语课上"对语言信息的学习"与"对文化信息的学习"各唱各的戏、相互分离。其结果就会使对语言信息的加工处理难以从根本上受益于文化活动，从而造成时间、精力的不合理使用，导致教学效果的少、慢、差、费。

三、"文化活动"如何成为"语言教学"的有机组成部分

文化活动若想实现华丽的转身，成为国际汉语及外语教学活

[①] Ji, J., Between Classroom Process and Pedagogical Competence — Training Chinese Language Teachers for American Classroom. *Language Association Journal*, 2008. 59 (3).

动的有机组成部分,就需要得到"组织上、制度上"的保障。从外语教学法运作的角度来看,若要使文化活动在外语课堂上升级转型为语言教学活动,不仅需要有"共时展示""融入加工"那种新颖的、应用语言学意义上的实用原理来作指导,而且需要得到具体而合理的外语施教程序的配合,需要有清醒的跨文化意识和外语教学法意识来作依托,需要得到有利于高效习得的课堂教学互动理论的支撑,还往往需要参照新颖的"按文化结构分层结合"的理念[①]。就外语课堂习得所需要的辅佐而言,倘若缺乏这些必要条件的支持,任何文化活动都只能停留在"无法独立"和"不完整"的"非语言教学"状态。

(一)仰仗于合理的信息处理过程和外语施教程序

文化活动,只有被纳入合理的语言施教程序之中,成为具有内在统一性的外语教学法运作的一部分,才能直接地对语言的教和学发挥积极作用。"合理的施教程序"和"具有内在统一性的教学法运作机制"的提法看似抽象,却是多快好省的教学方法得以施展的必要条件[②]。这是因为,文化内涵与语言形式在外语课堂习得中的"重新结合",需要外语教学法运作来"穿针引线",需要严谨合理的施教程序来做依托"规范",并且还需要在信息处理的"合法"框架之内来进行,才能得以"完婚"。

1. 需要纳入信息加工处理过程的框架之内

"在信息处理的框架之内进行"意味着:语言形式与文化内涵的这一"重新结合",实际上也就是一个信息处理的过程。这

[①] 姬建国《文化内容与语言形式在国际汉语教学中的分层结合》,见袁焱、印京华主编《国际汉语教学实践与思考》,北京:外语教学与研究出版社,2010年。

[②] 姬建国《外语教学法新论》,兰州:兰州大学出版社,1992年。

一过程，不仅有其主要的构成阶段，而且有其大致的顺序走向——它始于"信息输入"，经由"信息加工"，达到"信息输出"。这一过程的完成，无论对教师还是学生来说，都不是一个可以随意处理、偷工减料、不循章法的经历，否则这一信息处理的过程就很难顺利地完成①。换言之，这一过程要求将文化活动所包含的"文化信息"与外语的"语言信息"共时展示，还要求将其所包含的文化信息同步融入外语语言信息的处理过程中去，使其成为有利于外语信息从输入、加工到输出的一种良性催化剂。

2. 需要纳入施教程序的框架之内

"需要外语教学法运作来穿针引线"意味着语言形式与文化内涵的"重新结合"。作为一种信息处理过程，还离不开外语施教活动的配合，离不开一整套能够确保对外语中的语言信息和文化信息顺利进行输入、加工、输出的实施计划和步骤。这一整套的计划和步骤，就是我们常说的"教学设计"和"施教程序"。把语言文化信息的加工处理过程与教学设计及施教程序的实施有机地、动态地结合为一体，应是外语教学法意识中"如何教"考量的一个关键所在②。这也应是外语教学法运作的中心环节。

（二）依赖于清醒的教学法意识及跨文化教学意识

但是，有了信息处理的框架，有了教学计划和程序，还不一定能保证信息处理的过程和教学设计及施教程序就是合理的、符合逻辑的，也并不一定就能与学生在外语习得中的语言心理需求

---

① 姬建国《跨文化教学意识与国际汉语师资培训》，北京：北京师范大学出版社，2011年。

② 姬建国《外语教学法的内部结构》，西安：陕西师范大学出版社，1991年。

趋于一致。这就要求我们对学生在外语学习中的跨文化认知需求做出准确的分析诊断，制定恰当的应对措施（Ji, 2011[①]；姬建国，2011[②]），这还要求我们努力去保证施教程序中各项具体的施教活动都具有合理性[③]；同时，这也要求我们认真地去审视施教程序中各项步骤之间的关联度和完整性，审视它们相互作用的性质和潜在的副作用，审视它们之间是否具备相互支撑的内在逻辑[④]。

只有做到这些，才能从根本上促使文化内涵与语言形式在外语课堂习得过程中顺利完成其"重新结合"。而这一切，又都离不开清醒的外语教学法意识，离不开跨文化教学意识的指导，离不开跨文化施教能力的发挥。

（三）需要参照"按文化结构特征来分层结合"的理念

文化活动，若想超越其自身的局限性而真正成为语言教学活动的一部分，若想从根本上促使文化内涵与语言形式在外语课堂习得过程中顺利完成其"重新结合"，往往还需要再多趟过一条河。这条河就是：按文化结构上的层次特征来划分语言信息的类别，使"文化内容"与"语言形式"达到"分层结合"[⑤]。这里所说的"文化内容"，实际上就是"文化信息"的另一种说法。

[①] Ji, J., Coping with L2 Learners' Transculturally Based Cognitive-Linguistic Needs. *Language Association Journal*, 2011. 62 (2).

[②] 姬建国《应对国际汉语习得的跨文化认知需求》，《汉语国际传播研究》2011 年第 2 期。

[③] 姬建国《跨文化施教能力与国际汉语师训模式转型：Part 1》，《对外汉语教学与研究》2012 年第 1 期。

[④] 姬建国《外语教学法的内部结构》，西安：陕西师范大学出版社，1991 年；姬建国《外语教学法新论》，兰州：兰州大学出版社，1992 年。

[⑤] 姬建国《文化内容与语言形式在国际汉语教学中的分层结合》，见袁焱、印京华主编《国际汉语教学实践与思考》，北京：外语教学与研究出版社，2010 年。

具体的文化信息内容，如果能与具体的语言形式相结合，可以产生更加理想的语言习得效果。这就是"文化信息与语言形式按文化结构特征来分层结合"的概念对外语教学法运作的要求。这一"分层结合"的概念源于笔者"第二语言与第二文化同步习得"的提法①。

1. 文化信息与文化结构层次的关系

从"按文化结构特征来分层结合"的角度来看待文化信息，我们可以得出这样的结论：在不同的文化结构层次上，文化的信息内容呈现为不同的类别②。在文化的表层结构上，文化信息是以"文化现象"的面貌出现在人们眼前的；而在文化的深层结构上，文化信息则是以"文化内涵"的概念展现着自己。

由于文化结构层次的不同，文化信息内容的特点亦有所区别。文化的"现象"，反映的是文化的显性特征，因而具有"公开"的特点；文化的"内涵"，反映的则主要是文化的隐性特征，因而具有"隐秘"的特点。

不同的文化结构层次，所囊括的文化信息内容也会各不相同。文化表层结构上所展现的是"文化现象"，即"物质形态的文化"。具体地说，它包括文化学概念中的"物器文化""行为文化""制度文化"。而文化深层结构中所具有的则是"文化内涵"，即"精神形态的文化"。具体地说，包括文化学概念中的"心态文化""价

---

① 姬建国《海外华语教学中的语言文化关系问题》，《华文世界》第 97 期，2016；Ji, J., Incorporating Language-Culture Reciprocity into Instructed L2 Chinese Acquisition: Overcoming Conceptual Ambiguity. *Language Association Journal*, 2009. 60 (2).

② 姬建国《跨文化教学意识与国际汉语师资培训》，北京：北京师范大学出版社，2011 年。

值取向""思维模式"。

2. 文化信息分层与外语教学法运作的关系

若想把"外语习得中的文化信息与语言形式按文化结构来分层结合"的概念运用到国际汉语及外语课堂教学过程中去,那么如何利用文化活动和文化现象带来的文化信息,并使其与所学外语的语言形式相结合,便成为教学法运作范畴内需要认真考虑的一个议题①。对此,"分层结合"的提出者是这样阐述其中所包含的教学法概念的②:

> 不同层次的文化信息,对于外语习得的不同方面具备不同的意义。当(外语)学习牵涉到对文化中不同层次或方面的信息进行加工时,这种不同的意义就会在语言的语法结构、语音特点、语言意义、语境条件、语用规则等不同方面显示出来。
>
> 换言之,对不同层次的文化信息的习得,会在信息加工的内容上、形式上、过程上,表现出其不同的需求。而在语言习得的这些方方面面的不同,必然会牵动教学在设计、组织、实施等不同方面的教学法运作过程。
>
> 因此,……用于习得的语言形式和文化内容,可按信息的文化结构特征,而列为不同的语言信息加工类别;并按信息的文化结构类别的性质,而分为不同的语言文化习得层次。

---

① 姬建国《文化内容与语言形式在国际汉语教学中的分层结合》,见袁焱、印京华主编《国际汉语教学实践与思考》,北京:外语教学与研究出版社,2010年。

② 姬建国《跨文化教学意识与国际汉语师资培训》,北京:北京师范大学出版社,2011年。

简而言之，从按文化结构分层结合的有益性和必要性来看，若想使文化活动和文化现象成为外语课堂习得的有机组成部分，那就的确还需要考虑如何使"具体的文化信息"与"具体的语言形式"在"具体的文化结构层次上"相结合，以争取达到语言形式与文化信息相结合的最佳效果。

（四）需要得到外语课堂教学互动理论的支撑

文化活动本身通常是不需要受制于任何应用语言学或外语教育学理论的，因为它本来就不是语言活动或语言教学活动。然而，若想将文化活动收编、改造、利用为外语教学的一个有机组成部分，那就必须让它与有关语言性质的理论和语言学习性质的理论形成"上挂"、与外语教学法运作过程形成"下联"才行[1]。因此，对文化活动的招安、改造、利用，就有必要纳入某些有助于课堂外语高效习得的"课堂教学互动理论"的框架中。

在此类关于外语习得的理论框架内，外语的教和学被视为一个"课堂互动的过程"。

从语言信息的接受角度来看，此类"课堂互动过程"理论强调信息输入是语言习得的决定性因素[2]，将"可理解的输入"（Comprehensible Input）视为外语习得的必要和先决条件——这一概念见于"输入论"（The Input Hypothesis）。此类"课堂互动过程"理论在重视"可理解的输入"的同时，还强调"对教学

---

[1] 姬建国《影响海外汉语教师施教能力的政策因素——以美国教育部门的现状为例》，《国际汉语教育》2011年第1期。

[2] Krashen, S., *The Input Hypothesis*. London: Longman, 1985.

互动的调整是外语习得的主要促进因素"①——这一概念见于"互动论"（The Interaction Hypothesis）。此类"课堂互动过程"理论认为外语习得也与语言特征的信息输入频度有关，因而重视对输入信息的简化和对教学互动的调整②——这一概念见于"频度论"（The Frequency Hypothesis）。

从语言信息的运用角度来看，此类"课堂互动过程"理论指出：仅有"可理解的输入"还不够，外语学习者还需有机会对所学语言材料进行有意义的使用，才能达到对外语语法的准确掌握③——这一概念见于"输出论"（The Output Hypothesis）。此类"课堂互动过程"理论还指出：教学语境，或教学交流互动的条件，对学生所学语言的类型和将要使用的语言类型具有微妙的影响，学生能够学会的只是他们所参与的外语学用语境，以及在特定语境中接触的相应的语言形式——这一概念见于"语境论"（The Discourse Hypothesis）。此类"课堂互动过程"理论认为：学习者在课堂上使用所学外语，对外语的习得十分重要，尤其是对其他学习者而言；而由学生自己提出的话题，其习得效果要比由教师提出的话题好得多；由其他学生提出的话题，其习得效果

---

① Long, M., Input, Interaction, and Second Language Acquisition. In H. Winitz, (Ed.), *Native Language and Second Language Acquisition*, Annals of the New York Academy of Sciences, 1981.

② Larsen-Freeman, D., An Explanation for the Morpheme Accuracy Order of Learners of English as a Second Language. *Language Learning*, 1976.26 (1).

③ Swain, M., Communicative competence : Some roles of comprehensible input and comprehensible output in its development. In S. Gass, & C. Madden (Eds.),*Input in Second Language Acquisition*. Rowley, Mass. : NewbuiyHouse, 1985.

比学生本人提出的话题还要好[1]——这一概念见于"话题论"(The Topicalization Hypothesis)。

可见,在外语课堂习得教和学过程的背后,竟有着如此复杂、细腻微妙的道理和讲究。无疑,文化活动向语言教学活动的转化,显然也需要与这些道理和讲究发生关联。

四、"文化内涵与语言形式的重新结合"的外语教学法意义

(一)外语教学中"语言文化关系"的确切含义

"文化内涵与语言形式的重新结合",作为一种独特新颖的概念,必然会与外语教学法运作的动态机制之间产生有机的互动关联。之所以如此,是因为它超越了简单笼统的"语言文化关系"的说法。

在审视外语教学中的"语言文化关系"时,这一概念的提出者(姬建国,2006[2]、2011[3];Ji,2009[4])认为:确切地讲,外语教学中的"语言",应该是指以"语言形式"体现出来的"语

---

[1] Slimani' A., *The Teaching-Learning Relationship : Learning Opportunities and Learning Outcomes, and Algerian Case Study*. University of Lancaster Press, 1987.

[2] 姬建国《海外华语教学中的语言文化关系问题》,《华文世界》2006年第97期。

[3] 姬建国《跨文化教学意识与国际汉语师资培训》,北京:北京师范大学出版社,2011年。

[4] Ji, J., Incorporating Language-Culture Reciprocity into Instructed L2 Chinese Acquisition: Overcoming Conceptual Ambiguity. *Language Association Journal*, 2009. 60 (2).

言信息";那"文化",应该是指以"文化内涵"为重点的"文化信息"。而外语课堂习得的过程,以及外语教学法的有效运作,从根本上来说,主要应该指如何辅佐学生对"显性的语言形式与微妙的文化内涵之间的交融互动"进行信息加工,并达到对这种关系的内化。换言之,对于正确的外语教学法运作而言,既不存在能够独善其身、不包含文化信息的所谓"语言",也不能脱离语言形式而去专门教"文化"。这应该就是"语言是文化的载体"概念的精神实质。

由此看来,如果使用"语言""文化"这两个依然笼而统之的大词去泛谈二者之间的关系,"语言"与"文化"就依然容易遭受"两张皮"的境遇。即使是明确地将其放在外语教学的框架之内来讨论,我们依然难以顺利有效地解决"如何教"的挑战。比如,不少人仍以为:只要课堂上在安排"语言活动"的同时也安排一些"文化活动",就应该算是"语言与文化在语言教学中相结合"了。其实,只要稍微追问一下,就往往会看到令人张口结舌的情形:请问,您搞的这"语言活动",其中有没有包含对文化信息的加工处理呢?您搞的这"文化活动",有没有包含对语言信息的加工处理呢?您又是怎样打算去具体地帮助学生消化吸收这种所谓"相结合了"的语言和文化的呢?

(二)"重新结合"与"教什么""如何教"的关联

如前所述,文化活动在外语教学中的局限性和可利用性都直接反映在教学法的运作过程之中。因此,从"文化内涵与语言形式重新结合"的角度来看待文化活动应当如何脱胎换骨、从而转变成为语言教学活动的有机组成部分,便具有了令人信服且切实可行的外语教学法意义[①]。简言之，关注并促进文化信息与语言信息的重新结合，是外语教学法运作的重头戏。

具体分析起来，我们可以发现：关注并促进语言形式和文化内涵这一"重新结合"，必定要对"形式"和"内容"两个方面同时予以强调，必定要对外语习得的对象（即"学什么""教什么"）的具体化和整体化考虑予以强调。这样，才有利于我们来强化教与学过程中信息加工处理的针对性和整体性意识。这是外语教学法意识的一个必要组成部分。

不仅如此，关注并促进这一"重新结合"，必定还要对"过程"和"条件"两个方面同时予以强调，必定还要对外语习得中的互动机制（即"如何学""如何教"）的具体化和整体化考虑予以强调。这样才有利于我们去思考教学设计的内在统一性、施教程序的逻辑严谨性、教学活动之间的相互关联性。这同样是外语教学法意识的一个必要组成部分。

关注并促进这一"重新结合"，还需同时对"外语教学法内部机制"的合理性、辩证关系、动态特性予以强调[②]，同时对教学法运作的系统性、有效性予以强调。这样，才有利于强化正确的外语教学法意识，有利于培养和提高教师的跨文化施教能力。而这，则应成为国际汉语及外语师资培训中至关重要的一个组成部分。

[①] Ji, J., Assessing Foreign Language Teaching Methodology: From Static Mode to Dynamic Process. *Language Association Journal*, 2007. 58 (1).

[②] 姬建国《国际汉语教育的跨文化实质及其理论实践意义》，《汉语国际传播研究》2011年第1期。

五、"重新结合"对"文化活动"必要的招安改造利用

即使仅从文化活动如何与语言教学活动融为一体的角度来看,"语言形式和文化内涵重新结合"这一概念的重要价值就已显而易见。可以说,正是有了这一概念的"东风"可借,外语教学法的机制和功能才得以全面充分地发挥出来①。反过来讲,只有在被外语教学法的运作"招安、改造、利用"的情况下,文化活动才能真正有机会参与语言信息与文化信息的融合过程②。

(一)融入"外语学习活动",融入信息处理和施教过程

"重新结合"对文化活动"招安、改造、利用"的要求之一,就是要它必须作为"更高层次的外语学习活动"的一个支撑内容,必须融入外语信息的加工处理过程。而这也是需要借助于语言学习理论对外语教学法运作的指导来实现的。"重新结合"对文化活动"招安、改造、利用"的要求之二,就是要它必须遵循外语课堂习得的信息处理过程,即:始于信息输入,续于信息加工,终于信息输出。同时,这一信息处理过程又需要与具体而系统的施教程序融为一体。

比如,为了获得"外语教学活动"的资格,"文化活动"的准备和展示就需要重点考虑如下几个蕴含应用语言学原理的方方面面:(1)应成为外语语言技能训练(如听、说、读、写)的

---

① Ji, J., Language-Culture Reintegration and Chopsticks-Fork Principle for Foreign Language Education. *American Review of China Studies*, 2010. 11 (1).

② Ji, J., Language-Culture Relationship in Instructed L2 Chinese Acquisition: From a Pedagogical Perspective. *Journal of Chinese Teaching and Research in the U. S.*, 2013.

有机组成部分；（2）应能支持外语信息的完整加工；（3）应融入外语信息处理过程的所有阶段（输入、加工、输出）；（4）应提供积极的条件，如高趣味性、高参与度、高任务型。

换言之，在"重新结合"理念的支配下，外语课堂上任何文化活动的展开，任何文化信息的展示，都必须首先成为外语教学方案整体设计的一部分，成为具有内在统一性的施教程序策划和实施的一部分。只有这样，文化活动才算是融入了"语言的教学活动"。

（二）"教学方案设计的零部件和施教程序策划"的借用活动

"与语言教学活动融为一体"意味着：被招安了的文化活动必须服从于教学方案的整体设计，服从于施教程序的辩证策划和具体实施。从原则上讲，它所服从的是教学方案和施教程序的"内在统一性"。

具体来看，在外语教学法运作中，教学方案和施教程序的"内在统一性"决定了"不完整的"文化活动作为一项教学投入对于语言教学活动的从属地位，决定了它在被改造成为语言教学活动的齿轮或螺丝钉之后的合法性和有效性[1]。须知，在被招安之后，文化活动的归宿就是被改造成为外语教学方案和施教程序中可利用的一个零部件。这从"内在统一性"在各项教学投入的要求中就可以推断出来。

"内在统一性"要求：那些包含了被招安的文化活动的具体的语言教学活动，必须服从施教程序的完整性。此类外语教学

---

[1] 姬建国《跨文化施教能力与国际汉语师训模式转型》，《对外汉语教学与研究》2013年第1期。

活动，与其他教学活动之间必须具有合理的逻辑关系和有效互动①。也只有在这样的教学法机制的保护伞之下，文化信息才有望与语言信息发生"共时展示"，文化活动才有可能"融入"对语言信息的加工处理过程。由此而构成的外语教学方案的整体设计和施教程序的具体策划实施，才能确保外语教学法机制有效地发挥作用。

正因如此，在外语教学方案设计和施教程序策划实施中，"不完整的"文化活动通常只应作为一种"引子"、一种衬托、一种润滑剂，来为语言信息的加工处理当铺路石子。这同时意味着，即使仅仅作为"引子"，文化活动也必须与语言教学的具体活动（如语言信息加工处理的程序、语言技能训练的步骤、语用活动的选编排序）相融合。

这还意味着，即使作为"引子"，文化活动也必须与"语言"的学习（如对语言信息的加工、对语言技能的训练、语用活动的参与）相融合，以成为完整的语言学习活动的一个有机组成部分（而不是生拉硬配的杂拼冷盘）。这样，才能发挥一个合格"引子"的正常作用②。所以说，招安后的文化活动，是作为一种"借用活动"而被改造、利用到外语教学法运作的施教程序策划中去的。

---

① Ji, J., Between Classroom Process and Pedagogical Competence——Training Chinese Language Teachers for American Classroom. *Language Association Journal*, 2008. 59 (3).

② Ji, J., Relating Linguistic Challenges to Subtle Dimensions of Culture: A Critical Issue in Teaching Chinese as a Foreign Language. *NYSAFLT Annual Anthology on Foreign Language Education*, 2006 Vol. 23.

（三）评估标准："程序合理""理念合理""结果合理"

如何判断文化活动是否已经转变成为语言教学活动的一个有机组成部分了呢？总结上述的方方面面，我们可以看出：这主要应看它的"加入"能否使语言的教学或教学法运作保持或达到"合理"和"有效"。这就需要我们从以下三个侧面来做一番检验评估。

1. "程序合理"

这是指检验被"招安、改造、利用"了的文化活动与语言教学活动的共时和融合"在组织上的"表现。这主要是看，在被收编之后，那原本不完整的文化活动如今在外语教学法运作中是否履行了应尽的义务[①]，比如：（1）看它是否与语言信息加工过程的各个阶段达成一致；（2）看它是否与语言技能训练的具体学习任务融为一体；（3）看它是否成为教学整体方案设计的一个有机组成部分；（4）看它是否与施教程序相结合。

2. "理念合理"

这是指检验被"招安、改造、利用"了的文化活动与语言教学活动的共时和融合"在思想上的"表现。这主要是看，在被收编之后，那原本不完整的文化活动如今是否能与理论挂上钩[②]，比如：（1）是否仍能使教学设计和授课计划符合准确明晰的应用语言学原理，或仍能从中提炼出明晰合理的理论概念；（2）是否仍能使施教活动符合"动态有机整体"的教学法概念。

[①] 姬建国《跨文化教学意识与国际汉语师资培训》，北京：北京师范大学出版社，2011年。

[②] 姬建国《论培养国际汉语教师的跨文化施教能力》，见陈强、孙宜学主编《汉语国际传播研究论丛：中外学者同济大学演讲录》，上海：上海三联书店，2012年。

3. "结果合理"

这是指检验被"招安、改造、利用"了的文化活动与语言教学活动的共时和融合在"在政治上的"表现。这主要是看,在被收编之后,那原本不完整的文化活动如今能否促进有效教学,能否多快好省地辅佐学生对所学语言中的语言形式和文化内涵进行内化[①]。

六、结语

第二语言课堂习得过程的圆满完成,要求语言形式与文化内涵在施教过程和内化过程中达到共时同步的重新结合。这一"重新结合",不仅需要包括对"外语习得中的语言文化关系"有着清醒认识,还需要包括对文化活动的"招安、改造、利用"。这意味着:必须在正确的"语言文化关系意识"和合理的"外语教学法意识"的支配下,去开展国际汉语及外语课堂习得的教学设计和施教活动,从而确保对所教语言中文化信息与语言信息的共时展示和同步加工。

由此可见,我们所教的"语言"内容,既不能简单片面狭隘地理解为没有"文化"来做血肉的"语言骸髅",也不应是"语言""文化"被拉郎配似的硬拽到一起、随便凑合而成的一个杂拼冷盘。我们所辅佐的外语课堂习得过程,既不能任由"原汁原味""原封不动"的文化活动来冲淡或替代,也不能在缺乏严谨

[①] 姬建国《国际汉语师资培训路子的新思考基点》,《国际汉语教育》2012年第1期;姬建国《"翻译"作为教学法运作机制在国际汉语习得中的作用》,《美国中文教学与研究》2012年第1期。

第七节 文化活动在国际汉语课堂教学中的位置

合理的外语教学法运作的状态下随意进行；既不能脱离跨文化教学意识的导航，也不能没有跨文化施教能力的支撑。

对于国际汉语及外语教师而言，我们所教授的"语言"，实质上主要是"语言形式"（语言的显性表达方式和语法规则）与其所包含的"文化内涵"（语言显性方式所承载的隐性文化语义）的复合体。我们所追求的有效教学，实质上就是辅佐学生对语言形式与文化内涵那千丝万缕的内在关联达到准确的认知和顺利的内化。因此，恰当地把握文化信息与语言信息在第二语言课堂习得过程中的共时、共振、相互融入、重新结合，强调对语言形式和文化内涵两个方面的同时关注，强调对外语习得中"过程"和"条件"两个方面的同时关注，并且强调对教学法内部机制动态特性的格外关注，是从根本上解决"教什么"和"如何教"的宝典。

第四章

多元化文化教学实践探索

第一节 文化间性视角下的文化教学[①]

一、语言与文化的有机结合如何体现在对外汉语教学的不同阶段

对外汉语教学不同于汉语母语教学,是把汉语作为一门第二语言来教。然而,仅仅进行语言知识的教学和语言技能的操练是比较机械的做法,如何把"死"的语言教学变"活",文化在这里起着关键的作用,因而也被视为从"语言能力训练"上升到"语言交际能力训练"的关键因素。语言是文化的基石,在文化系统中以显性的方式存在;文化是语言使用规约的组成部分,在语言系统中以隐性的方式存在。要想做到语言教学与文化教学的有机结合,需不断探寻语言要素、语言技能和文化因素的最佳结合点,并用语言和文化自身的魅力来吸引学习者,激发他们的学习兴趣和交际欲望,并从根本上提高学习者的汉语交际能力。

对外汉语教学是汉语作为第二语言的教学,由于语言和文

---

① 本节摘自刘学蔚《在文化间性视角下再议对外汉语文化教学》,《湖北社会科学》2016 年第 5 期。

第一节 文化间性视角下的文化教学

化的不可分割性以及第二语言教学的跨文化性,在语言教学的过程中不可避免地会涉及文化内容。"知识文化"和"交际文化"这对概念的提出是我国对外汉语学界对文化因素讨论的起点,其核心问题即如何正确处理语言与文化的关系。这对概念从功能的角度来对文化进行分类,前者指的是"两种不同文化背景培养出来的人进行交际时,对某词、某句的理解和使用不产生直接影响的文化背景知识",后者指的是"直接影响交际的文化知识",倘若缺乏了这些知识,异文化交际者之间就会产生误解[1]。这对概念具有四个特点,第一,不参与交际的文化因素是不存在的,知识文化因素是以文化内容的形式参与交际,而交际文化因素是以制约信息模式的形式来参与交际,要想准确传递信息首先必须克服这种制约因素(制约性);第二,汉语母语教学是一种平面交际,而对外汉语教学则是一种双文化的交叉交际,因此对交际文化和知识文化的讨论不能离开跨文化交际的语境(交叉性);第三,只有通过目的语和母语之间在交际功能上的对比,才能发现目的语传递出的信息通过母语文化过滤后,哪些因素发生了变化,哪些不变(对比性);最后,某一文化因素的属性是相对的,可转换的,而判断一种文化因素的属性也需要放到具体语境和交际情境中进行判断(转换性)[2]。我们不难发现,以上四个特点的归纳都全然离不开跨文化的语境,那么我们在深入探讨语言和文化如何有机结合的问题时,也必然离不开文化间性的视角了。

---

[1] 张占 《汉语个别教学及其教材》,《语言教学与研究》1984 年第 3 期。
[2] 张占一《试议交际文化和知识文化》,《语言教学与研究》1990 第 3 期。

毋庸置疑的是，文化内容在这里必须是辅助并服务于语言教学的，无论我们在何种层面上探讨文化教学，都不能违背其学科本质，而无论我们要如何去实现文化和语言的有机结合，首先需要考虑的当然也是满足学习者语言学习的需求。随着学界和教学界对影响语言和语言使用的文化因素及文化知识之重要性的认识逐步增强，辅助语言教学的各种文化内容与教学方法早已贯穿对外汉语教学的各个阶段和各门课程。基础阶段的文化教学是为了更好地辅助语言教学。在这个阶段，文化内容可以被视为更有效进行语言教学的手段、工具和催化剂，因而它们大多以隐蔽的方式存在于语言教学的内容之中。到了高级阶段，文化类课程旨在开拓学生的视野，提高学生对中国社会文化的兴趣，让学生对中国社会文化的认知有一个量的积累，从而达到质的飞跃，因而，高级阶段的文化教学主要采用的是"主题式"教学模式。

也就是说，在对外汉语教学的基础阶段，语言是教学组织的明线，而文化因素和社会语境的设置是教学组织的暗线；到了中高级阶段，文化（当然也包括"汉字文化"在内的与语言密切相关的文化专项课）变成了和语言教学并驾齐驱的另一条明线，而在文化类课程中，语言系统则变成了教学组织的一条暗线。这里的明线和暗线发挥着相得益彰的效果，我们并不能简单地用"孰轻孰重"来描述其间的关系，两者应是相互配合、相互制约和相互映衬的，并"由语言与文化有机结合的需要所决定"[①]。文化内容虽然在对外汉语教学中所占比重不大，但倘若处理好这个问题，不仅能使它更好地为语言教学服务，而且能从根本上提高对

---

① 张红玲《跨文化外语教学》，上海：上海外语教育出版社，2007年。

外汉语教学的有效性，而如何提高这种有效性则需要一种学术的解答。

二、在文化间性视角下反思基础阶段教学活动中文化因素的导入和教学方法

我们都知道传统的语言教学方法，无论是面向国际留学生的汉语作为第二语言的教学还是面向中国学习者的外语教学，似乎都摆脱不了以语言形式为中心的精读精炼模式。"在很多时候，语言被当作知识，教师传授知识，学生获取知识，而很少能做到将语言作为技能，以语言的应用能力为中心来设计教学活动"，这种一成不变的教学模式不仅使学习者感到枯燥乏味，而且他们所获取的语言知识和语言能力可能仍然无法满足交际、学习和工作的需要[1]。将文化内容导入基础阶段的对外汉语教学活动之中，就是为了克服传统语言教学方法的弊病，即通过文化因素的导入让机械的语言教学变得生动、实用，并具有可操练性。

鲁健骥[2]认为为了避免对外汉语基础课堂上"无文化可言"的现象，对外汉语教学不可把文化仅仅理解为古代的经史典籍、政治思想、典章制度等"大文化"，而是要将文化理解为"文化习俗"，因为语言形式只有被赋予了一定的文化内涵才是有意义的。也就是说，基础阶段对外汉语教学中的文化内容一定要着眼于"小C文化"，并将重点放在来自当代中国社会生活中的"活的"

---

[1] 张红玲《跨文化外语教学》，上海：上海外语教育出版社，2007年。
[2] 鲁健骥《对外汉语教学基础阶段处理文化因素的原则和做法》，《语言教学与研究》1990年第1期。

文化习俗上面。那么，这些文化内容又该如何导入语言教学之中呢？学界对这个问题展开过热烈的讨论并对此持有一些基本的认识，虽然我们要求教师善于发现隐藏在语言材料背后的文化因素，却又要避免对这些内容进行扩展或深度讲解，而是让它们以最佳的方式呈现于教学活动之中并服务于语言操练。

笔者想在这里特别提出的一个问题是，在基础阶段对外汉语教学活动中呈现文化内容的手段用"文化教学"来进行描述是否恰当。毕竟在这个阶段，任何形式上的文化教学都有占用语言教学时间之嫌，因此才会引起无数争议。另外需要引起警惕的是，无论是教语言还是教文化，都是一个单向的语言知识和文化知识的输入过程，而笔者认为，在这个阶段处理文化内容的方式不应该是去"教"的。也就是说，如果教学者能够在某种程度上转变对以"教"为主导的教学活动的认识，才能够从根本上意识到文化间性理论视角的重要性。

在文化间性视角的引导下进行基础阶段对外汉语文化教学活动的革新，其总体思路是引导和鼓励学习者在课上的模拟交际情境的语言操练中"领悟"文化，然后在课下的真实交际情境中进一步"体验"和"实践"文化，从而替代以讲解和传授为主要教学手段的"教"文化。倘若学习者进行语言操练的模拟社会文化情境是最大化地贴近其真实生活的，这样的方式便将文化自然地、真实地、隐性地置入了语言课堂之中，不仅增加了基础阶段教学活动的趣味性和实用性，也不用担心过多的文化内容占用了语言课堂的时间，或是加重学生的负担。当然，对那些可能会对语言起到制约作用的交际文化因素，教师还是有必要对其进行适当讲解的，不过对交际文化因素的讲解涉及一个语用的问题，从根本上来说也不属于纯粹的文化教学范畴。

值得我们注意的是,这种文化导入的方式对教师的教学能力、文化认知能力和跨文化能力都提出了较高的要求。倘若一个对外汉语教师对语言材料背后隐藏的文化内容不敏感,尤其是对交际文化因素缺乏足够的了解和认识,那么在没有教师用书或者课文注释的情况下,要想在基础阶段语言课堂上去实现文化和语言有机结合的教学方法还是有相当难度的。另外,这种教学方法也对教师的创造力和灵活性提出了较高的要求,因为教材上所呈现的文化背景和交际情境有着一定的局限性。比如特定教材人物角色的设置一般都比较固定,这些虚拟人物自然也受着其本族文化的制约,如果教材中有一个人物来自俄罗斯,那么他的文化认知方式、对文化的阐释方式、交际方式和行为方式等都受着俄罗斯文化的制约,倘若在特定班级中并没有来自俄罗斯或周边国家的学生,那么课文中所隐含的文化背景和跨文化交际问题对学习者来说就并不敏感了。再比如我国南方某高校的对外汉语课堂或汉语言本科专业使用的是北京语言大学的教材,课文中的很多内容都被设置在了北京的社会文化语境里,并涉及地域文化、饮食文化、娱乐方式、气候和环境、方言与习俗等诸多文化因素。在这种情况下,就需要教师以灵活和变通的方式根据所在地的社会文化特点设计语言操练的场景,让学生进行语言操练的模拟情境更加贴近他们所体验到的真实社会生活。因为语言文化场和传统语义场表现出来的一个明显不同是,语言文化场不仅要考虑"同一平面上文本的相似性与相邻性问题",还要"建立不同平面但处于同一主题下的文本的相似性和相邻性关系"[①]。这个关联和关系便涉及对外汉语教学作为一门跨文化语言教学的文化间性问题。虽然这样的教学方式在一定程度上增加了教师的备课量，却大大提高了该阶段以文化辅助语言教学的效果，从而大大提高了语言教学的有效性。

三、在文化间性视角下反思高级阶段的文化教学

在对外汉语教学的高级阶段，学习者的主要学习目标以及他们对文化类课程的认识与他们当前的汉语水平有着很大的关联。汉语水平较低的学生仍然会把主要学习目标放在语言知识的学习和语言技能的提高上面，因而他们对文化类课程的内容和授课方式的满意度也普遍较低，对文化类课程的重视程度和学习主动性也远不及他们对待语言课的态度和方式，很多学生选修文化类课程的出发点并非完全基于他们的学习需求或是对该课程的兴趣，而是为了达到学校对他们提出的学分要求。对于汉语水平较高的学生而言，他们对文化类课程的内容和授课方式等诸多方面则有着较高的期待，比如授课内容的客观性、真实性、丰富性、实用性，以及授课方式的双向性、多样性等，均是他们关注的内容。有些学生甚至连教师的价值观、跨文化态度都颇为看重，比如教师对待异文化的态度是否开放和宽容、是否能对来自不同文化背景的学生的观点做到无偏见判断等。

[①] 韩红《文化间性话语中语义研究的自我理解》，《外语学刊》2004年第1期。

由于汉语水平不同的学生对文化类课程有着不同的理解和期待，这在某种程度上让教学者面临着一个两难的选择，似乎无论授课教师怎样去调整授课内容和授课方式都无法迎合所有学生的学习需求。那么如何解决这个问题呢？笔者认为，唯一的解决方法就是对各类课程的针对性进行更加深入、细致的探讨，然后在课程设置上做出相应的调整，而不是盲目地降低或增加特定课程的难度，造成顾此失彼的局面——而这个对课程针对性进行深入探讨的过程，是决然离不开间性视角的。

文化间性的理论视角让我们注意到了不同文化之间的深度交融以及发生在这个过程之中的意义重组。然而在对外汉语高级阶段的文化教学活动中，由于知识类内容明显多于技能类内容，教学者很容易变成一个知识灌输者，而非教学活动的引导者。虽然说高级阶段对外汉语教学的文化类课程旨在让学习者对中国社会文化的认知有一个量上的积累，从而达到质的飞跃，但这种高强度的知识灌输型授课方式仍然会带来一些令人无法忽视和回避的问题。首先，很多高校的对外汉语文化类选修课是面向所有汉语言专业本科生开设的，并且此类课程一般都由语言教师以目的语（即汉语）为手段进行授课。由于学习者的汉语水平参差不齐，教师很难去把握授课内容的多少和难度的大小，在对语速的掌控以及与学生的互动方式等方面也很难以顾及所有学习者现有的汉语水平。其次，由于学习者的国籍、年龄、教育背景和家庭背景也是千差万别，来自汉字圈国家的学习者和来自非汉字圈国家的学习者在思维方式、行为方式、对中国式教育的适应程度以及对教师授课方式的接受度等方面都呈现出明显的区别，因而教师很难从整体上去评估特定课程的教学效果，也很难去分析究竟是教学活动的哪个环节出了问题。另外，文化类选修课的学生人数是普遍多于语言课的，教师和学生相互之间的了解与交流也比不上语言课，那么以知识的讲解与传授为主的文化类课程所存在的一个普遍问题就是，这种授课方式相比语言课而言更加缺乏教学主体之间的交流与互动，因而也更像是教师独语式的广播。这种缺乏互动和交流的授课方式所带来的结果便是，学生是否能真正听懂且理解授课内容，课程设置是否能真正满足学习者的需求等诸多关键问题，都很难得到及时的反馈，因而教师也无法做出相应的调整。

知识的教授和传输并不是一件一劳永逸的事情，文化间性的视角告诫我们应该在动态的教学过程中随时随地去观察、分析和判断那些影响教学有效性的因素，比如学习者如何对意义进行解码，我们的教学内容在学习者那里有着怎样的意义生成，这些文化符号的重新编码以及新的意义生成究竟是积极的还是消极的。高级阶段的对外汉语教学和基础阶段有着明显的不同，学生们的学习目的不再是纯粹的语言学习，他们的认知体系需要在一个更高的层面上得到量的积累和质的提升。然而语言和文化的学习是一个终身的过程，不可能在短时间内得到本质上的提高，那么在高级阶段对外汉语课堂有限的教学时间里，教学者存在的最大问题就是在大量传授知识的同时忽略了与学生之间展开一种开放式交流的重要性，从而也失去了从意义的生产角度去反思教学效果的机会。王才勇[①]认为，"追问某种文化的本真含义，不仅理论上做不到，而且

---

① 王才勇《跨文化语境中的中国文化——由卜松山教授上海系列讲演引发的思考》，《社会科学》2004年第3期。

事实上也是没意义的",“在西方的后现代话语里,文化的本真意义越来越失去了话语权,取而代之的是不断滋生其意义变体的演替过程"。意义的重组与生成是一个反复的、多重的、持续的过程,并不会随着教学活动的终止而终结。新生成的意义可以是积极的,也可以是消极的,倘若我们不能让这种意义生成的过程朝着积极的方向持续发展下去,小到个人层面,大到国家层面,都是毫无益处的。强调意义的重组和生成,从本质上来说是在文化间性的视角下和跨文化的语境中去探讨文化的生命周期,而教师则需要不断提醒自己切不可武断地将自己对知识的掌握和理解作为知识本真的客观含义去强加给他人。无论是从教学者的角度去思考对外汉语教学,还是从学习者的角度去思考他们的文化习得,所有的理解活动都需要"不断努力去接近对象,以更贴切地与对象达到视界融合"①,而非随心所欲地去灌输和解读一种文化。

笔者在这里并非拒斥讲解、传授文化知识和系统梳理文化系统的重要性,只是当今对外汉语文化教学仍是以梳理文化体系为重,在授课方式上仍是以教师的阐释和讲解为主,这是一种较为闭塞的思路。毕竟,静态的梳理过程将文化从活生生的现实关联中分离了出来,它看似准确、客观,实际上却忽略了教学对象的特殊性以及这里面所隐含的间性问题。对外汉语的教学对象是文化上和我们存在差异的他者,我们在有限的课堂时间里能够教给他们的必定不会是完整的、系统的中国文化体系,而是与语言、交际密切相关的那一部分文化因素,以及进入他者视线中的、引起他者关注的那一部分特定的文化内容和文化兴奋点。在甄别、

---

① 王才勇《跨文化语境中的中国文化——由卜松山教授上海系列讲演引发的思考》,《社会科学》2004年第3期。

选择这一部分文化内容的时候,我们要充分考虑到这些文化在和他者之间发生交互作用的过程中所产生的特定关联和意义的重新生成。在这个过程中,意义的重组、变迁或偏离都是无法避免的,毕竟,我们所看重的文化对外国学习者来说不一定具备吸引力,我们所阐释的文化也不一定为他者所全盘接受,并转码为我们所期望的意义;任何文化在与他者相遇的时候都会彰显其间性特质,倘若我们不看向这个间性特质,对外汉语的文化教学充其量也只能一般性地满足学习者的猎奇心理和认知旨趣,这与我们所期待的通过汉语国际推广、利用汉语为工具去实现交流双方在跨文化背景中达成互惠性理解的终极目标相距甚远。

总的来说,文化间性视角在高级阶段对外汉语文化教学中的体现,意味着学界和教学界应该从跨文化的理论视角去不断反思对外汉语教学的革新,在教学实践中去探寻真正的跨文化问题和解决问题的方法。以辩证的视角统一"差异"和"融合"的文化间性视角为我们提供了一条理性的出路,启发我们将他者视为另一个自我,通过与他者之间关联的寻找和关系的建立去进行深层的对话,激发各自的文化创造力,以实现异质文化的共生共荣。

四、结语

语言既是文化的表征,也是文化交际的工具。对以培养语言能力和语言交际技能为主要目标的对外汉语教学来说,语言教学必然是离不开其文化土壤的;对汉语国际推广而言,要想使这种推广达到理想的效果,除了全面提高语言教学的质量和有效性之外,亦离不开其文化内容的传播和一种跨文化的路径。特别是当今中国政府正积极推动"一带一路"的建设工作，在文化间性视角的引领下去探讨对外汉语教学，直指对跨国培养与跨境流动的人才培养新机制的探索，从而在高等教育建设的层面上加强中国与其他国家之间的全面交流与合作，也有助于加速中国的高等教育国际化进程。

笔者认为，要想全面提高对外汉语教学及汉语国际推广的有效性，我们必须看向文化间性，以间性的视角去建构对外汉语教学，使其逐步完成从"单向的语言传授"到"以语言为工具实现多元文化间的互动"的转向。毕竟，在全球化时代，文化的国际传播给己文化和他文化都带来了翻天覆地的影响，语言作为文化国际传播的重要载体、工具和内容，也在彼此间的相互影响、交融和渗透中发生着变化。每一种语言的国际推广和每一种文化的国际传播，都在以自己独特的方式与他者进行交融和渗透，倘若不看向这个交融的过程，学界和教学界就无法从本质上提高对外汉语教学和汉语国际推广的有效性。

虽然对外汉语教学中的文化内容只是全部教学内容的一个组成部分，而文化间性却是客观存在于整个教学活动中的一种重要特质，也就是说，无论文化教学和语言教学的比重在不同教学阶段有何种体现，文化间性都始终存在于对外汉语教学的方方面面，只不过当文化教学内容所占比例较少的时候，文化间性往往也令人难以觉察罢了。从对外汉语教学的内容来看，语言和文化在教学活动和日常交际实践中如影随形，交际文化的间性特质无须赘述，即便是纯认知层面的知识文化，也很有必要用间性思维去考虑文化意义在传输过程中发生的转换。另外，对外汉语教学过程是由具有中国社会文化背景的对外汉语教师来主导和组织的，并邀请来自世界各国、各民族的学习者参与进来——由于教学活动的主体和核心都要落脚于具有不同文化背景的"人",并涉及主体双方共同参与并完成的动态的教学过程,这里面也必然涉及一个文化间性的问题。

总的来说,我们需要在对外汉语教学中导入的文化,一定是整个中国文化体系中真正能引起他者关注、贴近日常生活实际并能产生关联的那一部分文化。在这个意义上,对文化间性的重视不仅有助于我们进一步去研究语言教学与文化教学在对外汉语教学各个阶段所占比重的问题,还将有助于我们去深入探讨究竟该导入什么文化、怎样去导入这些文化,才能使其最有效地辅助语言教学、提高交流的有效性。正因为如此,倘若我们在教学活动的不同阶段都能够注意到间性的存在、并时刻看向间性,哪怕是在文化内容所占比例最少的初级阶段,我们也能有效提高教学的质量和效率,激发学习者在真实交际情境中与他者展开交流和交往的愿望及主观能动性。

第二节 人文主义教育理念与文化教学[①]

早在古罗马时代,人文主义的概念就一直存在着。到了20世纪七八十年代,人文主义思想逐渐进入了各个学科领域,发展

---

① 本节摘自 Robin Harvey、唐力行《人文主义教育理念与文化教学》,《对外汉语教学与研究》2015 年第 1 期。

出了人文主义心理学、人文主义教学理念和人文主义外语教学法的理论和思想。人文主义教学理念的提出和外语教学息息相关。在国际汉语教学中,对人文主义教育理念的了解和应用也会对国际汉语教学的发展和研究起着一定的促进作用。

一、人文主义教育

Rogers(1969)[①] 在他的《学习的自由》一书中概括出人文主义教育的基本要素:"人类具有天然的学习潜能,但是真正有意义的学习只发生在所学内容具有个人相关性和学习者主动参与之时。"即教育要尊重学生个性,关注学生心理发展的规律。Rogers 指出,"真正获得解放的人是那些学会了如何调整、适应和改变的人,是那些认识到没有知识是安全的,只有追求知识的过程才是安全的基础"。他强调如何学习更重于书本知识。人文主义教育理念也是一种全人教育的理念,就如同 Rogers 所提出的,教育要培养"完整的人"(The Whole Person),"身体、心智、情感、精神、心灵力量融会一体"的人。这里"完整的人"强调的并不是"完美的人",而是人的整体发展,批评的是偏重认知发展的传统教育。

人文主义教学理念可以分为浪漫人文主义(Romantic Humanism)和实用人文主义(Pragmatic Humanism)两个流派。浪漫人文主义把重心放在培养学生的自我理解和自我实现上,以提高学生素质为主。在语言教学中,则强调所有的教学活动应以

[①] Rogers, C., *Freedom to Learn*. Columbus, Ohio: Charles Merrill, 1969.

学生的感情、思想和经验为基础而展开。实用人文主义既关注学生自我和情感的培养，也注意情感因素在教学中的应用，强调尊重学生的个性，关心学生身心和谐发展。在培养学生自我发展能力的同时，培养学生的认知能力、语言能力、学习动力、交际能力和学习技能。

Moskowitz（1978）[1]归纳出在外语教学中，一个在人文主义教学理念下学习的成功者应该具有以下几个特点：能接受自己，也能接受他人；深爱人类并能移情；不带偏见；有很强的责任心；独立自主，对自己的成长负责；生活有目的。Moskowitz这六个特点谈的是学习者应具备的素质。Stevick（1990）[2]又提出人文主义教学的五个要点，包括情感（Feelings）、社会关系（Social Relations）、责任（Responsibility）、智力发展（Intellect）和自我实现（Self-Actualization）。Moskowitz所提出的优秀学生的素质和Stevick的人文主义教学五个要点相互对应，是实用人文主义教学的参考。

人文主义教学法在外语教学中产生了相当大的影响，这归功于其内涵以及不同于其他主流教学法的教学原则和教学活动。Stevick（1982）[3]指出学生的情感因素在语言学习中的关键性，"语言教学的成败与否并不取决于我们采用归纳法或演绎法来教语法，也不取决于我们采用有意义的语言练习或句型操练，而是

---

[1] Moskowitz, G., *Caring and sharing in the foreign language class*. Rowley, Mass: Newbury House, 1978.

[2] Stevick, E., *Humanism in language teaching*. Oxford: Oxford University Press, 1990.

[3] Stevick, E., *Teaching and learning languages*. Cambridge: Cambridge University Press, 1982.

取决于我们对学生情感因素关注的程度"。人文主义教学法"鼓励学生谈论自己,对别人敞开自己的想法,表达自己的情感"①。人文主义教学法强调过程(Process),在教学上以学生为中心,鼓励学生参与创造性的学习,在发现和解决问题的过程中获取知识,培养能力,开发自我。在人文主义教育的语言课上,教师经常采用小组活动这样的教学形式,在语言练习和使用过程中,鼓励学生参与,不必过于担心犯错②。20世纪70年代流行的一些外语教学流派,如沉默法(Silent Way)、自然法(Natural Approach)、全身反应法(Total Physical Response)、社区法(Community Method)、暗示法(Suggestopedia)等,都是在人文主义教育法的影响下发展出来的③。由此可见,人文主义教育大不同于传统教育法的特点。杨秀敏等人归纳了有关人文主义教育的观点:在人文主义思想下,教育的本质是引导个体价值的实现,是一种创造性的活动;教育的目的是实现人的自我价值,促进人的自我表现和培养自主能力;教学活动则是关注学生的创造性活动和情感培养;教育方法是具有先进性与现代性的启发式,兼具创造性和探索性。这些人文主义的观点为中国外语教学带来了新意。

---

① Rivers, W., *Communicating naturally in a second language: Theory and practice in language teaching*. Cambridge: Cambridge University Press, 1983.

② Underhill, A., Process in humanistic education. ELT Vol. 1989, 43(4).

③ 杨晓春《20世纪外语教学法回顾暨人文主义思想对我国大学英语教学改革的启示》,《南京理工大学学报》(社会科学版)2005年第4期。

二、人文主义教学与文化教学

如何更好地在外语教学中进行文化教学,促进文化教学,改善文化教学与语言教学不平等的地位,是每一个外语教师都会面对的问题。由于中国文化博大精深,加上中国的社会制度和许多西方国家不同,使得国际汉语教师深化文化教育更加困难。中国的文化、历史源远流长,现代中国文化的发展也是日新月异,如何将丰富多彩的中国文化转化成国际汉语教学中有效的文化教学,是许多国际汉语教师在思考和关注的问题。根据人文主义教学的种种特点,人文主义教学理论和方法也许可以为国际汉语教学中的文化教学带来一些启示。

(一)把人文主义教育观念植入文化教学:培养"完整"的语言学习者

把人文主义教育观念植入文化教学中,意味着在外语教学中,我们不能仅仅传授语言知识和培养语言能力,即以发音标准、语法正确、词汇丰富为标准,而是要努力培养一个较为"完整"的语言学习者。这个人不仅在语言知识和语言能力方面达到高水平,还必须具有较高的跨文化交际能力。

什么是跨文化交际能力?许多中外学者根据各自的研究和理解做了论述。Bennett(1999)[1]等人指出跨文化交际能力有三层含义:超越民族中心主义思想的能力,能够欣赏异文化的能

---

[1] Bennett. J. M., Bennett, M. J., Allen, W., Deleloping intercultural competence in the classroom. In. D. L. Lange, R. M. Paige (Eds.), *Culture as the core: Perspectiles on culture in second language learning*. Green wich, CT: Information Age Pub.

力，以及能在多元文化环境里恰当表达的能力。Fantini（1997[①]，2001[②]）提出跨文化交际能力的四个层面：知识（Knowledge）、态度（Positive Attitude）、技能（Skills）和意识（Awareness）。

张红玲（2007）[③] 在借鉴了国内外研究成果的基础上，提出了态度、知识和行为这3个层面共14个具体目标，组成跨文化交际能力的主要内容。态度层面的目标包括：（1）增强自我意识，认识民族中心主义思想和成见的存在，消除偏见；（2）培养对异国文化的好奇、开放、欣赏、移情的态度；（3）培养文化相对论思想和跨文化意识。知识层面的主要目标包括：（1）积累本国文化和外国文化的知识，进行比较分析，了解异同；（2）学习关于语境（地理环境和社会文化环境）的知识，认识语境对交际的影响；（3）学习外国语言知识，提高外语使用能力；（4）学习非语言交际的意义表达系统，了解其中的文化差异；（5）熟悉文化学、社会学、心理学等相关知识，了解文化和文化学习的本质，掌握跨文化交际的普遍规律。行为层面的目标包括：（1）坦然面对模糊、不确定的交际环境，善于调整心态，勇敢面对文化冲撞或跨文化交际可能带来的紧张和痛苦；（2）愿意并能够站在对方的角度去理解和处理问题；（3）具有很强的灵活性和适应能力，能够根据各种不同的交际风格和来自各种不同文化群体的人们的需要，调整自己的言语行为；（4）具有很强的文化敏感性，

[①] Fantini, A. E., *New ways in teaching culture*. Alexan dria, VA: TESOL, Inc., (ed.) 1997.

[②] Fantini, A. E., Exploring intercultural competence: A construct proposal. Paper presented at NCPLCTL Fourth Annual Conference, 2001.

[③] 张红玲《跨文化外语教学》，上海：上海外语教育出版社，2007年。

善于观察和比较文化现象；（5）经常反思本族文化，反思自己的跨文化交际行为；（6）善于学习新的文化知识，提高应对新的跨文化交际环境的能力。

这些目标构成了外语教学对文化教学的高要求。在国际汉语教学里，文化教学不能仅仅停留在介绍一些中国文化知识和历史传统，或体验一些中国文化实践和习俗的层面上，而必须深入对中国文化理念的理解、分析和比较，进而培养学生的跨文化交际能力，达到对中国文化有广泛、深入和客观的了解。培养一个比较"完整"的外语学习者在跨文化交际能力这方面的要求是非常高的，所以在文化教学中植入人文主义教育理念是完全必要的。

（二）建立国际汉语教师多元化身份

国际汉语教学是一种跨越国界的教学活动。作为一名国际汉语教师，面对的学生往往是来自多个国家，是多文化多背景的，这就对教师的多元文化身份（全球性）定位提出了要求。如何更好地在多元文化背景的课堂中介绍、传授中国文化，是对教师的一个挑战，也对教师在知识、技能、态度和教学四个方面都做出了相应的要求。

1. 知识方面。首先，国际汉语教师要愿意及善于学习新的文化知识，不断充实、更新自身的文化知识，包括中国文化、异国文化和世界文化。面对多文化背景的学生群体，教师的知识水平要达到一定的程度，而不能在自身对自己的文化还是一知半解时就去教授异国文化背景的学生。况且，文化是发展的，不是一成不变的，教师在对待文化教学时，要有发展的眼光，不但要教授中国古代传统的优秀文化，也要教授中国新的现代文化知识，并且还要了解并愿意与其他国家和世界文化进行交流和融合。所以，在知识层面，无论是对本国、异国，还是世界的文化，教师都要有一种愿意接纳新文化知识，不断充实改善教学，与时俱进的知识储备态度。姚海芳、姚冬莲提出"教师首先要培养自身开放性的文化视野，做一个敏锐的文化观察者和体验者"[①]的建议是值得国际汉语教师采纳的。其次，教师要明白充实语境知识的重要性以及其对交际的影响。国际汉语教师往往是去异国任教，那么对当地语言、文化、地理环境和社会文化环境的了解程度对教学的成败起着至关重要的作用。在教学中，和学生交流也是课程的一部分，而充实的语境知识及其对交际的影响，可以让教师更好地和学生交流，并使异国学生在学习语言和文化时带入自己所熟悉的背景知识。

2. 技能方面。首先，国际汉语教师要不断提高自身跨文化交际的能力，调整自己的文化行为，提高自己的文化意识，要明白应该怎样适时进行文化教学，是否要和异国文化进行融合或对比，要有一种高度的文化意识。其次，教师要具有较强的文化敏感性，善于观察和比较文化现象，正确对待文化碰撞。面对一个多元文化、多元语言背景的班级时，如何选择合适的主题，如何处理敏感话题，如何比较文化差异，以及如何处理文化冲突，都是对教师文化敏感性的挑战。此外，国际汉语教师应具有较强的移情能力，能站在对方的角度去理解和处理问题。教师要学会理解学生，从学生的角度看待不同文化的态度和立场。当教师觉得某些文化课题并不复杂，但学生却难以理解的时候，往往是因为教师不自

---

① 姚海芳、姚冬莲《人文主义语言教学法与英语教师全球化文化身份研究》，《浙江工业大学学报》（社会科学版），2010年第1期。

觉地站在了自己文化的角度上来看问题。这对于学生来说，是很大的困扰。所以教师要能够移情，从学生的角度去理解和处理问题。此外，提高国际汉语教师的外语交际能力和非语言交际能力也是不可少的。

3. 态度方面。首先，国际汉语教师要认识到语言和文化是不可分离的。语言教学不能脱离文化教学，二者是内在地结合在一起的。所以在语言教学中融入文化教学是不可避免的。其次，教师要增强自我意识，反思自己的言行，经常反思本国文化，反思跨文化交际行为，避免民族中心主义以及偏见。有些教师在进行教学时容易走极端，喜欢用"最"来形容中国文化，这样有可能产生民族中心主义的倾向。国际汉语教师面对的学生是多国家多背景的，包括华裔孩子。对于这些在异国文化中成长的学生来说，在听到另一个文化被推崇成"最悠久""最优秀"时，容易产生一种自己文化被否定、被轻视的感觉，进而对目标文化产生反感。所以，国际汉语教师特别需要培养自己对异国文化的兴趣，对多元文化持开放的态度，特别要尊重任教国的文化和学生所带来的多元文化，在整个教学过程中要避免唯一文化论的出现；还需要知道任教国文化对教学可能产生的影响，在产生文化冲突问题时可以有效、平静地解决。成功的教师都明白态度是有感染性的，尊重是相互的。当一个教师对她的学生的文化表现出真诚的兴趣和尊重时，她的学生也会对教师所代表的文化产生同样的兴趣和尊重。Nunan（1991）[①] 在讨论人文主义教学时提出："学生对待

---

① Nunan, D., *Language teaching methodology*. Hemel Hempstead, UK: Prentice Hall International, 1991.

教师、同学和目标语及其文化的情感态度也许是语言教学中唯一和最为重要的因素。我们必须在我们决定教学内容、选择教材和设计教学活动时把这个因素考虑进去，并把它放在中心位置。"由此可见，在国际汉语教学中，态度是何等重要。

4.教学方面。人文主义思想的语言教学观是以学生为中心的。教师通过学生自主、主动参与，提高语言教学水平。因此，国际汉语教师在教学中要强调文化教学中的人文性，真正做到以学生为中心，建立师生之间的平等互助关系，培养平等协作的意识。教师在教学中，要根据学生适当的要求和反馈，调整教学内容，比较学习效果，分析异同，接纳差异，不盲目否定或盲从异国文化，培养思辨能力。教师更要用发展的眼光，随时开发新的教学内容，改进教学方法，增强教学效果，信任及鼓励学生学习的热情和自主学习的能力，做学习过程中的传授人、引导人、合作人、资源提供人、策划人。

（三）教授"完整"的文化

介绍中国文化是国际汉语课堂上的一个重要目标。而如果教师在汉语课堂上单教中国文化，那么这样的文化教学是不完整的。文化教学是一个广阔的概念，不仅包括中国文化，还应包括学生所代表的文化，即异国文化、当地文化，总的来说是世界文化。文化不是孤立地存在的，文化之间都有相互交合重叠的部分，是相通成一体的。张英（2012）[①]指出："文化具有两个属性：首先，文化是人类创造的，为人类所独有；其次，一定的文化与一定的民族和一定的时代相联系，因而每一种文

[①] 张英《中国文化与世界》，《对外汉语教学与研究》2010 年第 1 期。

化都有其独特的'个性'。前一个属性表明，不同文化之间必然具有某些共通性，这为人类了解和理解异国文化提供了基础；后一个属性表明由于文化的民族性和时代性，各种文化之间必然存在着差异。中国文化与世界文化的共性可以提供普遍价值，获得人类文化的认同；而中国文化的个性可以提供独特价值，让世界了解中国文化。""完整"的文化应当包含古今中外文化、传统文化与当代文化、高雅文化与大众文化，也应包含学生希望学、喜欢学的文化。"完整"的文化是在时间和空间上都囊括了的文化，是没有缺失的文化教学。有些教师在介绍中国文化的时候，重传统文化轻现代文化，重高雅文化轻大众文化，重文化产物轻文化意识，缺乏对跨文化交际能力的培养。美国外语教师协会（1999）[1] 提出了文化产物（Products）、文化实践（Practices）和文化意识（Perspectives）三者并重的文化教学标准。这三个方面是一种相互联系、相互影响的三角结构的关系，构成文化教学完整的循环体系。"完整"的文化教学应该是把文化知识、文化实践和文化意识相结合的教学。

（四）运用"完整"的教学方法与技巧

根据笔者在2014年对美国汉语教师所做的一份问卷调查，发现现阶段的汉语教学中的文化教学主要有以下几个方面的不足：一是文化教学缺乏系统性，大部分教师在教授有关文化题目时采用了顺便提一下（By-the-way Approach）的方式，或者是遇到节日时才会讲一下文化传统（Holiday Approach），还有就是唱

---

[1] National Standards in Foreign Language Education Project. *Standards for foreign language learningin the 21st century*. Lawrence, KS: Allen Press, Inc., 1999.

歌、跳舞、吃喝等文化教学；二是现阶段文化教学主要是以教师和课本为中心，对于学生喜欢的、希望学的文化内容往往没有列入教学内容中，也可以说目前的文化教学更多的还是依靠教师选题讲课的传统教学；三是现阶段教师在文化教学中流行的文化教学活动比较局限于以下传统的活动：教师介绍文化课题、PPT展示、Q&A、音乐歌曲、节日传统、吃喝玩乐。而那些以学生为中心，让学生自主学习的教学活动，如学生展示、课堂讨论、故事短剧、任务项目等则用得很少。

此问卷调查结果所显示出来的现阶段文化教学的缺陷，是国际汉语教师亟待解决的问题。首先，教师们迫切需要一个比较完整和系统的跨文化汉语教学大纲。跨文化教学大纲是"以学习者个人语言、文化、心智发展水平和发展需要为依据的人文性大纲，因此教学内容的组织结构就不可能是简单的线性的知识堆积"[①]。内容方面则应包括古今中外有关文化方面的课题和比较人性化的内容。教师还需要有比较成型的、全面的文化资源，或者说是文化库，而且必须是随着时间和社会发展不断充实、更新的文化库。

文化教学的方法必须创新，改变教师教、学生听的以教师为中心的传统教法。给学生在文化内容学习方式的选择上更多的发言权，提高学生自主学习的兴趣和能力。也可以尝试反向性教学设计（Backward Design），把课内和课外的教学结合起来，让学生在课外有自主阅读分析、合作体验探索文化的机会，在课内有展示、讨论和分享的机会。教师本身的教学更应当是多种多样多变的，如探索教学、感受教学、情感教学、故事教学、演艺教

---

① 张红玲《跨文化外语教学》，上海：上海外语教育出版社，2007年。

学、任务型教学、项目型教学等。这里特别讨论一下项目型教学（Project-Based Learning）和故事教学（Story Telling）的效果。

先介绍一个美国高中汉语课上文化教学采用的项目型教学案例。教师先给学生提出项目的目的和要求，让每个学生自行选择一个和中国文化有关的课题。经与教师商讨和得到认可后，利用课余时间自己寻找资料，整理素材，分析比较，并向老师和同学咨询，最后展示，可以是 PPT 或壁报形式。每星期在一堂课上由一位同学给全班做一个 10—15 分钟的中国文化介绍展示，并回答问题。一个学期中，这个班级的学生完成了以下课题研究项目：（1）美国第一夫人访华；（2）彭丽媛当选最佳着装第一夫人；（3）熊猫宝宝诞生于首都动物园；（4）中国调整一胎化政策；（5）人人网——中国的脸书；（6）中国的微博；（7）微信；（8）淘宝网——中国的亚马逊；（9）佛教；（10）孔夫子和儒家思想；（11）道教；（12）中国高考；（13）九年制义务教育；（14）上海学生全球考第一（PISA）。从以上 14 个课题我们可以看出，学生的兴趣十分广泛，选择的内容包括和中国有关的热点新闻、中国的社交和商业网络、中国的宗教和哲学，以及中国教育等。这些话题通常在一般教学中往往会以语言难度大，课时不足，或题目敏感等理由避而不谈。人文主义教学特别鼓励学生自我学习的兴趣和爱好，从而促进学习的动力和效率。有些看似高深或者艰涩的话题似乎是许多学生所不能驾驭的，事实上，学生在学习这些话题时反而会在挑战中提高他们的语言能力并促进他们对文化学习的兴趣。在上述的以人为本的教学过程中，学生占主动和主导的地位，而教师则担起了督导（Supervisor and Coach）、语言教师（Language Teacher）、资源库（Resource Person）、问题解决者（Trouble Shooter），以及评论员（Commentator/Critic）的角色。

第二个要讨论的人文教学方法是故事教学。心理学家指出，人类生来就不擅长理解逻辑，但是我们却生来喜欢听故事。Pink（2005）[1]在他所著的《一种新颖的头脑：为什么右脑型的人将主宰21世纪》一书中指出："我们人类的生活经验，我们的知识和思想都是用故事的形式组织和流传下来的。"所以故事教学是学生最能接受、最感兴趣的教学方法之一。世界上大多数文化、历史和传统都是通过故事这一形式流传下来的。故事的讲述包含意义和感情。故事中丰富的内容可以让学生接触到人民大众、历史传统、社会现实、多元文化，包括比较抽象的深层文化也可以通过故事而能深入浅出地让他们得到了解和理解。

在文化教学中用什么样的故事是关键。除了我们常用的中国民间故事、寓言故事、成语故事、历史故事外，优秀的教师还采用现代故事、真实的故事、来自社会普通人的故事、源自生活的故事等。一个成功的生活故事案例就是一个叫Brandon Stanton的美国青年摄影师出版了他拍摄的照片故事集《人在纽约》(Humans in New York)，里面收集的每张照片都是关于一个普通纽约客的故事。后来另一个叫Jonathan Harris的年轻人开发了一个网站叫"人性化网络"[2]，人们能在此网站上上传一张照片，然后写一段和照片有关的故事。这个网站从建立起，在短短的时间内，得到了数万次故事上传和无数次点读。在中国也可以找到类似的网

---

[1] Pink, H. D., *A whole new mind: Why right-brain will rule the future*. New York: Riverhead books, 2005.

[2] Humanizing the Web: http://cowbird.com/cowbird.

站，例如"人在北京"和"人在上海"等，都是用照片和随机采访的方法收集到了当今中国最普通的老百姓的故事。在"人在上海"[①]的网站上，就有希望一家人都好的快递小哥，有对同伴说要勇敢坚强的19岁年轻姑娘，有希望孩子平安快乐成长的父母，也有在上海生活了一年对上海很是留恋却即将回国的德国小伙子。这些来自当今中国社会的故事是我们中国文化的一部分，是文化教学的宝贵资源。

国内的报纸杂志、电视文艺节目中也有许多有意思的与中国文化有关的故事，可以纳入文化教学使用。例如，有对外汉语教师选用了《中国达人秀》中的人物，包括第一届达人秀冠军——残疾青年刘伟，民间卖葱的女高音、中国的"苏珊大妈"，来自内蒙古的孤儿歌手哈达木等。此外，很多真实感人的故事都可以从报刊和网络上得到，如在中国山区教孩子的美国人丁大卫，创办了留守儿童寄宿小学的"老师妈妈"等。这些故事反映了当前中国文化的一方面，是世界各国学生渴望和希望了解的中国故事，也为我们的文化教育带来了正能量和动力。我们应当把这些中国人真实的生活故事呈现给学生们，让他们在这些生活故事里探索研究，分析比较，了解今天的中国和今天的中国人。通过这些故事，学生不但学到了汉语和中国文化，更重要的是他们会从中发现中国人民和世界各国人民之间的共同之处。跨文化交际能力就是在学习过程中逐步地得以培养的。

---

① http://bbs.tianya.cn/post-tianyaphoto-112586-1.shtml。

三、结束语：用心来教学

人文主义理念要求教师用心来教学，抱着正确的、平等的、互帮互助的心态和学生交流，共同进步。用心来教学，是对每个教师的基本的要求。联合国教科文组织在 1996 年以 "Learning, the Treasure Within" 为题的教育报告中提出，21 世纪的教育目标就是要教"理解，行动，共处，共存"。在国际汉语教学中，文化教育也应以此为目标。通过带有人文主义理念的文化教学，让世界各国的学生了解、理解和喜爱中国文化，同时也让我们，更让世界各国的学生了解、理解和喜爱异国文化和世界文化。文化交流就是人文交流，文化教学要和人文主义教育理念相结合，才能达到最佳效果和目标。借用刘延东在 2015 年美中战略对话时谈到文化交流时的一句话："文化交流就是人文交流，人文交流就是心的交流，正能量的交流，热能量的交流。"我们国际汉语教师肩负着文化交流这一重任，何不试着用心来交流？

第三节 生态主义文化观下的文化教学[①]

依据《国际汉语教学通用课程大纲》（以下简称《大纲》），"使学习者在学习汉语语言知识与技能的同时，进一步强化学习

---

① 本节摘自李明心《生态主义文化观下的对外汉语文化教学》，《语文学刊》2016 年第 11 期。

目的,培养自主学习与合作学习的能力,形成有效的学习策略,最终具备语言综合运用能力"[1]。可见,必要的语言知识和文化意识,以及跨文化交流能力成为语言综合运用能力的主要构成。当前对外汉语文化教学应采取"语言技能为基石,文化意识为主导,跨文化交流为目的"的主导思想,并将其运用到对外汉语的文化教学之中,训练学生的语言交际能力从而推动中国文化的传播和跨文化交流。《大纲》的文化意识部分"包括文化知识、文化理解、跨文化意识与国际视野四部分"[2]。在此纲领性文件中,"文化意识"成为主要的关键,因此,在对外汉语教学中培养学习者的文化意识和提高文化交际能力具有重大的现实意义。

一、文化的内涵与文化教学

在中国文化典籍《周易》中,给文化下了最早的定义[3]。"刚柔交错,天文也;文明以止,人文也。观乎天文,以察时变,观乎人文,以化成天下"基本含义为天地阴阳之气相感相交而化生万物,圣人感化人心而使天下和平。文化,就是以文字、图形等形式,起到教化、感化人心的作用,以实现天下文明。而在西方世界的语境中,文化(Culture)源于拉丁语"CULTURA"有神灵崇拜、耕作、驯养和精神修养等意。联合国教科文组织的定义

---

[1] 国家汉办/孔子学院总部《国际汉语教学通用课程大纲》,北京:外语教学与研究出版社,2008年。

[2] 同[1]。

[3] 汤一介《"观乎人文,以化成天下"》,《首都师范大学学报》(社会科学版)2004年第1期。

为:"文化是把行为模式,个人对他见的看法,对社会的看法,对外部世界的看法都包括进来。从此视角出发,一个社会的文化生活可以看成是社会的生活和存在方式、文化的感觉和自我认知,是社会总体行为模式、价值观念和信仰的自我表现。"[①] 在近十年的国际汉语教育中,语言的交际能力已经引起学界的关注,但大部分研究和课堂教学仍然以传授文化知识和模拟文化情景教学为主,民族文化自觉性、文化身份认同性及文化异质性等诸如此类文化观念和文化意识的灌输和培养仍在边缘地位。如此,跨文化交际能力的培养如同隔靴搔痒,舍本逐末。因为我们的行为来自观念的导引,没有跨文化意识的扎根教育,跨文化交际能力的培养如无源之水。

我们应该利用课堂教学,在语言技能教学的同时贯穿文化意识的培养,在语言技能训练的同时侧重多元文化交际能力的体现。在外语教学中应导入文化教学,然而包括了母语文化和英语国家文化的英语文化教学内容一直处于严重的生态失衡状态。从近年来国内在文化教学方面的研究,我们发现对外汉语教学中的汉语文化占主体地位,本土文化处于被忽视的状态。外语教材中涉及汉语文化的内容过多,而介绍外语文化的题材少之又少。以《长城汉语》和《现代汉语》教材为例,其中涉及西方文化的文章占有率不到10%。

对外汉语教学既是语言的教学,也是文化的教学。跨文化交际能力的内容,包括了对母语文化的洞悉熟知和对异域文化的认

[①] Welch, A. R., *Globalization, Postmodernity and the State: Comparative Education Facing the Third Millennium. Comparative Education*, 2001.

知理解。本研究援引后现代主义的生态主义理论对对外汉语文化教学的体系建设及教学模式进行探讨，以期培养外国学生客观平等的文化观，提高文化适应力和跨文化交际的能力，在对外汉语教学课堂上建立和谐的文化生态学习环境。

二、国内外文化教学研究现状

自 20 世纪 60 年代以来，国外一直重视语言研究和文化研究在二语习得中的关系；90 年代以来，比利时语言学家耶夫·维索尔伦出版了《语用学新解》（Understanding Pragmatics）一书，发展完善了语用顺应论（Theory of Adaption），其中的语码转换理论、动态适应论、言语行为商讨性有利于丰富和发展当前的英语教学理论和文化交际的实践。格罗斯利（2001）[1]提出了全球化视野下理解文化教学的可能性。进入 20 世界 80 年代后，国内的外语教学界已意识到文化内容在语言教学中的作用，并在不同层面展开研究。对外汉语文化教学的研究主要从教学基础理论研究、文化因素研究、跨文化交际研究及语言教学和文化教学相结合的原则和形式上展开。徐盛桓（2002）[2]教授提出的"常规关系模式"（Stereotypical-Relation Model）探讨了交际双方在跨文化语境下编码与解码的差异；曹文（1998）[3]提出文化教学的两

---

[1] 国家汉办/孔子学院总部《国际汉语教学通用课程大纲》，北京：外语教学与研究出版社，2008 年。

[2] 徐盛桓《常规关系与认知化——再论常规关系》，《外国语》2002 年第 1 期。

[3] 曹文《英语文化教学的两个层次》，《外语教学与研究》1998 年第 3 期。

个层次：文化知识层（Culture Knowledge）和文化理解层（Culture Understanding），以及联系两个层面的文化意识教育，他认为文化教学必须超越文化知识层达到文化理解，方能培养出具有跨文化交际能力的英语人才。我国著名的语言学专家胡文仲对跨文化交际进行实证研究；赵金铭对汉语作为第二语言教学的理念和模式进行了探讨，同时提出表层文化迁移与深层文化迁移因各自特点不同①，应因地制宜，因材施教。在对外汉语教学和研究如火如荼之时，也存在很多不足。在文化研究取向的平衡方面，中国文化与异域文化的共性和个性研究，在课堂上实施教学策略和输入形式以达到预期的教学效果等方面都需进一步拓展。本研究从后现代生态主义理论对对外汉语文化教学的课堂构建进行探讨，提出文化教学应建立在和谐平等的文化观上，从而展开纵深的文化对比，进一步培养学生的跨文化交际能力。

三、生态主义理论与对外汉语文化教学

生态主义思潮源于20世纪90年代，是在发达国家中新兴的一种绿色政治思潮，它追求人与万物的和谐共生，重视人与自然的息息相关。这种生态观与中国老庄古典哲学倡导的"天人合一"自然观和西方古希腊哲学家柏拉图的思想不谋而合。换言之，西方后现代主义走到物质文明的尽头，开始意识到先哲的智慧对人类未来的指示，他们对其日渐膨胀的经济、政治和社会弊病进行

---

① 赵金铭《汉语作为第二语言教学：理念与模式》，《世界汉语教学》2008年第1期。

反思，以马克思主义的整体观和发展观，试图建立和谐、平等、民主、发展的新兴人类社会关系。在21世纪全球化、多元文化共生的国际背景下，生态主义文化观高扬平等、民主、对话和和谐共生的旗帜，反对专制、霸权、对立和唯我独尊的思维和行径。其兼容并蓄、深邃宽广的特性很快被社会文化领域倡导。美国生态后现代主义批评家斯普瑞特瓦克强调多元差异、平等对话，打破二元对立。这种生态整体主义也适用于人类文化生态系统，即东西方文化与异质文明的相互尊重、平等对话、和而不同、和谐共生。然而，生态主义的理论研究需与社会实践结合，方能体现其普适价值，生态主义与文化不同层面的结合将打破文化霸权主义的中心话语，为促进人类社会的和谐发展，建立新兴的国际文化秩序做出贡献。

语言是文化的载体，在此理论的观照下，生态主义文化观与对外汉语教学的实践相结合的研究将扭转语言教学理论研究学院化、理论化，语言技能片面化的现象，凸显语言与文化相辅相成、互补共生的特性。

在对外汉语教学中，进行生态主义文化观的教育首当其冲。首先，让学生理解什么是生态主义文化观。它是时代的产物，它使我们具有跨文化的国际视野，对母语文化和他国文化有明晰的认识和判断。教师帮助学生树立生态主义文化观，从而建立坚强的文化自觉和爱国主义基石，懂得不同文化的特质和优劣，在跨文化交际中能吸取精华，剔除糟粕。在尊重他国文化的前提下，顺利完成跨文化交际，而不是犯了邯郸学步、东施效颦的错误。其次，西方发达国家仍力图把持国际文化语境的中心地位，使全球文化发展处于严重失衡状态。西方的文化通过新科技、新媒体、影视报刊等种种媒介引领大众思潮，对中国年轻学子不无影响。因此，对外汉语教师对这种不和谐的、反生态主义的文化观要有正确的认识。这就要求对外汉语教师有清醒而独立的国际视野，要用生态主义的视角看待文化生态系统中的不同组成部分，以马克思主义历史唯物主义和辩证唯物主义观点看待文化生态系统，对学生积极引导，进行生态文化的教育，使他们在学习汉语的同时，对中国文化有客观的认识和理解，树立正确的文化观，将学生培养成为具备生态意识和生态视野，有效进行跨文化交际的人才。

四、对外汉语文化教学课程的生态重建原则

第一，整体观原则。勃郎·弗勃伦纳（1977）[①] 指出我们每个人都生活在一个生态环境中。对外汉语的课程整体观认为课程教学就是一个生态系统。这一系统由教师、学生、教学内容、教学目标等元素构成。各个元素既是独立存在的，也是相辅相成的，只有共同协作才能实现教学目标。生态教学整体观遵循尊重差异、平等对话的模式打破了以教师为中心的教学模式，转为师生对话，从而教学内容将根据不同的教学对象实施在具体的教学情景中的学习，文化意识的培养也都需要从课程整体观的角度来考量、设计和检测。

第二，动态观原则。课程教学是一个整体，并非固定不变的，

[①] Bronfenbrenner, U., Toward an experimental ecology of human development, *American Psychologist*, 1977.

教师要把握动态性和灵活性。课程教学系统是个新陈代谢的过程。教学相长，能量互动。文化在发展，语言在发展，教学内容也在动态发展。这就是我们坚持的动态观。正如勃郎·弗勃伦纳所说，人的发展就是"在生命的始终，正在不断生长的有机体与其所处的不断变化着的环境之间的逐步的相互适应"[①]。而生态主义课程学家霄格尼尔受怀特海的过程哲学的启发，认为人的发展、学习、教学都是过程，都在不断发生之中，从而提出"神圣的循环"论教育[②]。但这里倡导的循环，并不是现代主义认知模式的简单重复，而是课堂场景在动态过程中，受科学规律支配的转换发展模式。

第三，情境观原则。生态心理学取向的情境观认为心理不是环境选择的产物，也不是内部信息加工的结果，而是行动—环境相互作用的产物。格里诺认为"情境能更有效地参与探究和通过对话的实践来看学习。情境原则重在学生学会探究和形成意义"[③]。这一原则下，知识倚重于环境。只有在一定的语境中，能指与所指才有意义。课程情景教学在生态主义文化教学中有重要地位。情景设计应具生动性、直观性、现实性，将教室、学校和社会紧紧联系在一起，将个人的、国家的、世界的种种文化信息展示出来。这些文化教学情景与教学目标是一致的；但同时教学效能充满了多样性和不确定性。

---

① UNESCO《世界报告：着力文化多样性与文化间对话》，UNESCO公众宣传局，2009年。

② 贾义敏、詹春青《情境学习：一种新的学习范式》，《开放教育研究》2011年第5期。

③ 王牧华《另一双眼睛看教学——教学研究的生态主义范式初探》，《辽宁教育学院学报》2000年第4期。

第四，差异观原则。由于情景性的不确定教学决定了文化教学具体操作时没有固定模式。不同的文化元素有不同的特点，表现出很大的差异性。生态主义文化观正视差异并尊重差异。不同的民族文化以独特的方式对世界进行解读、认知而发展着。因此，在文化教学中应体现不同文化的异质性和多元性。差异性原则要求我们体现对不同文化背景、不同民族特征、价值诉求等差异性的尊重，同时又追求世界文明的和谐完整。

第五，和谐观原则。依据《大纲》要求，课程设置的整体和谐也是生态主义课程构建的基本理念。生态主义强调教学各系统的协调发展，课程设置和实施的平衡，以及课程目标和实现的统一，以达到文化教学的共生共现。例如在讲授中国传统的"天人合一"观时，也可以引入19世纪西方人文主义同样重视人与自然的和谐共处，体现中西文化的相似之处。在讲授中国"女性半边天"时，可以比照西方女性追求个性解放、独立自主的理念。讲授中国古代神话时，也能通过西方文化源起的希腊、罗马神话与其对比。在此原则下，生态文化课堂的建构要彰显汉语文化与世界不同文化的互动，采用比较、对比等手段使学生理解接受。

最后，合作原则。在复杂的课程情景和丰富多变的内容前，教师和学生是实践操作者，师生以合作互动的方式开展教与学。合作原则与整体观原则是一致的。教师传授文化知识的同时也是学生意识觉醒、重新认知的过程。充分调动学生的学习主动性，教师应积极引导。例如在汉语高级阅读课上，讲到民俗文化中的中国婚礼，可以介绍中原传统婚礼的意义和仪式，并设计场景请同学表演。在文化教学中使学生认识到不同文化具有合作性，学习目标——语文亦如是。改变以教师为主体的课堂模式，以学生为中心，师生平等对话也是文化生态课堂重建的又一体现。

五、生态主义的对外汉语文化教学模式

我国外语教学中的文化教学经历了从阅读能力的培养，到注重交际能力的培养，到如今跨文化交际能力培养三个主要阶段；出现了四种教学模式：外国文化模式、跨文化模式、多文化模式和超文化模式[①]。20世纪60年代之后，美国教育学界先后召开了三次以文化教学为主题的会议；1996年美国教育部修改了外语教学的全国标准，确定了文化教学的核心地位。新的外语教学大纲包括五个方面的目标，即：Communication，Cultures，Connections，Comparisons，Communities[②]。这五个目标和跨文化交际成为美国外语文化教学的两大重要内容。2006年，美国推出了"关键语言项目"，汉语在8大语言中列为第二，被提升到国家安全的高度。在我国，对外汉语的研究成果较多，国际汉语教育也提到了国家战略高度，但是，汉语作为外语教学中跨文化教学部分的具体实施策略和模式，缺乏整体形态。赵金铭（2008）[③]指出："近年来虽也多有研究，但零散而不成系统，还没有引起汉语教师的高度重视。特别应注意挖掘语言背后的文化内涵。"

[①] Stern, H. H., *Fundamental Concepts of Language Teaching*. Shanghai: Shanghai Foreign Education Press, 2000.

[②] 杨东杰、王维倩《大学英语文化教学生态失衡与对策研究》，《黑龙江高教研究》2013年第12期。

[③] 赵金铭《汉语作为第二语言教学：理念与模式》，《世界汉语教学》2008年第1期。

第三节 生态主义文化观下的文化教学

对外汉语教学的理论基础研究是文化教学可行性的前提条件。语言顺应论中强调的语言结构和动态语境之间的关系,从语言基本单位词汇到句子、语篇的训练都探讨了语码转换,使学习者研究语言结构后面的文化元素,在语言实践中注意选择和动态顺应。以多元合一的眼光看待语言与文化,建立跨文化的教学模式在对外汉语文化教学中还在不断探讨,援引生态主义的观点,我们试图建立文化—语言—协商合作式(Culture-Language-Negocia-Cooperation,以下简称CLNC)的教学模式,使文化这个一直被学生误读为抽象,高高在上的名词与语言学习实践结合,采取主动选择和个体合作的方式,提高学生的跨文化语言交际能力。具体形式为:

1. 合作式教学传递文化。适用于听说课。具体操作是教师介绍口语话题,说明其中包含的文化信息,师生互动表演,学生模仿再现,教师引导学生进行归纳总结。笔者所在的孔子学院使用《博雅汉语》口语教材,取得了较好的学习效果。学生在训练语言技能的同时,重视所处的文化语境,而文化知识的吸纳和文化交际的实现都在某种程度上是在与语言的协商合作中完成。

2. 情景教学中的文化对比。在日常生活中,外国留学生常出现一些语用失误,多半是由于学生缺乏对汉语交际文化语境的了解。在口语课的情景练习中,教师进行归纳总结后可延伸教学,把中国文化与本土文化或其他的异域文化进行对比,以加深学生印象。例如中国的节日与不同国家的节日,"中国梦"与"美国梦"的内涵。文化对比同样建立在生态主义的理念上,在平等尊重的原则下实现跨文化交际。通过文化对比教学,加深学生对汉语文化的认识,了解汉语与母语文化在不同层面的差异,从而进行有效的跨文化交际。

3. 人机对话的生态建设。教师可以充分利用多媒体教学工具和网络引导学生进入多元文化的情境中学习，但又不以科技手段为唯一，在借助形式多样的声像教学手段输入文化信息的同时，重视人机的协商、教学情景的设计和学生的主动参与。例如，国家汉办的网络孔子学院网站有丰富的在线影音、文化内容介绍，可根据学生的不同程度指导其选择，在课堂上也可通过听音乐、看影片等多种计算机辅助教学手段结合文化讲座、学生论坛，营造课堂的文化情境，使学生既能被领进去，也能走出来，在潜移默化中体验汉语文化，由此建立双语文化思维模式，达到知识内化的目的。

4. 文化实践中的协商与认同。文化教学不仅在课堂上展开，还要开放地与课外环境结合起来。在课外的文化实践过程中，语言与文化的协商方面，师生的动态商讨表现为语言选择的灵活性和语用策略。首先，教师给学生提供大量的语言输入，其中，语料的选择需要与学生理解力适应。这就与学生存在商讨性。例如，在文化实践中，我们以国家汉办组织的"中国文化之旅"为模板，开展当地的文化之旅，让学生分别扮演导游、旅客、本地居民的角色，使用汉语介绍当地风土人情。介绍语词、游览地的选择，以及角色互动环节充分发挥了学习者的主动性，让他们在活动中加深对文化概念内涵的理解，提高文化认同度和文化适应力，深化对双语文化的认识。

CLNC 教学模式体现了对外汉语跨文化交际的教学目标、教学模式、教学进程等因素。CLNC 跨文化教学模式是在后现代生态主义理论的观照下，融合了文化渗入式教学，即让学生了解掌握语言的意义所指、语用规律和承载的文化信息，使他们能正确地使用汉语交际，建构生态主义的文化观，自觉形成双语思维模式，从而使母语及汉语、母语文化与汉语文化呈现正迁移的影响。

六、结语

21世纪的对外汉语教学，应加强生态文化观的教育和生态文明意识的培养，对不同国家的学生以平等、和谐的态度相待，以对话、包容的理念引导学习。打破唯语言技能学习的狭隘动因，帮助他们认识中国文化的精神内涵和多姿多彩的物质形态。以发展的眼光认识中国文化，了解中国文化，提高教师及留学生的跨文化交际能力，对建立绿色文明的后现代生态文化观，对构建多元平等和谐共生的世界文化有重要意义。

第四节　Edward T. Hall的文化理论在教学中的应用 [①]

对外汉语教学中的文化内容的选取角度、组织方法、教授形式等一直是学界悬而未决的难题。总体来看，2000年以前学界普

[①] 本节摘自周洋《汉语教学和文化教学中的显形和隐形文化——Edward T. Hall的文化理论在汉语教学与文化教学中的应用》，《语文学刊》2016第8期。

遍认为对外汉语教学中文化与语言的关系是上下位的关系，即语言是文化的组成部分，而教学中的文化应该限定于"外国人学习和理解汉语，使用汉语与中国人打交道的时候需要掌握的那种'文化'，是语言学习和使用过程中所涉及的文化"[①]；汉语教学中导入文化内容的主要目的是为了"消除外语或第二语言学习、理解和使用中的文化障碍"[②]，应当落实在"确立发展学生运用语言交际的文化技能上"[③]。2000年以后，关于汉语教学中文化大纲建设的讨论仍在继续，有代表性的是张英（2009）[④]的观点，她将文化教学分为"文化因素"教学和"文化知识"教学两种——前者存在于语音、语法、语义、语用等层面，后者则存在于普遍的社会交际规约中；教学方式仍然是教授语言，而目的则是顺利进行跨文化交际。

显然，对外汉语教学中的文化教学被定位为语言教学的辅助，目的在于使汉语作为第二语言的学习者的汉语交际更加顺畅。而另一方面，从跨文化研究的角度来看，尤其是在 Edward T. Hall 的"文化是交流"的理论体系下，文化的世界自行运转，与言语并驾齐驱，二者或许并不存在上下位的关系，而是交织着进行讯息的传递。我们认为，文化大纲的建立之所以如此艰难，或许正

---

① 林国立《构建对外汉语教学的文化因素体系——研制文化大纲之我见》，《语言教学与研究》1997年第1期。

② 陈光磊《从"文化测试"说到"文化大纲"》，《世界汉语教学》1994年第1期。

③ 张英《对外汉语文化因素与文化知识教学研究》，《汉语学习》2006年第6期。

④ 张英《对外汉语文化教学的基点与视角》，见《第十届国际汉语教学研讨会论文选》，沈阳：万卷出版公司，2010年。

是因为在对外汉语教学领域，文化总是作为语言的辅助工具而围绕语言进行，学者过多关注零星的元素，而忽略了统筹于后的文化模式。

一、显形文化与隐形文化的定义

Edward T. Hall 于 1934 年起在印第安人保留地工作了 4 年。期间他与纳瓦霍人（Navajo）和霍皮人（Hopi）一起生活，一起修筑水坝和公路，由此强烈意识到种族之间的文化差异。1949 年，杜鲁门提出了"第四点计划"，即技术支援国外经济不发达地区的人民，在开发资源的同时改善他们的劳动和生活状况。然而，美国驻外使馆人员和技术专家的工作效果并不理想，美国国会由此成立了外事服务学院（Foreign Service Institute），由 Hall 担任培训班主任。期间他意识到不理想的原因总是在于外事人员往往无法真正把握文化的差异。文化以深刻而持久的方式支配着人们的行为，而大多数人对此浑然不察。与语言教学相比，并没有一种传授文化的教学方法。Hall 希望识别文化中的元素（Isolates），建立方法论，像教授语言一样教授文化，最终能够找到一种让一般人都能从人类学中受益的方法。

经过长期的观察、实践与研究，Hall 在 KLuckhohn, Ralph Linton 等人类学家的研究基础上，按照人们对义化的知觉程度，用显形的（Formal）、隐形的（Informal）和技术性的（Technical）这三个术语来命名文化的三个层次。以时间为例，显形的时间被人们视为理所当然的日常生活的一部分，隐形的时间在语境中表现为"一会儿""稍后""马上"等，而技术性的时间则是科技人员所使用的时间，如"光年"。这三个层次之间存在变革的可能，可以相互转化。文化首先是交流与讯息系统，包括十大基本系统——互动、组合、生存、两性（指男人和女人）、领地（欲）、时间、学习或习得、游戏、防卫、开发。只有第一种系统和语言有关系，其他则是非语言形式的交流过程。就学习这种活动而言，显形的学习活动是通过规诫来传授的，隐形的学习的主要中介则是模仿，技术性的学习则专指老师对学生的、有程序的训练与讲授。

借鉴语言学的研究方法，Hall 在"文化是交流"的基础理论上将文化分为元素（类似于语音）、集合（类似于词语）与模式（类似于句法或语法）。元素是区别不同模式的主要手段，集合是最早被感知的单位，模式则是群体共享的、由集合组成的、有意义的排列。值得注意的是，一旦集合被分解为元素，集合本身就面目全非、不存在了。同样地，模式分为显形的、隐形的、技术性的三种。

二、语言只是互动的一部分

Hall 首先将文化看作是交流，交流就是文化。他将基本涵盖了人类所有交流（包括语言的和非语言的，而大部分是非语言的）的十种人类活动称为十大基本讯息系统（Primary Message Systems）；（1）互动（Interaction）；（2）合作（Association）；（3）生存（Subsistence）；（4）两性（Bisexuality）；（5）领地（Territoriality）；（6）时间（Temporality）；（7）学习（Learning）；（8）游戏（Play）；（9）防卫（Defense）；（10）开发（Exploitation）。

第四节 Edward T. Hall 的文化理论在教学中的应用

最高级的人类活动就是创造；最高级的互动模式之一是言语。十大讯息系统之间互相交织，互相影响，形成繁复的人类活动，其中包含着庞杂的文化元素。

语言的互动与两性、领地、防卫和游戏等其他讯息系统的关系密切。表现在具体的行为上：男性和女性的话语风格有明显的差异，一直像异性一样说话的人会被视为有特殊的性别定位；谈话或通知的声音大小随着距离而变化；幽默或自嘲往往是捍卫或掩饰的一种方式。前两者存在于显形的意识，被视为是正常的存在，而后者存在于隐形的意识与情绪中，是不假思索的。

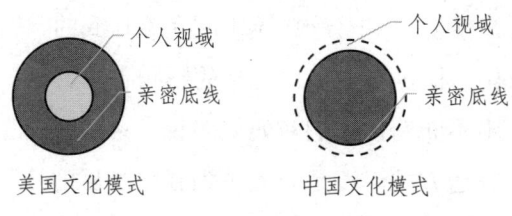

图 1

我们举一个与语言相关的隐形模式的例子，以中美两种文化作为对比。在感谢语的使用上，美国人倾向于就事论事，对帮助自己的人以口头方式表示感谢，对方是自己的父亲也不例外；中国人是否用话语表示感谢要视对方的身份而定，父母与孩子之间很少用感谢的语言，至少很少表现出口头上的感谢。一般人或许认为中国人含蓄，不善于表达情感。

我们从较深层次（或隐形）的层次来看，中国人更重视融入团体，而美国人更重视个人空间。就领地欲来说，中国人的个人领域空间较为模糊宽泛，弹性较大。这一点，由中国人对个人身体距离的容忍度可见一斑。个人领域可以和"自己人"一同分享，进入亲密底线的人即被视作"自己人",有多少人会在日常生活中时时说"谢谢我自己"?美国人的亲密底线则往往在个人领域之外,最亲密的人也只存在于自我的外部空间(见图1),对父母也是如此,需要感谢的时候就必须以口头方式说明。辅以一个亲身经历的侧面例证:我在美国读书期间与中国同学共四人结伴而行,开车由美国东海岸横穿至西海岸,十天共计一万多公里。其中两人轮流开车,公路旅行,在车内的时间自然较长。返校后我当作一件"壮举"告诉一位美国朋友,而她第一反应不是我们竟然在短时间内穿越了如此辽阔的土地,而是"我们家四口人无法同在一辆车里待上二十分钟,你们是怎么做到的?"

在全球化的情况下,文化受到的影响首当其冲。中韩合作的公益广告中不断劝说人们对妈妈多说一声"谢谢",这是更为有礼貌的表达方式,还是个人更为独立之后的社会变迁?即使在美国满口"Thank you",回国之后也是"谢谢您呐"不断,但要我对我的先生说一个"谢谢",心理情绪却十分复杂:一方面出于独立人格的礼貌需要;另一方面却十分不好意思,仿佛还未容纳他进入我的家庭。两种文化模式的影响暗中较量。这种隐形的规律,很难清楚明白地说出来,而只有在打破的时候才会令人觉得不安。正如 Hall 所说:真正的难题不是理解外域文化,而是理解自己的文化;研究异域文化得到的不过是象征性的解释,研究的最终目的是为了更好地了解自己文化系统的运行机制。

而关于领地的显形模式,表现在具体的行为中,以中美作客的落座位置为例。在美国家庭中,男女主人有自己的"专座",尤其是较年长的男性家长,在家庭中一定有一把皮椅或一个沙发

(单人的),是为休息时的专门座位,在客人来时也不例外。很少有人有意坐在男主人的座位上,因为这是他的专属空间,工作间与书房也类似。而中国人习惯将最好的座位、最舒服的朝向留给客人,不管这个座位是否是男女主人平时的专用位置。从学习方式来看,在中国文化中这一方面的知识是用训诫的方式传授给晚辈的,长辈会请孩子为客人让座;但在美国文化中则多是以隐形的方式习得的,孩子会观察到父亲在座位被客人无意中占有时的不快。

十大讯息系统中的大部分活动都是非语言的,如男女互动的模式、在工作中寻求乐趣、个人隐私的防护、使用区别性的装饰、团体体育活动、时间观念、经济模式等。围绕着这些讯息系统,形成的是种种价值观,而理想的典范多半是隐形的。人们通常更喜欢坚持并让他人改变系统,这或许就会引发文化歧视与冲突,而这些往往是语言甚至语言教学无法解决的。我的一位法国学生初次到北京学习,在目睹了车祸过程中中国人的围观态度之后,就此丧失了学习汉语的兴趣,谈话时反复提到的就是法国人援助他人的热情以及对学习汉语和与中国人打交道的抵触感。如果在法国进行初级汉语学习时,学习者不只简单地认识了太极拳、民歌、剪纸、中国结这些文化元素,而是对中国人对个人领域内外区别对待的文化模式有所了解,或许文化冲突与歧视的状况会有所缓解。在对外汉语教学领域,我们对显形的与技术性的文化元素与集合进行提取、组织并进行教授,却忽视了本国隐形文化模式可能与他国完全相背——或许教师根本没有这种意识,毕竟隐形的文化模式对本国人来说也是超乎知觉的——其中若是没有变通或理解的方法,在人们还未充分意识到时,更加严重的冲突可能正在酝酿。

三、文化教学示意图

　　Hall 将文化当作交流的直接理论产物是表 1 显示的"文化教学示意图"。在这张图中，纵向是基本讯息系统的十个方面，横向是与其对应的形容词形式。由左上角至右下角，有一条对角线，以上是个人活动，以下是群体活动。就整张图而言，上部是显形的活动，中部是隐形的活动，而下部则是技术性的活动。十大基本讯息系统是按照有机体的生命历程顺序排列的，同时在功能上两两成对，如时间与空间、游戏与工作。不同文化则可能将系统按不同顺序排列。

　　表 1 是一张文化地图，就像是一个分类系统和检索清单，涵盖了几乎所有的人类活动。Hall[1] 认为按照这张示意图进行考察，行为科学家可以把握主要范畴，并进一步开拓未知的讯息系统。这张图的绘制，最初的目的是全面考察异域文化（包括显形的、隐形的和技术性的），以帮助外事活动顺利进行；而 Hall[2] 的最终目的是为了使一般人也能从中获得启示，鼓励文化学者利用其中的线索界定文化元素，从中提取研究手段。

---

[1] Hall, T. E., *The Anthropology of Manners*. The International Executive. 1959.

[2] Hall, T. E., *The Silent Language*. Fawcett Premier Publisher. 1965.

表 1　文化教学示意图

基本讯息系统	互动模式	组合关系	经济关系	性别角色及性别关系	空间（领地）观念	时间观念	教育形式	娱乐方式	防卫方式	开发方式
互动	信息交流，包括语言交际、嗓音调节和体态语	地位和角色	交换	男女互动模式	互动场所	互动时间	传授与学习	参加艺术与体育活动（包括积极参与与消极参与）	保护他人并受他人保护	使用文字、电话、其他符号系统等通讯媒介
合作	社区	—社会 —阶段 —种姓 —政府	经济角色	性别角色	地方群体角色	年龄分组角色	老师与学生	演员和运动员	保护人（包括医生、律师、教士、卫兵、警察等）	使用集体财产

续表

基本讯息系统	互动模式	组合关系	经济关系	性别角色及性别关系	空间（领地）观念	时间观念	教育形式	娱乐方式	防卫方式	开发方式
生存系统	生态社区	职业组合	-工作 -正规工作 -维持工作的能力 -职业	男女分工	个人在何地吃饭、做饭等	个人在何时吃饭、做饭等	在工作中学习	在工作中寻求乐趣	卫生保健、正常生活的保护	享用食品、利用资源和设备
两性系统	血缘社区（宗族、同胞兄弟姐妹）	婚配组合	家庭	-性别关系 -性行为（生物学特性） -性行为（技术性特点）	按性别分配给人的区域	按性别分配给人的时间	传授与学习性别角色	参与性行为，从中求得娱乐	保护性行为，保证繁衍后代	使用区别性别的布置和装饰

第四节　Edward T. Hall 的文化理论在教学中的应用

续表

基本讯息系统	互动模式	组合关系	经济关系	性别角色及性别关系	空间（领地）观念	时间观念	教育形式	娱乐方式	防卫方式	开发方式
领地	社区地域	群体地域	经济地域	男子活动空间，女子活动空间	明确的空间，模糊的空间，空间分界线	空间的安排随时间而变化的模式	传授个体的空间分配，学习个体的空间分配	用空间来衡量乐趣（游戏、嬉戏等）	隐私	使用篱栅和标界
时间	社区活动周期	群体活动周期	经济活动周期	男子活动周期，女子活动周期	由空间决定的周期	－时间 －序列 －周期 －日历	个体的学习时间	个体的娱乐时间	－休息 －假期 －休假日	使用计时器等
学习	社区共有的知识 －在社区内传授和学到的知识	学习群体 －教育机构	教与学的报偿	男子接受的教育，女子接受的教育	学习场所	学习的时间安排（群体学习）	－文化适应 －养育后代 －隐形学习 －教育	使学习成为乐趣	学习自卫 学习自我保健	使用训练教具

基本讯息系统	互动模式	组合关系	经济关系	性别角色及性别关系	空间（领地）观念	时间观念	教育形式	娱乐方式	防卫方式	开发方式
游戏	社区内游戏－游艺与运动	游戏群体、团队和文艺团体	职业运动、职业娱乐	男子的游戏、女子的游戏	娱乐场所	娱乐时间	传授知识型的游戏	娱乐、嬉戏、游戏	体育锻炼	使用娱乐器材
防卫	社区防卫－有组织的防卫体系	防卫群体－军队、警察、公共卫生机构、有组织的宗教团体	防卫的经济模式	男女分别保卫的东西（如家庭、名誉）	受保卫的场所	防卫的时间模式	科学、宗教、军事方面的训练	团体体育活动和军事游戏	－保护－显形防卫－隐形防卫－技术性防卫	使用保护器材
开发	通信网络	组织网络（城镇建筑等）	事物、资源、产业设备	人们关注和占有的东西	财产－一圈占的、计数的和计量的财产	计量和记录下来的时间	校舍、训练器材等	娱乐用品、体育用品及其制造业	堡垒、军火、医疗器械、安全用品等	物质系统，与环境的接触、运动习惯、技术

当然，在实际调查中，不同文化背景的人会将十大系统按重要程度重新排列。在 Hall[①] 的研究中，阿拉伯人将时间与空间分离，把时间置于纵轴的位置，而防卫与互动则作为对子排列在顶端。鉴于此，将此图作为研究手段用于中国文化研究时，也必然要经过调整与验证。但最起码，我们有了一个将文化元素、集合与模式抽取并逐渐明晰化的理论方法。在进一步研究下，或许能够为汉语教学或文化教学提供新的材料与手段。

四、对汉语教学与文化教学的反思

人类习得文化活动的方式是"超乎知觉"的，这使得理解自己文化的过程变得异常艰难。文化以深刻而持久的方式支配着人类的行为，却不能被具体明快地加以传授。汉语教师在教学中缺乏文化意识，很大程度上是由于理论研究的不足。

文化的隐形模式一旦得以充分的描述，很容易受到该文化中人们的认同，而研究者要做的就是将其记录下来，在技术性层面上加以传授。一旦研究者有了跨文化研究的意识，很容易想到由建筑的表层结构与装饰深入下去，揭示宗法、家庭、等级等。但有了这种视角却缺乏研究手段，造成的结果就是结论零散，仍然无法用于有计划、可推行的教学。我们大胆地认为：文化教学是可以与语言教学分开的，分属于不同的服务目的。对于需要参与外事交流的人员来说，对文化差异的认识比学习异国语言更难，却更有帮助。文化教学不一定只能在汉语教学领域开展。以交流

---

① Hall, T. E., An *Anthropology of Everyday Life: An Autobiography*. Knopf Doubleday. 1993.

为目的的文化教学由于没有了词法、句法的羁绊,或许能引起更多人的兴趣,在一定程度上能够帮助文化推广。毕竟,语言教学中多是文化元素,而真正的文化教学应该关注文化模式,尤其关注支配人们行为的隐形文化。

至少 Hall 的文化教学示意图为我们展示了基本研究的方向,以人类学的研究方法为借鉴,汉语与文化研究者还需要进一步制定完善的研究计划。在全面研究中国文化模式的基础上,或许建立文化教学大纲会更为水到渠成。

第五节 民俗文化在教学中的应用[①]

作为跨文化语言教学活动,对外汉语教学不能忽略语言所负载的文化背景与内涵。随着语言教学和文化教学之间关系问题的讨论,民俗文化教学在对外汉语教学中的重要性也引起了学界愈来愈多的关注。

一、民俗文化在对外汉语教学中的重要性

民俗文化是"一个国家或民族中广大民众所创造、享用和传承的生活文化"[②],其内容十分广泛,包括物质、精神、社会、

---

① 本节摘自白艳玲《对外汉语教学中的民俗文化因素》,《语文学刊》2012 年第 13 期。

② 钟敬文主编《民俗学概论》,上海:上海文艺出版社,2009 年。

语言等生活各个方面。语言与民俗文化的关系至为密切，犹如孪生姊妹，相互依存，相济相生：一方面，与一切事物一样，语言从来不是一个孤立的事物，汉语的发展受到各种文化尤其是民俗文化的影响，文字的形成、词汇的组合、修辞的应用、语法的构成以及言语的交流等，都与民俗文化有着密切的联系。民俗文化影响着语言的内涵，可以揭示出凝聚在语言现象中的民众心理和民众精神；另一方面，语言本身也是民俗，语言中积淀着大量的民俗文化信息，它承载着一个民族的民俗文化。简而言之，语言是民俗文化的载体，民俗文化是语言的重要内涵。因此，现代语言学之父、瑞士语言学家索绪尔说："一个民族的风俗习惯常会在它的语言中有所反映，另一方面在很大程度上构成民族的也正是语言。"[1]

在对外汉语教学中，民俗文化则扮演着更为重要的角色。因为，在跨文化交际语境中，民俗文化是最具有国家和民族特点的文化。民俗文化作为一种生活文化，必然体现在语言中。如果脱离了对民俗文化的了解和认识而孤立地学习语言，学习者是很难学好语言的，更不可能很好地认识和理解目的语国家和民族。在外语学习中，许多人认为只要背词汇、记语法、练句型就可以了。这种学习方法的结果是事倍功半，只掌握了零散的语言片段，而没办法准确掌握并熟练运用。其原因就是忽略了语言背后的东西。美国语言学教授萨丕尔说："语言的背后是有东西的。并且语言不能离开文化而存在。所谓文化就是社会遗传下来的习惯和信仰

---

[1] 〔瑞士〕费尔迪南·德·索绪尔《普通语言学教程》，高名凯译，北京：商务印书馆，1985年。

的总和，由它可以决定我们的生活组织。"① 在对外汉语教学中，学习者经常因为文化差异和语境生疏而产生语言交际的障碍，在许多情况下，不同民族的跨文化交际受阻，并不是因为语言不通，而是由于文化背景不同造成的。文化背景在跨文化交际中有着重要地位，它包括人们的世界观、价值观、思维方式、文化传统、风俗礼仪、生活习惯等许多方面，特别是一些风俗礼仪，更在人们交际中起着十分重要的作用。因此，为了帮助学习者能够尽快地融入所学习目的语的环境中，就一定要在语言的基础知识教学的同时进行一些目的语的文化背景知识的渗透，去有意识地引导他们了解文化的差异，来掌握所学语言的文化内涵以及应该遵循的文化规约，而且要把这种文化的理解转化成一种交际的能力。

二、对外汉语教学中的民俗文化因素实例

民俗文化在对外汉语教学中无处不在，下面以在跨文化交际过程中比较常见的俗语与称谓语为例，展示对外汉语教学中的民俗文化因素。

（一）俗语中的民俗文化。"语言中最活跃的因素是词汇，而词汇中最能充分典型地反映出丰富的民俗内容的，就是俗语。"② 汉语俗语具有生动、形象、有趣等特点，在我们日常生活中使用频率很高，如"吃醋""吃豆腐""背黑锅""敲竹杠""唱白脸，唱红脸""打退堂鼓""丁是丁，卯是卯""赶鸭子上架"等。

---

① 〔美〕爱德华·萨丕尔《语言论》，陆卓元译，北京：商务印书馆，1999年。
② 谭汝为《民俗语言研究对汉语教学的作用》，《天津外国语学院学报》2001年第4期。

把俗语引入对外汉语教学，对满足外国留学生提高汉语实际交际能力很有必要。但由于俗语的背景文化十分丰富，在对外汉语教学中对俗语的讲解仅从字面意义上是说不清、讲不透的；只有结合民俗文化的有关因素进行阐发，才能使处于跨文化交际中的留学生比较真切地理解并把握这个词语的语源和意义。以"唱白脸，唱红脸"为例，这个俗语出自京剧："红脸"是京剧中的正派角色，喻指扮演正面的角色，对事情采取宽容忍让的态度；白脸是京剧中的反派角色，喻指扮演反面的角色，对事情采取尖酸苛刻的态度。就字面来看对于不熟悉中国戏曲的留学生而言很难弄明白，但当教师把语言背后的民俗文化讲出来后，这个问题就变得迎刃而解了。再比如关于"豆腐"的俗语。豆腐是中国人的家常菜，由于对豆腐的熟悉与喜爱，使得有关"豆腐"的汉语俗语数量很多。这些俗语主要是根据豆腐的特点而来。比如豆腐色白，就有"小葱拌豆腐——清二白"，用于比喻事情十分清楚明白；豆腐质软，就有"刀子嘴，豆腐心"比喻一个人嘴硬心软的性格特点；又有"马尾穿豆腐——提不起来"形容人或事十分不堪等等。做豆腐的渣滓，即俗称的豆腐渣，松散易碎，因此用到建筑工程上，就有"豆腐渣工程"之说，比喻建筑工程质量极差。而"吃豆腐"一词，也是一个具有汉民俗文化的典型口语色彩词语。这个惯用语的含义，和我们平时说的"我喜欢吃豆腐"的意思完全不同；它是指"调戏年轻的女子"，带有开玩笑的意味。这个词实际上是结合了豆腐"色白""面细""质嫩""性软"等多种特点，而这些特点恰与"年轻女子"肌肤白皙细嫩而性情软弱的特点相契合。

（二）称谓的民俗文化。"称谓"广义上是指事物的名称、称呼。狭义上是指"人们由于亲属和别的方面的相互关系，以及由于身份、职业等等而得来的名称,如父亲、师傅、支书等"[①]。由此可见,在中国人眼里,称谓是为了表明人们之间的社会关系才产生的。汉语称谓遵循着"礼貌"原则,分为敬称和谦称,鲜明地体现了中国人长幼有序,尊卑分明及卑己尊人的民族传统。在人际交往称呼对方时,要使用敬称:较为常见的有"尊""贵""令""贤""高""雅""芳"等。例如:询问对方的姓名——贵姓、尊名、雅号;询问对方的年龄——贵庚、高寿、芳龄;称对方的长辈——尊祖父、令祖母、令尊、令堂;称对方的子女——令郎、令爱;谦称一般用于社交场合,如言语交际、书信往来等,凡是称呼自己或与自己有关的方面,都应用谦辞。汉语谦称词语很多见,例如:自称——在下、不才、愚弟、老朽、后学;称自己的长辈——家父、家母等。

除了俗语与称谓语外,节庆年俗、仪式典礼、器物工具以至饮食菜名等生活各个方面无处不涉及民俗文化,篇幅所限,此处就不一一列举了。

三、加强对外汉语教学中民俗文化内容的具体策略

(一)教学模式。课堂教学渗入民俗文化元素。对外汉语教学是跨文化的语言教学活动,课堂教学活动中的听、说、读、写,每一环节都与民俗文化有关,可以说,"对外汉语教学的过程也

[①] 中国社会科学院语言研究所词典编辑室编《现代汉语词典》,北京:商务印书馆,2005年。

是一个民俗文化交流的过程"①。因此，民俗文化应该成为对外汉语教学的重要组成部分。在教学过程中，讲解词汇时能结合特定的民俗心理，解释某一语言现象产生的民俗文化原因，在语言各要素中正确有效地渗透并利用中国民俗文化，这对于推动并帮助外国留学生汉语语言的全面习得将起到事半功倍的作用。并且在教学实践过程中，我们发现留学生在学习语言的同时对中国人的生活习俗文化兴致盎然。讲到"吃喜酒""红包"等词语时简单介绍一下中国人结婚时的习俗；学到"春联""拜年"等词语时讲讲中国的年节习俗；学生可以通过"四合院"这个词语了解到中国传统民居与传统的生活方式等。这样的教学模式不仅可以使语言学习效果事半功倍，而且也能使语言学习过程变得更加生动有趣。留学生通过学习慢慢积累，积少成多，不仅可以提高其语言能力，而且会逐渐改变其在跨文化交际中的文化休克问题。

（二）教材编选。突出民俗文化背景。教材的主导作用在对外汉语教学中也是不可忽视的，好的教材可以减少学生很多不必要的困惑，对于学生的学习非常有帮助。现有的对外汉语教材数量不算少，据有关统计有400余种，但水平参差不齐，普遍受到欢迎的不多，多数是同一水平的重复。其中的突出问题是内容陈旧及与现实生活脱节。学习语言主要是为了在生活中应用。教材内容应该以直接用于交际为主，而非教室语言或教科书用语。语言材料应真实，突出生活性、趣味性及实用性等特点。在教材编排设置上应该突出与生活贴近的词语与文章内容，图片选择、问

---

① 柯玲《对外汉语教学的民俗文化思考》，《云南师范大学学报》（对外汉语教学与研究版）2006年第4期。

题设计等方面也要突出民俗文化背景,以彰显中国特色、贴近现实生活。

(三)课程设置。在课程设置方面,应配合语言学习的不同阶段,开设与民俗文化相关的课程。在初级阶段,除了注意在课堂教学中渗入民俗文化元素,让留学生了解语言知识、语料基本的文化因素或文化背景,还可以配合学生本阶段的学习开设书法课、朗诵课等。到了高级阶段,留学生需要有各种文化知识和背景的储备,对语言材料有更深的理解。教师根据留学生需求的多样性,可开设多种民俗文化课供留学生选择。例如北京大学出版社开发的《中高级汉语视听说教程——中国城市名片》系列教程民俗篇,通过视听等多媒体教学手段,系统介绍中国各地的饮食、服饰、艺术、建筑等,使学生置身于汉语交际的实际语境,在视、听、说的过程中习得汉语交际的能力,同时了解中国城市的风貌及生活习俗。除了理论课程,还可以适当开设一些实践性课程,学习中华才艺如剪纸、茶艺、戏曲等。当然,在开设必修或正式的民俗文化课时,注意其前提是要有助于其他汉语课程学习,也不能占用太多时间。

(四)课外活动。组织留学生参加一些有中国特色的活动。在对外汉语教学中,课堂学习绝不应该是全部;应充分利用汉语母语国环境,组织学生走出课堂、去社会上参加各种活动,让留学生在实际生活中感受中国文化,练习语言技巧。如可以在中国的传统节日时组织留学生们深入中国家庭感受中国人的节日气氛,了解传统节日习俗;还可以组织留学生参与学做中国菜、放风筝、参观人文景点等一些具有浓郁中国特色的民俗文化活动。

(五)教师素养。提升汉语教师的民俗文化素养。在教学中,教学模式研究、教材建设、课程设置、课外活动等固然重要，但这一切都需要组织教学活动的主体——教师的参与。加快师资培训工作，切实提高教师自身文化素质和水平非常重要。教师素养的提升，一方面要全面、系统地掌握好汉语言的知识、特点和规律，另一方面要努力提高中国传统文化尤其是民俗文化方面的素养。在一定意义上讲，这是我们做好对外汉语教学工作的基础和前提。

汉语是一种古老的语言，承载着几千年的中华文化的发生与演变，教授这种语言而全然不涉及文化的因素，是根本不可能的。在对外汉语教学中加强民俗文化的渗入与传播，可以增加学习者对汉民族民俗文化差异的敏感性，克服跨文化言语交际中可能出现的障碍，避免对某些语言的误解或语用失误，从而提高语言交际能力，但同时也要注意处理好主次关系，切不可越俎代庖，喧宾夺主。

第六节 地域文化资源的开发利用[①]

汉语国际推广视野中的地域文化资源的利用，是一个涉及面非常广的议题。本研究的探讨思路，是从具体的教学实践切入，思考地域文化资源在语言教学和文化推广两个层面的利用问题，而其实质是将视角从教学者转向学习者。

---

① 本节摘自华霄颖《地域文化资源利用：从教学者的视角转向学习者的视角》，《国际汉语教学动态与研究》2008年第3期。

作为引语，先要介绍笔者近两年的教学体验。2005年，笔者在长期留学生中开设了"中国商务文化"作为选修课。开设该课程，旨在丰富留学生日后在中国从事商贸工作所需的相关文化知识。在教学内容上从具有中国特色的民俗文化着眼讲授商务活动中所涉及的语言交际礼仪、生产消费、审美情趣、价值观念这四个方面所体现的文化特色。从教学效果看，学生对《中国各地商人特点》《中国消费者的消费观念》等涉及中国地域特点的商务文化，尤其是对作为他们居留地——上海的内容，十分感兴趣，产生的反响较大，课堂讨论也较为活跃。有的学生身份为公司职员，结合在沪工作经验现身说法，有的学生还找来日本报纸上的相关内容参加讨论。2006年，笔者面向汉语言专业的二、三、四年级的本科留学生开设了"上海概况"这一选修课，在开课前曾做过一次问卷调查。对于"为什么选修这一课程"这一问题，答案集中于"想了解上海"和"为了在上海工作"这两者上，反映出学生希望了解上海的强烈意愿。在上学期执教的语言进修班里，有三位进修汉语的日本学生（两位是日本大学的硕士研究生，一位是日本大学的博士研究生），我们常组织同学利用周末赴上海市内、近郊及周边城市的著名景点旅游。每次出游前，都由一位同学负责查阅相关资料并打印出来供大家传阅，以了解出游地的基本情况。这种有目的的游览，其实已有相当明确的文化考察意味。

这种种现象促使我们思考：留学生为何对地域文化感兴趣？不管处于何方地域，汉语作为第二语言教学，都应该按照标准语的要求教授给外国学习者，这是不容置疑的。从这一角度而言，似乎地域文化与汉语教学风马牛不相及。至少我们从未听说过"上海汉语""北京汉语"这样的称呼。然而，"在上海学习汉语"

或者"在北京学习汉语"却是事实,这样就涉及了地域文化。中国幅员辽阔,民族众多,每个地区或城市都有自己鲜明的地域特点。中国有句俗话"百里不同风,千里不同俗",生动地道出了地域造成的风俗文化差异。由于地理环境、历史发展、风土人情等的差异,每个特定范围的地域形成了各自相对独立的人文特色。作为汉语教学对象的外国学生身处这样具有鲜明的地域文化特点的氛围之中,势必会对汉语教学带来一定的影响。因而,从这一点看,似乎地域文化对于汉语教学的影响又是不可避免的。那么,两者之间究竟构成何种关系呢?在目前汉语教学向国际推广的过程中又将如何对地域文化资源进行教学定位?

一、教学者的视角:地域文化资源影响对外汉语教学的地域特色

显而易见,地域文化资源,首先会给对外汉语教学涂抹上鲜明的地域特色。资料显示给予对外汉语教学中的地域特色较多关注的是云南的对外汉语教学界。曾有论者以"云南对外汉语教学的地域特色"为题,论述云南特有的地理文化优势给对外汉语教学带来的鲜明的地域特色[①]。从地理位置看,云南地处祖国西南

---

① 张艳萍《云南对外汉语教学的地域特色》,《云南师范大学学报》(对外汉语教学与研究版) 2005 年第 5 期。另外,云南玉溪师院的马子辉在 2003 年就撰文强调云南高校留学生教育要充分利用地域优势扬长避短,面向东南亚发展留学生教育(马子辉《云南高等教育向东南亚发展的问题与对策》,《云南教育》2003 年第 18 期);云南大学余建忠也论及东盟各国的经济发展是云南对外汉语教学发展的良好机遇(余建忠《对发展对外汉语教学工作的思考》,见蒋印莲主编《对外汉语教学与语言文化研究》第一辑,昆明:云南大学出版社,2005 年)。

边陲,与东盟各国接壤,因此,云南对外汉语教学之"外"很自然地就倾向于东盟诸国。而事实也正是如此。随着中国经济的崛起,东盟各国与中国的经济文化来往频繁,对汉语人才的需求日益旺盛。而云南的高等院校由于毗邻的地理位置、相同的生活习惯,毫无疑问,最适合承担此类任务,"针对东盟各国的需要,针对各项专业业务的需要,开设各种层次的项目班。比如教育界的大、中、小学教师短期培训班、金融界的专业汉语速成班、针对澜沧江—湄公河航运的航运界汉语短期班等等"[①]。从民族构成看,云南作为中国少数民族最为集中的地区,其独特而又丰富多彩的少数民族文化给对外汉语教学增添了丰富的内涵。由于方言众多,在语音、词汇和语法上均与普通话存在相异之处。有时甚至相同的词,表达不同的意思,即存在同形异义词。语法上也有特殊的方言句式。虽然普通话是教学的标准语言,但是学生离开了课堂,走入活生生的社会生活,接触到的却是交往对象具有个体特点的语言,因此必然打上其生活环境的方言印记。因此,有关云南方言的相关因素就必然成了对外汉语教学的一部分,而少数民族绚丽多姿的历史故事、风土人情、文化艺术则更吸引留学生,成为他们了解云南乃至中国少数民族的一把钥匙。

通过上述分析我们可以看到,对对外汉语教学而言,第一,产生影响的地域文化因素主要由地域的自然地理特点,地域的政治、经济、文化地位和地域的文化构成;第二,这些因素造就的地域特色可以从宏观的教学设计以及微观的课程设置、教学内容

---

① 张艳萍《云南对外汉语教学的地域特色》,《云南师范大学学报》(对外汉语教学与研究版)2005 年第 5 期。

上体现出来。

以此来观察上海的对外汉语教学似乎也是合适的。从城市的地理位置及地位而言，上海地处东海之滨，是中国最大的沿海城市之一，也是中国重要的经济、金融中心，吸引了众多的外资投入，并且拥有中国一流的高等学府。上海对外汉语教学的教学对象中，学历生多、学习者中以工具性为目的的多（为日后能在工作中使用汉语而学习）、公司职员及家属多。究其原因，这一现象正与上海这一城市的国际化特点及其在中国乃至世界的特殊地位息息相关。对此，上海的对外汉语教学也做出了相应的调整。以学历生为例，针对近几年韩日学生数量剧增，在留学生中比例过半，且大多抱着以今后从事对华贸易工作为目的而学习汉语的情况，各高校根据自己的学科特长开设了商务汉语专业或在汉语言专业中增加商务汉语相关课程，受到留学生的欢迎。

应该注意的是，地域文化资源的诸要素之于对外汉语教学并不是直接发生效应而是通过其教学对象——外国留学生而产生影响，并且由于这些要素在各地域文化资源中所处的地位差异，形成各地域对外汉语教学对象的差异。比如云南和上海，前者以地理位置的优势更易吸引东盟各国的汉语学习者[1]；而上海，由于国际化城市的地位和高等教育的发达，使得与中国贸易频繁的日韩等发达国家的汉语学习者倾向于将其作为留学地加以选择。因

---

[1] 马子辉《云南高等教育向东南亚发展的问题与对策》一文详细分析了云南高校留学生教育应如何充分利用地域优势扬长避短，面向东南亚发展留学生教育。也有论者著文分析西部高校如何利用地域文化优势发展对外汉语教学，参见孟长男《对西部地区对外汉语教学的若干思考》（见蒋印莲主编《对外汉语教学与语言文化研究》第一辑，昆明：云南大学出版社，2005年）。

此对象的差异直接造成教学上的差异。

但是,上述的论述无论是对教学的宏观设计,还是在课程设置或者教学内容上的有意识安排,都是从教学本身出发,都是立足于对外汉语教学者的立场,而并非基于学习者的立场。那么,若是从学习者的立场出发,地域文化资源又将具有何种意义呢?

二、学习者的视角:地域文化是进行中国文化推广的切入口

随着中国经济的迅猛发展,国家经济实力的大大增强,国际地位也随之提高,"汉语热"的潮流从东到西,方兴未艾。就是基于这种大好势头,国家提出了"汉语国际推广"的举措,这是具有前瞻性的重要决策,既是适应经济全球化发展趋势、满足高涨的海外学习汉语的需求、促进我国同世界各国经贸交流合作的需要,同时,对于提高国家的文化软实力、向外推广中国的语言文化,也有着不可估量的意义。从以往单纯的"对外汉语教学"到如今的"汉语国际推广",名称变了,其内涵、对象、立场等诸多方面都发生了变化。从这一思路出发,在汉语推广的具体工作策略上,我们必须更多地立足于学习者的立场,从他们的生活实际、文化习惯、思维方式出发来探索切实可行的语言教学及文化推广措施。也正是基于这一新的思路,在汉语向国际推广的过程中,贴近留学生的生活现实后,我们发现,地域文化资源具有极其丰富却尚未开发的教学潜力。

留学居留地的地域文化,对于留学生来说,并不是白纸一张。实际上,从留学前的准备阶段到留学阶段,地域文化一直存在于

留学生的视野之中。

第一，留学生对留学居留地的选择是经过深思熟虑的，这种理性抉择决定了他们留学前势必对留学地有所了解。一般来说，留学生对留学地的抉择，会涉及如下几种主要因素：

1. 专业因素：因为专业而选择学校，因而也间接地选择了地域。比如，因为要学习中国文学而选择北京大学，也就是间接地选择了北京。

2. 职业因素：认为以后有可能或者希望在中国某一城市工作而选择在这一城市留学。

3. 地理因素：因为对中国某一城市感兴趣或有好感，或者是该城市的地理位置、生活习惯、文化特点与其所在国家类似、容易适应而选择。

其他，诸如校际交流、朋友介绍也是留学居留地选择的原因之一。

不管因为何种原因选择了留学地域，留学生都会在到达前了解留学居留地的自然地理状况、风土人情、文化习俗的情况，以便能尽快地适应留学居留地的生活。可以说，从对于地域的了解看，留学生都是"有备而来"，尽管这"备"必定因人而异。

第二，地域文化是留学生来到中国后所面对的真实的目的语文化氛围。留学生一旦来到中国，马上就进入了目的语国家的氛围之中。他们每天所接触的人、所看到的事、所面临的日常生活，无一不打上留学居留地的地域印记。因此，留学生所接触的"中国生活"和"中国文化"，其实恰恰就是"地域文化"。而且，由于他们的生活范围、交际范围有限，也由于语言的障碍，他们的留学生活更多地局限于日常生活、学习生活之内，公司职员身份的留学生则多一些在居留地的工作经历。他们中很少有人能深度融入普通中国人真正的生活、交际实践之中。

综上所述，我们可以知道，留学生到达中国之后，直接面对的中国社会生活实际上是留学居留地的地域文化生活。而这一生活对于他们而言，又具有日常生活的特点。因此，"地域性"和"日常性"是留学生在中国留学生活的两个特点。

地域文化是中国文化的有机组成部分，具有中国文化的普遍特点，也具有独特的个性。而同时这种生动真实的地域文化又具有"日常性"，因而是否可以这样说，留学生对于"中国文化"的直接认识就是来源于这种"原生态"的地域文化，他们就通过这种直接印象与间接接受的"中国文化"知识相映照，从而建构形成他们自己的对"中国文化"的总体印象。因此，我们说，地域文化是对留学生进行中国文化推广的一个极好的切入口。从地域文化的教学入手，正符合从特殊到一般、从具体到抽象的认识论原理。

自然，地域文化资源对留学生产生的影响，并不仅限于文化方面它也会涉及语言层面的内容，比如普通话和受方言影响的普通话之间词汇选用的差异、惯用语及习惯表达方式上的差异等等。但是，对留学生而言，两相比较，文化层面的内容较语言层面的更为丰富，更为有趣，因而也更有吸引力。这也就是为什么留学生会对留学居留地的文化怀有如此浓厚的兴趣与求知欲望。用一个形象的比喻，地域文化知识对他们来说，不啻是房间里的一扇明亮的窗户，透过这扇窗户，博大精深的中国文化便生动地呈现在他们的眼前，吸引他们去探索其中的奥秘。

三、地域文化资源的教学利用途径

在具体的日常语言教学中,地域文化资源的利用途径又有哪些呢?本着以学生为中心的现代第二语言教学原则,我们可从留学生的生存需求及学习需求两种视角加以观察。

从留学生的生存需求看,地域文化资源在他们对居留地从陌生到熟悉乃至融入的过程中起着非同一般的作用。我们知道,人一旦离开熟悉的地方,来到人生地不熟、语言又有障碍的异国他乡,便会陷入生存的困顿之中,似乎连最起码的生活能力也消失了。这时,简单的与日常生活相关的语言及地域文化知识将使他们比较顺利地度过最初的适应期。这一时期地域文化的介入似乎并没引起相关教学及管理人员的重视。笔者曾见过一本《走进上海》的全中文手册,介绍上海的衣食住行,旨在使初到上海的海外人士尽快适应上海的生活。但从语言载体及介绍内容的全面细致来看,似乎更适合来到上海的外地人士。鉴于此,笔者在教授零起点留学生汉语时,第一课教的并不是拼音,而是他们在上海生活所需的简单语句甚至仅仅是表示生活用品的生词、公共交通标志、路线图、应急电话等,颇受学生欢迎。如果说这些内容还较少涉及文化层面的知识,那随后留学生在与居留地人民打交道时涉及的文化差异,则属于地地道道的文化了。笔者曾有一个法国学生抱怨由于上海人的过分热情而导致的困扰;出外购物常常被好奇的上海人围观;明明汉语只能说简单的问候句还常常被表扬"说得好"……此时,这些具有地域特色、影响交际的文化习俗差异自然也进入了教学范围,文化内容从生存需求慢慢向学习需求转变了。

而以留学生的学习需求看，目前在留学生教学中，中国文化内容的教学主要以两种形式呈现：一种是以独立的课程形式进行教学，如"中国文化""中国概况""上海概况"等课程；另一种是穿插在语言教学课程中，视教学内容的需要而选择相关的文化知识点予以讲授。在前一种形式中，地域文化的介绍相对较为完整系统，但所需课时较多，因此比较适合作为本科课程开设。而后一种则相对自由，视教学需要及学生需求适时加入，如果与教学内容密切相关，则效果也很好。举个例子，"过年"几乎是每套初级汉语教材必然涉及的教学内容，但又不可避免地拥有一个通病：内容老旧，重复着诸如饺子、春联、年画的内容，而这些现象或者南北有别，或者在城市，尤其在上海这样现代化的都市中却在逐渐消失。笔者在教授此类课文时，总是设法插入上海人过年的习俗，以增加留学生学习的兴趣。今年是鼠年，笔者偶然看到邻居家的门上贴着米奇、米妮的老鼠高举"福"、"旺"两字的装饰。笔者以此为例，详细分析了过年习俗的地域特色及现代转型，由此，又由米奇、米妮充当生肖形象，比较深入地分析了上海作为移民城市博采众长的开放心理。虽然最后的内容离课文内容稍远了些，但是学生却听得津津有味，纷纷表示对他们了解上海人、适应上海生活非常有用。这说明，越是选择与学生居留地相关度高的话题，即使远离课文，也越会吸引学生学习。在此后的中国文化课程中，笔者将此内容引入春节文化专题，强调春节文化的地域特色以及春节文化的现代传承，教学效果也很好。

由上观之，如何将地域文化资源引入汉语教学，渠道颇多，不一而足，必须找准地域文化与留学生在居留地生存、学习需求相交融的结合点,同时也必须把握知识讲授的"量"与"度",而不能凭一时兴趣,为猎奇而教授。

四、结语

全球范围内兴起的"汉语热"现象对汉语教学提出了新问题、新任务,也提供了认识问题的新视角,后者才是关键。它要求我们转变思路,从学习者的视角去思考问题、分析问题,努力使教学真正贴近学习者的学习需求、生活习俗和思维方式,使之取得更大的成效。

承认、尊重并且有意识地保持文化的多样性,是全球化趋势下维护世界和平与发展的重要保证,也是汉语国际推广事业的基础。因此,对地域文化资源的重视是我们坚持文化多元化的具体体现,也是我们从学习者需求出发,力求使汉语教学更贴近学习者现实的有力措施。

随着汉语国际推广进程的深入,地域文化资源对于汉语学习及文化推广的意义也会逐渐被人认识,并逐步深入汉语教学之中。而后者,即如何在具体的语言及文化教学中更好地利用地域文化资源,将汉语教学与地域文化内容进行有机结合,以及国际汉语教学动态与研究正是我们今后需要积极探索并加以实践的。

图书在版编目(CIP)数据

汉语作为第二语言教学的文化教学研究/李晓琪
主编.—北京:商务印书馆,2019
(商务馆对外汉语教学专题研究书系.第二辑)
ISBN 978-7-100-17918-8

Ⅰ.①汉… Ⅱ.①李… Ⅲ.①汉语—对外汉语教学—教学研究 Ⅳ.①H195.3

中国版本图书馆 CIP 数据核字(2019)第 249103 号

权利保留,侵权必究。

汉语作为第二语言教学的文化教学研究
李晓琪 主编

商 务 印 书 馆 出 版
(北京王府井大街36号 邮政编码 100710)
商 务 印 书 馆 发 行
北京新华印刷有限公司印刷
ISBN 978-7-100-17918-8

2019年12月第1版 开本 880×1230 1/32
2019年12月北京第1次印刷 印张 11¾
定价:39.00元